오스만 제국사

The Ottoman Empire, 1700-1922

by Donald Quataert

Copyright ⓒ Cambridge: Cambridge University Press, 2000
All rights reserved.
Korean translation copyright ⓒ Sakyejul Publishing Ltd., 2008
This edition was published by arrangement with Cambridge University Press through THE agency.

The Ottoman Empire, 1700-1922

오스만 제국사

적응과 변화의 긴 여정, 1700~1922

도널드 쿼터트 지음 · 이은정 옮김

사계절

오스만 제국사

적응과 변화의 긴 여정, 1700~1922

2008년 5월 30일 1판 1쇄
2023년 3월 17일 1판 10쇄

지은이 도널드 쿼터트
옮긴이 이은정

편집 인문팀
표지 디자인 디자인봄
제작 박홍기
마케팅 이병규·이민정·최다은·강효원
홍보 조민희

인쇄 천일문화사
제책 J&D바인텍

펴낸이 강맑실
펴낸곳 (주)사계절출판사
등록 제406-2003-034호
주소 (우)10881 경기도 파주시 회동길 252
전화 031) 955-8588, 8558
전송 마케팅부 031) 955-8595 편집부 031) 955-8596
홈페이지 www.sakyejul.net **전자우편** skj@sakyejul.com
블로그 blog.naver.com/skjmail **트위터** twitter.com/sakyejul
페이스북 www.facebook.com/sakyejul

ISBN 978-89-5828-296-9 04910
     978-89-5828-298-3 (set)

나의 형제 자매들,
패트리샤, 필리스, 패멀라, 마이클, 피터, 로버트, 헬렌에게
이 책이 나의 지난 세월의 행적을 이해하는 데
그들에게 도움이 되기를 바라며 이 책을 바친다.

차례

발음

C, c = 영어의 j 발음

Ç, ç = 영어의 ch 발음

Ğ, ğ = 연음 'g'로 묵음에 가까움

I, ı = 점이 없으며, 우리말의 'ㅡ'에 가까움

İ, i = 점이 있으며 우리말의 'ㅣ'에 가까움

Ö, ö = 독일어의 움라우트 ö와 같음

Ş, ş = 영어의 sh 발음

Ü, ü = 독일어의 움라우트 ü와 같음

^   = a, i, u 위에 장모음을 표시하거나 혹은 그 모음 앞에 나온 g, k, l을 구개
음화하는 데 사용함

지명

지명은 아주 곤란한 문제이다. 과거의 이름으로 지명을 표기한다면 현대의 독자
들에게 혼란을 초래할 수도 있다. 항상 그런 것은 아니지만, 오래된 지명들은 가끔
그 지역이나 주제에 대단히 관심이 있는 소수의 사람을 제외하고는 대부분의 사
람들의 기억에서 완전히 사라졌다. 제국의 옛 영토에 속하는 많은 지역들——발
칸 반도, 아나톨리아, 팔레스타인 등을 포함해서——현재 지명들의 대부분은 오스
만 시대의 지명과 완전히 다르다. 이 옛 지명들을 쓰는 것은 역사적으로는 정확하
겠지만 교재에서는 너무 혼란스럽다. 이와 비슷하게, 지명을 원래의 국가나 전문
가들에게만 알려진 형태로 쓰는 것도 쓸모 있어 보이지 않는다. 그러므로 나는 이

텍스트 전체를 통틀어 지명을 일반적인 국제적 용법에 맞춰 쓰는 편을 선호했다. 그러므로 할렙(Halep)이라고 하는 대신 알레포(Aleppo)를 사용했다(그러나 저자가 쓴 지명이 국내 표준 표기와 다른 경우에는 국내 표준에 따라, 예를 들면 벨그라드 대신 베오그라드라고 했다-옮긴이). 오스만 제국의 수도에 대해서는 비록 오스만인들이 콘스탄티니예 또는 데르사아데트라고 불렀지만 현재의 이름 그대로 이스탄불이라고 표기했다. 그러나 1453년 오스만 측에 점령되기 이전에는 비잔티움의 도시였으므로 콘스탄티노플이라고 했다.

이 교재에 표기한 지명의 관행은 명확하다는 장점을 따를 뿐, 이름을 그렇게 바꾼 사람들의 정책을 반드시 따른 것은 아니다. 그런 용법은 학생들이 표준적인 국제 지도집들에서 이 책에 언급된 지명들을 찾아볼 수 있을 것이다.

한국어판 일러두기
본문의 영문 이탤릭체는 터키어를 뜻한다.

옮긴이의 말

이 책은 오스만 사학계에서 큰 발자취를 남긴 도널드 쿼터트의 여러 저작 가운데 하나이다. 쿼터트는 1941년생으로, 2011년 사망할 때까지 오스만 제국 후반부의 사회사와 경제사 분야에서 최상급의 저서와 편저를 다수 발표했다. 그는 특히 오스만 사학계에서 표준적인 사회경제사 개설서를 할릴 이날즉(Halil İnalcık)·수라이야 파로키(Suraiya Faroqhi) 등과 함께 공동 집필했으며(Halil İnalcık with Donald Quataert, eds., *An Economic and Social History of the Ottoman Empire, 1300~1914*, Cambridge, 1994), 오스만 근현대사에서는 나름대로 일가를 이룬 석학이라 할 수 있다. 또한 뉴욕 주립 빙엄턴 대학에 오래 재직하면서 많은 오스만제국 연구자들을 길러내기도 했다.

『오스만 제국사』는 일반 대중을 의식하고 쓴 개설서이며, 그가 쓴 책들 가운데 가장 쉬운 책이라고 하겠다. 이 책을 번역하게 된 이유는 국내에 이슬람권의 역사에 대한 적절한 개설서가 없는 아쉬움을 한정된 시대 범위에서나마 메워주고자 하는 것이었다. 생각해보면, 오스만 제국사의 후반부에 대해서는 최근 수십 년간의 엄청난 시각 전환과 연구 성과들을 반영한 개설서가 거의 없었다. 따라서 외국에서도 오스만 제국사 개론 강의에 적절하게 이용할 수 있는 교재들이 크게 부족했다. 1970년대까지 주로 출판된 개설서들은 일부 장점이 있어도 1990년대 중반이 되면 정말 믿을 수 없을 정도로 시대에 뒤떨어진 것이 되어버렸다. 2000년대에 들어와서, 이 책 이외에도 대니얼 고프먼(Daniel Goffman, *The Ottoman Empire and Early Modern Europe*, Cambridge, 2002), 콜린 임버(Colin Imber, *The Ottoman Empire, 1300~1650: The Structure of Power*, Palgrave MacMillan, 2004), 캐롤라인 핑켈(Caroline Finkel, *Osman's Dream: The History of the Ottoman Empire*, Perseus Books, 2006) 등이 집필한 오스만 제국사 개설서들이 연달아 출간되었지만, 역자는 그 가운데 이 책이 가장 적절한 선택이었음을 확신한다. 이 책은 개설서에 대한 수요가 가장 높은 근현대사 부분에 많은 지면을 할애하고 있으며, 다양한 문제와 정보를 이해하기 쉽게 엮어놓았고, 세부 정보에 큰 비중을 두지 않아 교재로 쓰기에도 분량이 적절한 편이다. 쿼터트도 이 책을 독자가 오스만 제국사에 입문하는 출발점으로 삼기를 원했다는 것은 그가 각 장마다 추천한 도서 목록을 보면 알 수 있다.(원서에서는 각 장이 끝날 때마다 도서 목록들이 실려 있으나 한국어판에는 참고 문헌으로 책의 말미에 실었다. 따라서 각 장에서 다룬 주제에 대한 추천 도서의 성격이 강하기 때문에 어떤 책은 여러 장에 걸쳐 중복 추천되기도 했다.)

이 책의 번역은 예상외로 어려웠다. 쿼터트의 문체는 실제로 번역을 하다 보니 그다지 명료하지 못했고, 어떤 부분들은 그 자체로서는 설명이 좀 부족하다 싶은 부분도 있어 역주를 많이 달게 되었다. 또한 이 책을 번역하면서, 이스탄불 중심의 정치사와 사회사 위주로 공부해온 역자에게 오스만 제국의 진실로 광대한 범위와 그 안에 들어찬 집단들의 엄청난 다양성은 지식의 한계와 마주치는 느낌을 주기에 충분했다. 바로 그러한 다양성이 오스만 제국사를 재미있게 이끌기도 하지만 동시에 실상에 가까이 다가가는 것을 매우 어렵게 하기도 한다. 쿼터트는 한두 가지 예만으로 어떤 문제에 대해 일반화를 해버리기보다는 여러 가지 예들을 제시하며 결론을 유보하는 경우가 많은데, 이는 지역마다, 집단마다 조금씩 사정이 달랐음이 전혀 놀라운 일이 아닌 오스만 제국의 실상을 생각할 때, 그리고 아직 연구의 축적이 상대적으로 미흡함을 생각할 때 매우 지각 있는 태도이다.

쿼터트 책의 개성이 있다면, 그가 특히 '노동의 역사'(labor history)에 각별한 애착을 가지고 있다는 점이다. 그는 이전에 학계를 지배해오고 있던 오스만 제국사의 국가와 엘리트 중심의 사관에서 '노동의 역사'를 통해 '밑으로부터의 역사'로의 전환을 모색한다. 이제는 조금 유행이 지났을지 몰라도, 그가 추구하는 '노동의 역사'는 선언적이거나 당위론적인 것이 아니라 매우 실증적이고 개방적이라는 점에서 장점이 있다. '노동'에 대해 '변혁의 주체'라는 식의 어떤 특정한 틀을 억지로 적용시키는 것이 아니라, '노동'의 제반 현상들을 모두 중시하고 분석하려는 것이다. 아무튼 그가 '노동의 역사'를 중시함은 그가 이 책에 포함시킨 주제와 용어들에서 어느 정도 드러난다. 예를 들면, 그는 산업화·기계화된 부문의 노동 이외에도 수공업자, 운반업자, 소상인들을 포함하는 전근대 도시 길드와 길드 성원들, 또는 길드 바깥에서 일했던 사람들에 대해 즐겨 논하면서 남들이 일반적으로 하는 것처럼 'artisans', 'craftsmen', 'guildsmen' 등의 용어(대체로 '소상공인' 정도로 번역할 수 있을 것이다)를 잘 쓰지 않고 좀 더 일반화된 'workers'라는 용어를 널리 적용하는 경향을 보인다. 그가 이 'workers'의 지칭 범위와 성격을 명확하게 정의하지 않고 길드 성원이라면 빈부와 지위의 차이를 막론하고 모두 'workers'라고 했기 때문에 역자에게는 적절한 번역어를 선택하는 것이 고민스러웠다. 역자로서는 자영업자들과 도제들로 주로 구성된 오스만 길드에 대해 박사논문을 쓴 입장이라 임금 노동을 연상시키는 '노동자'라는 용어로 번역하기가 좀 부적절하게 생각했었고, 처음 번역했을 때에는 보이는 '근로자'라는 용어를 택했는데 (결국은 그것이 그것이기 때문에), 이제 원저자의 의도를 좀 더 살리는 의미에서 '노동자'로 바꾸었다.

인명과 지명에서는 국내 표준 표기가 정해져 있는 경우에는 대체로 그것을 따랐고, 그 이외에는 정확한 발음보다는 좀 더 익숙한 형태의 이름을 취했으며 원문에서 특수문자가 표기되지 않은 경우에는 번역에서도 주로 단순화된 발음을 채택했다. 발칸 반도의 일부 지명에 대해서는 현지 발음과 꼭 맞지 않는 표기도 있겠지만, 지도상에서 흔히 보는 표기에 가까울 것이라는 점을 위안으로 삼겠다. 아랍어에서 유래한 어휘들은 대개 저자가 표기한 대로 튀르크어화한 형태로 표기했다. 단, 현대 터키어에서는 아랍어에서 유래한 인명들 가운데 끝이 'd'로 끝나는 것을 't'로 발음하고 표기하며 쿼터트 자신도 거기에 따르고 있지만(예를 들어 Mehmed 대신 Mehmet로 쓰고 있다), 역자로서는 적어도 터키 공화국 이전에는 아랍 문자의 'd'음가로 표기했던 이름들이므로 이름의 유래를 상기시키는 의미에서 이름 끝의 'd' 발음을 유지하고 싶어 '메흐메드'라는 식으로 표기했다. 또한 국내에서는 와하브 운동, 사우드 가문 등으로 표준용례가 있는 것으로 보이나 아랍어에서 사람이나 관련을 나타내는 '-i' 어미(nisbah)는 위와 같은 운동이나 집단을 표시하는 데 의미가 있다고 생각하여 '와하비', '사우디' 등으로 남겨두었다.

여러 가지 과중한 업무에 시달리던 역자가 번역 기한을 맞추지 못해 손해를 보면서도 역자의 느린 속도를 참아주신 사계절출판사의 강맑실 사장님을 비롯해서, 출판 이후에도 조금씩 수정하는 작업을 기꺼이 도와주신 사계절출판사 관계자 여러분께 깊이 감사드린다. 10여 년 전 이 책이 처음 출판될 때 복잡하고 찾기 힘든 발칸 반도와 동유럽의 지명과 인명, 기타 세세한 정보와 적확한 번역 어휘 등을 자청해서 일일이 확인해준 당시 서울대 서양사학과의 학부생 박종석 군에게도 깊은 감사를 전하는 바이다. 여러 번의 교정 작업을 거친 지금, 아직도 남아 있을 수 있는 번역상의 그 어떤 미흡함은 오로지 역자 본인의 책임이다.

오스만 제국사를 공부하는 즐거움과 고달픔은 무슬림들이 잘 쓰는 표현대로 "신께서 가장 잘 아신다(Allahu a'lam)." 2023년 봄 현재 이 책을 다시 수정할 부분을 손보아서 새로 낼 수 있게 되었다는 것은 미흡한 번역이나마 많은 독자가 읽어주셨다는 뜻일 텐데, 앞으로도 오스만 제국의 풍부한 역사를 음미하는 사람들이 조금씩 늘어나기를 희망해 본다.

서문

1300년에서 1922년에 이르는 오스만 제국의 역사에 대한 서술은 지난 몇십 년 동안 극적으로 변화했다. 내가 대학원에 들어간 1970년대 초에는 비잔티움 · 튀르크 · 이슬람 · 르네상스의 정치적이고 문화적인 전통들에 뿌리를 가진 이 특별한 제국에 대해 극소수의 엘리트 학교에서 적은 수의 학자들만이 연구하고 저술을 했다. 이와 대조적으로 이제 오스만 제국사는 공립과 사립을 막론하고 수십 개 대학과 대학교에서 커리큘럼의 불가결한 일부분이 되고 있다.

그러나 나는 매 학기마다 학부생들의 중동과 오스만 제국사 강의에서 교재 읽는 과제를 낼 때마다 항상 똑같은 딜레마에 직면하곤 했다. 너무 자세해서 대부분의 학생에게는 교재로 적합하지 않은 책이거나, 오스만 제국을 절망적으로 부패하고 후진적이어서 구원을 받거나 안락사하기를 기다리는 정체된 제국으로 묘사하는 몰역사적인 접근으로 큰 결함이 있는 간단한 책들을 이용해왔다.

이 교재는 대학생과 일반인에게 오스만 제국사를 이해하기 쉽고 재미있게 해주려는 노력의 산물이다. 지금까지 해온 나의 연구를 많이 원용했고, 또한 다른 사람들의 연구를 이용하여 지금까지 대체로 접하기 어려웠던 전문 연구의 오묘한 세계로 일반 독자들을 이끌려고 한다. 각 장의 마지막에는 추천 문헌 목록이 있는데, 항상 그 저작들을 인용하여 해당 부분을 저술한 것은 아니다. 대상 독자층을 고려하여 (아주 예외적인 경우를 제외하고) 영어로 된 저서들만을 인용했다. 그러나 인용된 저서들은 각각 그 다음 단계의 읽을거리를 향해 나아갈 수 있도록 해주는 여러 언어로 된 문헌 목록을 포함하고 있다. 오늘날의 오스만 제국사 전체의 서술에 대한 개관을 하고 싶다면 매년 출간되는 문헌 목록인 튀르크학 연감[1]을 살펴보면 된다. 이 연감에는 영어, 일본어, 아랍어, 프랑스어, 러시아어, 튀르크어, 에스파냐어, 독일어, 중국어, 아르메니아어 등 다양한 언어로 된 책과 논문들이 열거되어 있다. 이 문헌 목록은 반드시 필요한 자료이다.

나는 가급적 넓고 종합적인 서술이라고 생각되는 방향으로 이 책을 쓰려고 했다. 즉, 정치사뿐만 아니라 사회사, 경제사, 노동의 역사를 함께 아우르려 했다. 오스만 제국의 역사 서술에서 국가는 너무도 자주 필요 이상으로 강조되곤 했다. 이는 부분적으로는 역사를 서술할 때 쓰이는 사료들이 국가에 의해 생산된 것이기 때문이다. 이 교재는 국가 이외에 '민간 사회'(civil society)의 여러 집단에게 능동적인 힘(agency)을 부여하고자 한다. 비록 내가 오스만 제국의 역사적 경험의 여러 측면에 똑같은 무게를 두려고 노력했지만, 그럼에도 많은 공백이 있다. 그것은 한편으로는 지면이 한정되어 있었기 때문이고 다른 한편으로는 나의 부족함 때문이다. 예를 들어 중요한 문화 방면은 충분히

---

1) 오스트리아 빈에 있는 빈 대학 동양학연구소(Institut für Orientalistik der Universität Wien)에서 출간되는 『튀르크학 연감(*Turkologischer Anzeiger*)』이다.

다루지 못했다. 노예제는 아예 논하지 못했고, 한편 무슬림 울레마와 유대교 및 기독교의 성직자들의 무게에 걸맞은 비중을 두지도 못했다.

한 가지 주의할 점이 있다. 오스만 제국의 경험은 풍부하고 다양하고 간혹 이색적이다. 그러나 그런 경험들은 완전히 독자적이고 예외적인 것은 아니었다. 우리는 그 경험들을 명대 중국, 도쿠가와 시대의 일본, 합스부르크 제국, 빅토리아 시대의 영국 등의 국가와 사회를 살펴보기 위해 역사가들이 도입하는 분석적인 범주들을 똑같이 적용하여 이해할 수 있다. 나는 오스만 제도와 신민들이 역사적인 우연의 특별한 조합으로 특수하게 형성되었다고 생각한다. 그러나 지구상의 모든 정치적·사회적 조직들은 그들만의 우연한 조합들로 특수하게 형성된 것이다. 나는 그 부분이 적절하다고 판단될 때에는 오스만 제국의 경험들의 특수한 성격들을 강조했다. 다만, 이 책을 통틀어 오스만 세계의 변화의 과정이 다른 지역의 국가, 사회, 경제와 공유하는 부분이 많았음을 보여주려고 노력했다. 즉, 일반적인 패턴들은 여기서도 예상할 수 있고, 그러한 패턴 안에서 오스만 제국의 특수성이 구체적인 우연들 속에서 형성되었음을 보게 될 것이다.

첫 번째 장은 오스만 제국사를 넓은 맥락에 놓고 서유럽의 진화 속에서 오스만 제국의 역할을 찾는다. 다음의 2, 3, 4장은 연대기적인 개론으로, 각각 1683년 이전, 18세기 그리고 1800년에서 1922년 사이를 개괄한다. 5장에서 10장까지는 주제사의 성격을 가지며, 여러 가지 주요 문제들을 다룬다. 그 주요 문제들은 국제 정치와 국내 정치, 경제, 사회, 민간 문화, 정체성, 그리고 신민들 사이의 관계들이다. 마지막 장은 한때 오스만 영토였던 땅에 존재하는 30개 이상의 국가에서 살고 있는 사람들의 경험에서 오스만 제국의 과거의 반향을 탐구한다.

이 책을 준비하는 데 많은 친구들과 동료들이 귀중한 조언을 해주었으며, 그런 조언들을 대부분 받아들였지만 간혹 거절하기도 했다. 그러므로 실수와 오판은 모두 나의 책임이다. 빙엄턴 대학의 동료들, 특히 세계사 그룹의 동료들——리파아트 아부 엘 하지, 존 채피, 브렌든 맥콘빌, 티파니 패터슨, 진 쿼터트를 포함하여——은 나의 역사관을 바꾸어놓았다. 또한 이 원고의 초고를 읽어준 엘리프 악시트, 린다 캐롤, 에릭 크라한, 카슴 코푸즈, 토머스 페이지, 마르가리타 푸투리두에게 감사한다. 파룩 타박은 너무나 다른 두 가지 원고의 초고를 읽어주어 매우 큰 도움이 되었다. 그의 코멘트는 대단히 유용했다. 빙엄턴 대학에서 2년마다 열리는 오스만 제국사 학회는 나에게 대단히 강력한 학습 도구였다. 여러 가지 구체적 논점에 대해 버지니아 악산, 셀축 에센벨, 카터 핀들리, 히스 라우리, 낸시 미클라이트, 셰브켓 파묵, 레슬리 피어스, 아리엘 살츠만, 자페르 토프락, 안드레아스 티체에게 감사하는 바이다.

왜 오스만
제국사를
공부하는가?

이 책은 1983년 여름 오스트리아의 수도 빈(Wien)에서 일어난 일에 착
안하여 쓰게 되었다. 그때 어린이들이 보도(步道)를 꽉 메운 채 장사진
을 이루고 있었다. 그 어린이들은 디즈니 영화나 테마 공원이 아니라,
오스만 제국의 빈 포위 300주년을 기리는 행사의 하나로 기획된 박물
관 전시회를 보려고 줄을 서서 기다리고 있는 중이었다. 이 어린이들,
선생님들 그리고 오스트리아(또한 유럽 일반) 대중의 머릿속에 1683년
은 이방의 오스만 제국, 즉 '말로 형언할 수 없이 끔찍한 튀르크'의 정
복에서 벗어난 해였다.

오스만 제국은 약 1300년경 소아시아 서부, 현재의 이스탄불에서
그리 멀지 않은 곳에서 출현했다. 꾸준한 국가건설 과정에서 이 제국
은 동서 양면으로, 아나톨리아(소아시아)의 튀르크 유목 공국들과 이
집트에 기반을 둔 맘루크 술탄국뿐만 아니라 비잔티움·세르비아·불가
리아 왕국들을 무너뜨리고 영토를 확장했다. 17세기에 이르기까지 오
스만 제국은 아시아, 북아프리카, 동남 유럽에 방대한 영토를 차지했
다. 1529년과 1683년, 두 차례에 걸쳐 오스만군은 합스부르크 왕조의
빈을 정복하려고 공격을 가했다.

빈 박물관에 전시된 유물들은 1683년에 벌어졌던 사건을 생생하게
증언해주었다. 예를 들면, 오스만 제국의 대재상(베지리 아잠[vezir-i
azam] 또는 사드라잠[sadrazam] 오스만 관료계의 우두머리—옮긴이)에
게서 노획한 천막과 개인용품들은, 며칠 전만 해도 빈 성을 포위하고
있었던 오스만군이 공포에 질려 진영을 버리고 도주했음을 보여주는
증거였다. 중부와 동부 유럽의 동맹군들, 특히 폴란드의 왕 얀 소비에
스키의 때맞춘 도착으로 오스만 포위군은 패주했고, 오스만 측이 빈을

점령하려던 두 번째 시도는 대재앙으로 바뀌고 말았다. 오스만군의 세력은 이미 수백 년에 걸쳐 발칸 반도, 빈 근방, 독일어 사용권으로 북진하고 있었다. 이 오스만인들은 상대방에게는 공포의 대상이었고, 마치 천하무적처럼 보였다. 빈의 어머니들은 아이들을 재우면서 말을 듣지 않으면 '튀르크인들'이 와서 잡아먹는다고 겁을 주었다. 이런 세상이 1683년에 뒤바뀌었다. 빈을 포위했던 오스만 세력이 어처구니없이 무너진 것은 양측 모두에게 약간 뜻밖의 일이었고, 이 사건은 오스만과 합스부르크 제국 사이의 세력 균형에서 영구적인 반전(反轉)의 기점이 되었다.

빈의 어머니들이 두려워했던 이 '튀르크인들'은 좀 더 복합적인 실체, 다민족·다종교 국가였던 오스만 제국의 전투 병력을 의미했으며, 그들은 종족적으로 튀르크일 수도 아닐 수도 있었다. 그러므로 여기서 '튀르크'와 '오스만'이라는 용어의 개념에 대해 먼저 정리해야 할 듯싶다. 서부·중부·동부 유럽인들은 오스만 왕조가 다스린 국가를 가리켜 '튀르크 제국', '튀르크인들'이라고 불렀다. 이는 14세기에서 20세기에 이르기까지 통용되던 관행이었다. 그리고 이러한 명칭은 오스만 왕조의 기원이 튀르크족이었고, 그 지지자들과 피지배민들의 일부가 튀르크족이었음을 볼 때 어느 정도 근거가 있다. 그러나 다음에서 살펴보겠지만, 오스만 왕조는 여러 종족과의 통혼으로 곧바로 '튀르크적' 성격을 잃게 되었다. '튀르크 제국'에 대해 말하면, 국가 권력도 마찬가지로 이질적인 민족들의 혼합체에 의존했다. 오스만 제국이 성공할 수 있었던 것은 중앙아시아에서 중동으로 이주한 튀르크 유목민들이라는 자신의 뿌리를 재빨리 뛰어넘어, 그들이 접했던 매우 다양한 민족의 에너지를 융합했기 때문이었다(2장 참조). '튀르크'라는 말이 갖고 있었을지도 모르는 종족적 의미는 이내 사라지고, '무슬림'을 의미하는 말로 바뀌었다. 튀르크가 된다는 것은 이슬람교로 개종한다는 의미가 되었다. 이 책 전체에 걸쳐 오스만이라는 용어를 선호하여 사용했는데, 이는 이 용어가 성공적으로 포용 정책을 취했던 다민족·다종교적 대업에 대해 좀 더 정확한 이미지를 떠올리게 하기 때문이다.

헤아려보건대, 우리는 1683년 이후 오스만 제국이 중유럽을 다시는 위협하지 못했음을 알 수 있다. 그럼에도 오스만인들은 그 후 200년 동안 현재의 불가리아, 세르비아, 그리스, 루마니아 등을 지배하며 동남 유럽을 차지했다. 그리고 편견을 가지지 않았다고 쉽게 판단할 수 없지만 영국 정치가 글래드스턴의 말을 빌리자면, 마침내 그들은 그들의 (유럽) 영토에서 '그들의 모든 것과 함께 완전히' 쫓겨났다. 아시아와 아프리카 지역에서 오스만 제국은 더욱더 오래 버텼다. 현재의 터키, 시리아, 레바논, 이라크, 이스라엘, 팔레스타인, 요르단, 사우디아라비아의 대부분이 제1차 세계대전까지 제국의 일부로 남았다. 1922년 마지막으로 사라지기 전 몇십 년 동안 오스만 제국은, 수세기에 걸쳐 제국의 중심부였던 유럽 지역에서 벗어나 생존했다. 그러므로 제국의 최후 시기에는 아시아·중동 세력이라고 부르는 것이 오히려 타당할 것이다. 1878년 베를린 조약으로 발칸 반도의 자투리 영토까지 모조리 빼앗기기 전만 해도 오스만 제국은 유럽의 군사와 정치에 깊숙이 개입한 유럽 세력이기도 했으며, 당시 사람들도 그렇게 인식했다. 오스만 제국은 그 600년사를 통틀어 프랑스나 합스부르크의 경쟁국가들 못지않게 유럽의 정치 질서의 일부분이었다.

세계사 속의 오스만 제국사

오스만 제국은 역사상 가장 대단하고, 가장 넓고 가장 오랫동안 지속했던 제국이다. 오스만 제국은 동로마 제국의 영토 대부분을 아울렀으며, 발칸 반도 북부와 흑해 북안 등 비잔티움이 통치한 적이 없는 지역까지도 점령했다. 또 이러한 영토 소유는 단기간에 끝난 것이 아니라 서기 1300년 전에 건국하여 제1차 세계대전 이후까지 지속되었다. 그러므로 오스만 제국의 역사는 중국의 송 왕조가 멸망한 때와 같은 세기, 즉 칭기즈칸이 유라시아를 휩쓸어 중국에서 폴란드에 이르는 제국을 건설했으며, 유럽에서는 프랑스와 영국 사이에 백년전쟁이 벌어졌던 시기에 시작되었다. 서아프리카에서는 거대한 베닌(Benin) 국가가 출현했으며, 아메리카 대륙에서는 아즈텍 국가가 흥기하고 있었으니 이 두 사건 모두 소아시아에서의 오스만 제국의 발흥과 거의 동시대에 일어났다. 이처럼 중세기에 탄생한 오스만 제국은 현재까지도 수많은 사람들의 기억 속에 남아 있을 정도로 아주 최근에 이르러서야 사라졌다. 오스만 제국이 지구상에서 사라졌을 때 나의 아버지는 9세였고 나의 어머니는 5세였다. 지금 오스만 제국의 계승국가들——터키, 시리아, 레바논, 이라크 등——에 사는 많은 사람들은 그들의 부모가 지어준 오스만 식 이름들이 붙어 있으며, 오스만 세계에서 교육받고 성장했다. 그러므로 많은 사람들에게 이 제국은 여전히 살아 있는 유산이다(10장 참조).

16세기 오스만 제국은 강대하고 부유한 국가들과 세계 무대를 공유했다. 그 서쪽 멀리에는 프랑스의 발루아 왕조와 네덜란드 공화국뿐만 아니라 엘리자베스 여왕의 잉글랜드, 에스파냐의 합스부르크 제국, 신성 로마제국이 있었다. 좀 더 가까이 위치하여 단기적으로 오스만에 상당히 중요했던 베네치아와 제노바 도시국가들은 인도, 중동, 지중해, 서유럽을 잇는 원거리 상선단과 상업 조직망을 통해 거대한 정치·경제적 힘을 행사했다. 동쪽으로는 두 개의 큰 제국, 즉 이란에 기반을 둔 사파비 왕조와 인도아대륙의 무굴 제국이 부강(富強)의 절정기를 누리고 있었다. 오스만·사파비·무굴 제국들은 서쪽 빈에서부터 동쪽 중국의 국경에 이르기까지 뻗어 있었으며, 16세기에는 모두 현명한 위정자들 치하에서 아시아와 유럽의 무역에 힘입어 번영했다. 에스파냐와 포르투갈이 신대륙과 그 보고(寶庫)를 정복하고 있을 때, (중국을 제외한) 이 세 나라는 경제와 정치의 세력 균형을 유지하고 있었으며, 명조(明朝) 중기의 중국은 의심할 여지없이 그 당시 세계에서 가장 강성하고 부유한 나라였다.

1453년 오스만 제국은 4세기부터 15세기까지 천년을 넘게 이어온 제2의 로마, 비잔티움을 파괴했다. 파괴자였던 오스만인들은 여러 가지 점에서 로마 유산의 동로마적 형태의 계승자이기도 했다. 사실 콘스탄티노플의 정복자 술탄 메흐메드 2세는 자신이 당대의 로마 황제, 즉 카이사르라고 거침없이 주장했고, 그의 후손인 16세기의 쉴레이만 대제는 로마를 자신의 정복 역정의 마지막 목표로 생각했다. 그리고 제2의 로마(콘스탄티노플)를 정복한 오스만 황제들은 그 후 400여 년 동안 수도의 이름을 통해 로마인이었던 도시 창건자를 기렸다. 제국의 최후까지 이 도시의 이름인 콘스탄티니예/콘스탄티노플(콘스탄티누스 황제의 도시)은 오스만 제국의 공식 문서와 동전에, 그리고 19세기에 사용하기 시작한 우표에 남아 있었다. 게다가 어떤 면에서는 오스만인들은 비잔티움 행정을 본보기로 따랐다. 비잔티움에서처럼 오스만인들은 일종의 황제교황주의(caesaro-papism), 즉 국가가 성직자를 통제하는 체제를 시행했다. 오스만 제국의 사법제도에서 법정은 종교 계층인 울레마의 일부였던 판관들이 주도했다. 오스만 제국의 술탄들은 이 판관들을 임명함으로써, 비잔티움의 선례에서처럼 성직자 층의 구성원들에 대해 직접적인 통제력을 행사했다. 이와 더불어 비잔티움에서 오스만으로의 연속성에 관한 또 한 가지 예를 들면, 토지 소유의 비잔티움적 양식이 오스만 시기에까지 이어졌다는 것을 꼽을 수 있다. 오스만인들이 선조들의 단순한 모방자가 아니라 자신들만의 독창적인 종합을 이루어냈다고는 하지만, 비잔티움에 도움을 받은 것은 엄연한 사실이었다.

비잔티움 외에도 오스만 정치 조직을 형성하는 데 강한 영향을 미친 세력이 있었다. 앞으로 설명하겠지만, 오스만 제국은 1000년경 튀르크 유목민들이 중동으로 이주——즉, 원인을 알 수 없는 중앙아시아 근원지로부터의 인구 이동——했던 때를 전후하여 혼란 속에서 탄생했다. 셀주크와 티무르의 국가들을 계승했던 이 최후의 거대한 튀르크-이슬람 국가는, 중앙아시아에서 떨어져나와 서쪽의 중동과 발칸 반도로 향했던 튀르크인들의 이주에서 유래했다(2장 참조). 오스만 왕조의 종교적 관행이나 세계관에는 이러한 유목민들의 샤머니즘적 신앙이 깊이 배어 있었다. 이와 비슷한 현상으로, 오스만 제국의 행정 분야에는 나중에 이란과 동지중해의 이슬람 세계에서 행정적·법률적 관행이 유입되었지만, 이슬람 이전의 튀르크적 관행이 계속 중요한 위치를 차지했다는 점이다. 궁극적으로, 오스만 체제는 이슬람 세계뿐만 아니라, 비잔티움, 튀르크 유목민들, 발칸 국가들의 영향을 매우 효과적으로 혼합해놓은 것이라고 보아야 할 것이다.

이와는 다른 형태로, 오스만인들 또한 중부·동부와 서부 유럽 국가들의 진화와 성립에, 그리고 그들의 대중적인 상상력을 형성하는 데 영향을 미쳤다. 20세기 소비에트 러시아 정치에서 (남의 악의를 병적으로 의심하는) 편집증적 스타일이 있다면, 그것은 상당 부분 오스만 제국 탓이다. 강력한 오스만 제국의 존재 때문에 모스크바에 기반을 둔 제정 러시아는 흑해와 지중해의 부동항(不凍港)으로 가는 길이 오랫동안 차단되었던 것이다. 수세기 동안 오스만인들은 러시아에 가장 중요한 외적(外敵)이었다. 차르들과 술탄들은 17세기에서 20세기까지 양측이 모두 멸망할 때까지 끝이 없어 보이는 전쟁들을 벌이며 서로 싸웠다. 이 전쟁들은 태동하고 있었던 러시아 세력의 진화와 형성에 커다란 영향을 미쳤다. 즉, 러시아 남부(와 서부)에 자리 잡은 강적에 대해 공포를 느낀 러시아는 확장과 지배를 통해 안전을 추구하려는 욕구를 정치 형태의 영구적 측면으로 자리매김했다. 다뉴브 강 유역의 합스부르크 국가 또한 오스만인들의 북진을 저지하기 위해 지역적으로 엄청난 혼란을 겪고 있었던 와중에 태동했다. 빈에 기반을 둔 이 국가는 저항의 중심지가 되었고, 시간이 지남에 따라 보다 남쪽에 있었던 발칸 반도의 여러 왕국들이 오스만군에 저항하는 데 실패하자 중유럽 방어의 최전선이라는 역할과 정체성을 갖게 되었다.

아시아·유럽·아프리카 대륙의 교차로라는 지정학적 위치로 오스만 국가는 세계사적으로 중요한 역할을 맡게 되었다. 이러한 중요성은 1683년의 군사적 대패배와 오스만인들이 영토 주권에 대한 방어 능력을 상실한 이후에도 사라지지 않았다. 사실 오스만 제국의 쇠락으로, 오스만 영토를 경쟁적으로 침탈하려 하거나 경쟁국의 수중에 넘겨주지 않으려는 팽창적인 이웃 국가들 사이에 국제적인 불안정 상태가 빚어졌다. 이 '동방 문제'(Eastern Question)——일단 오스만 제국이 사라지고 나면 누가 어느 영토를 이어받을 것인가의 문제——는 당시 열강들 사이에서 경쟁을 불러일으켰고, 19세기 국제 교섭에서 아주 중요한 사안이 되었다. 1914년, 동방 문제 해결이 실패하자 현대 최초의 대재난인 제1차 세계대전이 촉발되었다.

오스만 제국을 연구하고, 그에 세계사적으로 중요한 위치를 부여해야 하는 보다 더 명확한 이유는 오스만 제국이 그 역사의 거의 대부분에서 보여준 관용적인 통치의 모범 때문이다. 오늘날 세계는 예전과는 달리 운송, 통신 기술, 사람들의 이주로 서로 다른 부분들과 수없이 맞닥뜨리는 현상이 벌어졌고, 이런 점에서 오스만 제국의 사례를 주의 깊게 연구할 충분한 이유가 있다. 오스만 제국은 수세기 동안 피지배자들을 크게 압박하지 않고 통치해왔다. 오스만 정치 체제에는 위정자들과 군사령관들이 피지배자들의 종교 활동을——순니파, 시아파, 그리스 정교회, 아르메니아 정교회, 시리아 정교회, 가톨릭 등 어떤 형태의 이슬람, 유대교, 기독교이든 간에——보호하도록 규정해놓았다. 이러한 요구 사항은 '경전의 사람들'(people of the book, 유일신의 계시를 담은 경전을 가진 사람들—옮긴이), 즉 유대인과 기독교인들에 대한 이슬람의 관용 원칙에 기반을 둔 것이었다. 이 '경전의 사람들'은 비록 불완전하고 불충분한 형태일지라도 신의 계시를 받은 사람들이었다. 그러므로 이슬람 국가인 오스만 제국은 그 사람들이 종교 활동을 할 수 있도록 그들을 보호할 의무가 있었다. 이론의 여지없이, 피지배자인 기독교인들과 유대인들은 때로는 그들의 종교 때문에 박해받거나 죽음을 당하기도 했다. 그러나 이런 일들은 관용이라는 확고한 원칙이 있었음에도 버젓이 일어난 (예외적인) 위법 행위였다. 관용의 원칙이 오스만 제국 내 종교 집단의 관계를 수세기 동안 지배해왔으나, 제국의 막바지에 이르러 점점 더 거센 불협화음이 빚어졌다(9장 참조). 어쨌든 제국의 역사 대부분의 과정에서 오스만 제국은 여타 세계에 다종교 정치 체제의 효과적인 모범을 보여주었다.

유럽 문화 속의 오스만 제국

이 부분에서는 서유럽의 역사, 상상의 세계, 그리고 문화에서의 오스만 제국의 비중에 대해 개괄적으로 다루기로 하며, 그에 앞서 그 중요성에 대해 일러둘 점이 있다. 즉, 이 논의에는 오스만 제국이 단지 서유럽의 발전에 기여했던 정도로만 중요하다고 암시하려는 의도가 없다는 점이다. 사실 이 논의에서 초점을 그렇게 맞춘 것은 단지 이 책의 일차적인 독자들이 서유럽의 문화 전통에 속하기 때문이다. 여기서의 목표는 그 독자들에게 오스만 제국이 그들의 역사와 문화에 어떤 영향을 주었는지를 보여주기 위한 것이다.(저자는 이 부분에서 서유럽과 북아메리카의 독자들을 대상으로 하고 있음을 밝히고 있다. 이는 유럽적 편향성을 반영한 것이 아니라 유럽적 편향성을 반성하며, 영어권 대중을 교육시키려는 저자의 의도를 반영한 것이다—옮긴이)

오스만 제국은, 우연히 근대에 세계를 지배하게 된 여러 서유럽 국가들에 물리적으로 가장 가까이 자리 잡았던 까닭에 긴 세월 동안 유럽의 군사·정치·이데올로기적 팽창의 직접적인 예봉에 맞서게 되었다. 이러한 근접성은 오스만 측과 유럽 모두의 정체성 형성에서 심오한 영향을 주었다. 양측의 근접성은 거부와 끌림의 과정을 거치면서 복합적인 정체성 형성을 구축했다. 어쨌든 한 인간은 자신을 특별하고 독특한 성격을 가진 뚜렷하고 개별적인 존재로 인식할 때, 자기 자신은 무엇이고, 마찬가지로 무엇이 아닌지 정의하는 데 자주 '타자(他者)'를 잣대로 이용한다. 비잔티움, 발칸, 동부와 서부 유럽들을 상대하면서, 오스만인들은 간혹 (어쩌면 힌두교도를 적으로 대했던 무굴인들처럼) 이슬람교를 수호하는 무슬림 전사들로서의 정체성을 강조했다. 그래도 오스만 통치자들이, 군인과 예술가 그리고 기술자로서 비잔티움·불가리아·세르비아·서유럽·기타 기독교인들을 높이 평가하면서 고용하는 것을 막지 못했다. 미국 등지에 있는 후손들을 포함한 유럽인에게, 유럽 문화에 대한 정의를 내릴 때 오스만인들은 매우 중요한 잣대였다. 오스만은 간혹 유럽인들이 가지고 싶어 했던 품성을 갖춘 모범이 되었다. 그리하여 마키아벨리와 후대의 보댕과 몽테스키외 같은 사상가들은 오스만군과 행정가들의 청렴 결백, 기율, 명령 복종 등을 칭찬하면서 유럽인들을 비판했다. 그들은 서로 다른 시대, 서로 다른 계열의 정치 사상가들이었지만, 효율적인 국가와 효율적인 행정관의 필요성을 논했다. 왕에 대한 직접적인 비판이 위험했던 그 시대에, 그들은 오스만을 예로 들면서 유럽 군주들과 그들의 군대와 정치가들을 더 바람직한 행동으로 이끌려고 했다. 그 필자들은 이와 같은 품성들을 우리 서구인들이 지녀야 한다고 설파했다. 더 나아가, 유럽인들은 그들 스스로를 정의하고자 할 때, 부분적으로 그들이 무엇에 반대되는지를 묘사함으로써 정의를 내렸다. 유럽인들은 오스만인들을 온갖 악의 소유자들로 만들었다. 유럽인들은 자신들이 갖고 싶어 했던 속성과 반대되는 속성을 적(敵)에게 부여함으로써 자신들의 특성을 규정했다. 그러므로 잔인성 대 인도주의, 야만 대 문명, 불신자 대 진정한 신앙인 등의 대립적 개념들이 만들어졌다. 자신이 그 어떤 존재도 아니고, 그 무엇도 아닌지를 정의함으로써 자신이 누구인지를 알게 되었다.(우리가 현재 영국, 프랑스, 독일이라고 부르는 곳의 주민들은 이슬람의 초창기, 즉 7세기경부터 이러한 '타자'의 역할을 아랍의 무슬림들에게 부여했다.) 유럽인으로서의 정체성이 여전히 형성되던 시기에 이 주민들의 상상 속에 오스만인들(그들)은 문명인들(우리)의 특성을 가지지 못했고, 가질 수도 없었던 것으로 그려졌다. 유럽인들의 정신세계에서 오스만인들은 끔찍하고 야만스럽고 '차마 말로는 하지 못할' 존재들로 번갈아 등장했고, 동시에 호색적이고 하렘을 지배하는 방탕한 존재들이었다. 19세기에 이르러서도 유럽인은 동방 오스만 제국을, 문명화되고 활력 있는 서구에는 없거나 금지된 쾌락이 가득한 타락의 장으로 상상하면서 표현했고, 그와 대조적으로 유럽인들은 절도 있고 깨어있으며 정의롭고 성적으로 절제가 있고 온건하고 이성적이라고 주장했다.

지금은 대체로 별 다른 관심을 받지 못하고 잊혀졌지만, 오스만인들은 진정으로 친숙한 형태로 유럽인의 일상 생활에서 일부분이 되었다. 예를 들어, 대부분의 서유럽인과 아메리카인은 그들이 즐기는 커피와 튤립 또는 그들의 생명을 지켜준 천연두 접종에 관해 오스만인들에게 빚이 있다는 것을 인정하지 않았다. 그러나 이는 실제로 16세기에서 18세기에 이르기까지 서유럽에 대한 오스만 측의 공헌이다. 오스만 제국은 초창기부터 이후에 유럽이 된 지역의 일상 생활, 종교, 정치와 서로 얽혀 있었다. 대개의 경우, 이처럼 서로 영향을 미치는 것은 거리에 반비례한다. 이러한 사실에서 오스만 제국의 유산은 어쩌면 덴마크보다 오스트리아에 더 많이 현존하고 있을 것이다. 그럼에도 수많은 서유럽의 가치들을 간직해온 미국을 포함한 여러 곳에서 오스만 제국의 존재가 느껴진다.

오스만 제국은 유럽의 종교전쟁에서 교훈적인 기능으로 작용하는 중요한 역할을 맡았다. 종교 개혁기에 서로 갈라져 싸우고 있던 많은 종파들에게 오스만인들은 지상에서의 틀림없는 신의 징벌이었다. 재세례파라는 일부 급진적 개혁가들은, 신의 계시로 오스만인들이 곧 세계를 정복할 것이라고 보았다. 그러고 나면 적그리스도가 출현하여, 선택받은 자가 신을 믿지 않는 자들을 벌하고 예수 재림을 준비하리라고 여겼다. 마르틴 루터 역시 오스만인들은 부패한 교황 세력에 대한 신의 징벌이며 신의 분노의 도구라고 기록했다. 가톨릭 교인들은 그들대로 이 '튀르크인들'은 루터와 그 추종자들의 번성을 방치한 것에 대한 신의 형벌이라고 생각했다.

마찬가지로, 오스만인들은 유럽의 대중문화에 깊이 각인되어 있었다. 17세기 프랑스의 공상문학에서는 자주 술탄들에게 초점을 맞추었고, 하나의 예로 1648년에 출판된 철창 속에 갇힌 바예지드 1세(재위 1389~1402)와 그의 포획자 티무르(또는 타멀레인[Tamerlane])에 대한 이야기가 있다. 그러나 대부분의 이야기는 쉴레이만 대제가 총애하던 대재상 이브라힘 파샤에게 가했듯이 튀르크인의 잔인성과 관련된 이야기였다. 실제로 국제적이며 세련되고 르네상스 시기의 군주로서 여러 나라 말을 할 줄 알았던 정복자 메흐메드는, 그의 어머니가 희생자의 피를 마시는 장면을 묘사한 1612년 프랑스의 한 연극에서 잔인하고 짐승 같은 전제군주로 등장했다. 그 밖에 오스만 군사들이 로마의 군신 마르스에게 제물을 바치는 장면을 묘사한 기상천외한 이야기도 있다. 그러나 빈의 정복에 실패한 1683년의 대패 이후로 오스만 제국의 위협이 퇴조를 보였고, 이에 따라 오스만의 이미지도 바뀌었다.

그리하여 18세기의 서부·중부·동부 유럽인들은 안심하고 이웃의 오스만 제국에서 거리낌없이 적극적으로 '빌려오기' 시작했다. 이 시기에 오스만인들은 오늘날의 오케스트라의 타악기부를 유럽의 고전음악에 더함으로써 중대한 공헌을 했다. 1720년대에서 1850년대까지 이른바 '튀르크 음악'——한때 오케스트라의 타악기부를 지칭했던 용어——은 유럽에서 선풍적인 인기를 끌었다. 유럽의 궁정에서는 심벌즈, 큰 가마솥 같은 북, 사이드 드럼, 베이스 드럼, 트라이앵글, 탬버린, 그리고 종들로 만든 작은 집 모양의 '징글 자니(Jingle Johnny)' 등으로 오스만 타악기의 소리를 내려고 서로 경쟁했다. 그 음악은 아군의 사기를 높이고 적을 공포에 떨게 하기 위해 오스만군과 함께 행진했던 예니체리 군악대에서 비롯되었다. 폴란드의 아우구스투스 2세(재위 1697~1733)는 예니체리 음악을 매우 좋아해 술탄이 그에게 12~15명의 군악 연주자들을 선물로 보내주기도 했다. 이웃 러시아의 안나 황후도 그런 악대가 필요하다고 결정하여 1725년 이스탄불에 사람을 보내 악대를 구해달라고 요청했다. 1741년 빈의 합스부르크 가도 악대를 소유하게 되었고, 얼마 후에는 베를린의 프로이센 왕도 갖게 되었다. 이러한 악대의 구성원은 오스만인들이었고, 그들이 생소한 외국에 취업했다는 사실은 물론 이야깃거리가 된다. 1782년 런던도 악대를 갖게 되었고, 이 경우에는 아프리카인들이 드럼, 심벌즈, 탬버린 등을 연주했다. 이는 아마도 이국적인 정취를 더욱 고조시키기 위해서였을 것이다. 이러한 예니체리 악대에 대한 열광적인 유산은 바로 고적대 리더의 봉 던지기이다. 시대가 흐름에 따라 봉은 의례적으로 사용되었고, 예니체리 악대의 지휘자가 박자를 맞추기 위해 가지고 다녔다. 이것은 마침내 현재 미국 곳곳에서 벌어지는 행진이나 미식축구 경기에서 고적대의 여성 리더가 공중에 던지는 지휘봉으로 발전했다.

예니체리 음악의 인기는 악대에서 떨어져나와 우리가 지금 서양 고전음악이라고 부르는 주류로 진입했다. 1824년 처음 출판된 베토벤 교향곡 제9번의 마지막 악장에는 행진하는 예니체리들의 이미지를 연상시키는 멋진 대목이 있다. 로시니의 「빌헬름 텔」 서곡이나 바그너의 「탄호이저」에 나오는 행진곡 외에도 브람스의 교향곡 4번이나 하이든의 군대 교향곡 등에서 '튀르크 음악'을 들을 수 있다. 모차르트의 가장조 피아노 소나타 K.(쾨헬[Köchel] 번호) 331에는 경이로운 튀르크풍의 론도 연주가 들어 있는데, 이 테마는 미국의 재즈와 데이브 브러벡(Dave Brubeck), 아흐마드 자말(Ahmad Jamal) 같은 음악 연주가의 곡목에 포함되기도 했다. 오페라에서는 오스만 음악뿐 아니라 오스만 배경도 인기를 얻었으며, 그 첫 작품은 1686년 함부르크에서 시연된 3막 오페라로서, 빈 포위 실패 이후의 대재상 카라 무스타파 파샤(재상이나 군사령관, 지방장관 같은 고위 관료의 칭호-옮긴이)의 운명을 그렸다. 헨델의 오페라 「타메를라노」(1724)는 술탄 바예지드 1세가 중앙아시아의 정복자(티무르)에게 패배와 생포, 그리고 투옥되는 과정을 극적으로 묘사한 작품이다. 모차르트는 1782년 「후궁으로부터의 탈출」을 발표했으며, 이 작품과 유사한 줄거리와 등장인물을 가진 여러 오페라들이 뒤를 이었다. 로시니의 「이탈리아의 튀르크인」과, 「알제의 이탈리아 소녀」도 어느 정도 오스만적 오페라 주제의 전통을 이었다.

유럽 음악에서 오스만적 음악 주제와 배경의 차용과 더불어, 17세기 후반 유럽에서 '튀르크' 패션의 인기는 대단했다. 오스만 술탄과 술타나(술탄 가문의 여성으로, 술탄의 모후나 왕비 또는 공주-옮긴이)로 가장(假裝)한 사람들을 어디를 가나 볼 수 있었던 이 유행은 루이 15세의 궁정에서 퐁파두르 부인이 처음 선을 보였다. 또 하나 예를 들면, 사르마트 운동(저자는 'Sarmation movement'라고 했는데 사르마티즘 [Sarmatism]을 가리키는 것으로 보인다. 사르마티즘은 폴란드의 고유 문화를 수호하려는 운동으로, 서구에 대비되는 동양적 의상을 내세웠다-옮긴이) 당시 폴란드에서는 귀족들이 오스만 의상을 입고 '아랍' 말들을 타고 다녔다. 유럽 전역에 걸쳐 오스만 식의 커피점에서 유럽인들은 선명한 색상의 비단옷과 부푼 바지를 입고 끝이 올라간 '튀르크 식 실내화'를 신고 '튀르크 식' 파이프를 피우며 '튀르크 식' 단것을 먹기도 했다.

19세기가 되자 이러한 '튀르크 풍'(Turkomania)은 퇴조했고, 유럽의 대중문화 속에서 오스만적 실재가 다른 표현들로 교체되었다. 잔인성, 음모, 시기, 야만성 등의 흔한 모티프들이 계속 영향력을 발휘했고, 따라서 영국의 유력한 정치가 글래드스턴이 '불가리아의 참혹상'을 규탄했을 때 즉각적인 반향을 일으키기도 했다. 오랫동안 이어져온 이 같은 잔인한 이미지 외에 호색한 또는 우스꽝스러운 튀르크의 이미지가 등장했다. 주요 등장인물이 말이 안 되는 소리들을 지껄이면 그 말은 곧 오스만 튀르크어라고 관객에게 주입시키는 몰리에르의 「부르주아 귀족」(1670)에서 볼 수 있듯이, 바보 튀르크인은 어느덧 종족의 상징이 되기도 했다. 이제 19세기에는 거대한 생식기에 색을 밝히는 튀르크인들이 빅토리아 시대의 포르노 문학의 중요한 부분이 되었다. 뿐만 아니라 시인 바이런과 소설가 피에르 로티에서 아라비아의 로렌스에 이르기까지 수많은 유럽인들은 오스만 제국을 성적 환상이나 그 밖의 환상들을 실현할 수 있는 몽환의 나라로 생각했다. 이 세 사람과 그 외에 수천 명의 유럽인들은 현대의 산업화된 삶의 지루함과 단조로움으로부터의 탈출을——그들이 실제로 오스만 왕국을 여행했든 안 했든——상상의 나라 동방에서 찾았다. 들라크루아와 제롬, 그리고 그 밖의 화가들의 그림에는 이국적이고 선정적이며, 원시적이고 야만적이고 또는 고귀한 이미지들이 넘쳐흘렀다.

1876년 미국 독립 100주년 기념 박람회를 포함해 19세기의 여러 세계박람회에서 오스만 공예품을 전시한 덕분에, '튀르크 코너'는 유럽과 미국의 여염집에서 흔한 물건으로 자리 잡았다. 부유층의 응접실에는, 깊은 장식선에 술이 달려 있고 속을 채워넣은 안락의자가 가끔 구리 쟁반과 그리고 언제나 '동방의' 카펫과 함께 대비를 이루며 놓여 있기도 했다. 1900년 파리에서는 디자이너 푸아레가 '동방적' 환상으로 유명해진 예도 있었다. 중산층에서는 때때로 속을 채워넣은 가구 하나로——소파나 발을 올려놓는 작은 의자(ottoman, 발을 올려놓는 작은 의자를 흔히 오토만이라고 부른다. 이 용어가 영어권에서 오스만 제국을 가리키는 명칭과 같다는 점에 유의하라―옮긴이) 등――이국적인 동방의 이미지를 연출하기도 했다. 독일 작가 토마스 만의 『마의 산』(1924)에는 '튀르크 코너'를 묘사한 부분에 '튀르크 식'의 커피 가는 기계와 '튀르크 식'의 커피를 사교적으로 활용하는 인물이 등장한다. 소설 가운데 주요 등장인물인 어느 할아버지는 안에 기계 장치가 되어 있는 단단한 몸에 매끄러운 실크 겉옷을 걸친 우습고 작은 튀르크 인형을 갖고 있었는데, 옛날에는 태엽을 감으면 탁자 위를 종횡무진 뛰어다녔지만 이미 오래전에 고장이 났다고 이야기하기도 한다. 미국의 뉴욕 시, 오리건 주의 포틀랜드, 시카고 등에서 건축가들이 (다른 문화들뿐만 아니라 고대 근동도 포함하여) 이슬람과 오스만 건축의 여러 부분들을 따라서 영화관을 세운 예도 있다.

이렇게 위의 예들에서 확실하게 알 수 있듯이 오스만인들은 유럽인의 상상의 방앗간에 수많은 곡식을 제공했다. 종교 개혁기와 17세기 프랑스의 공상문학에서 적그리스도와 강적의 이미지는 오스만 왕조의 군사적 위축기를 거치면서 보다 단순한 이미지로 대체되었다. 그러므로 우리는 18세기의 예니체리 음악과 튀르크 풍을, 그 다음에는 어디에나 있는 동방의 카펫과 영화관에 따라붙어 있는 19세기의 이국풍과 에로티시즘을 볼 수 있다. 비록 오스만 제국은 사라졌지만, 지금도 유럽과 그 연장선상에 있는 문화 세계에서는 그 문화적 유산들이 남아 있다(10장 참조).

말기의 오스만 제국은 영국과 프랑스가 세계의 상당 부분을 지배하고 점유했던 서유럽 제국주의의 절정기를 버텨냈다. 도처에서 여러 종족들이 이 두 나라와 그 밖의 서유럽 국가들의 지배를 받게 되었다. 19세기 말에는 유럽 대륙의 바깥에 겨우 한 줌밖에 안 되는 독립국가만 있었을 뿐이다. 중국, 일본과 함께 오스만 제국은 그나마 힘을 가지고 살아남은 대단히 중요한 나라들 가운데 하나이다. 독립국가로서 그들은, 유럽의 제국주의에 대항하던 식민화된 여러 민족에게 모범이 되었고 희망의 원천이 되었다. 그리하여 인도의 무슬림, 중앙아시아의 튀르크어 사용자들, 마그레브의 북아프리카인 등 다양한 집단 모두 영국·러시아·프랑스 제국주의에 항거하는 오스만 제국을 주시했다.

2

오스만 제국의
기원에서
1683년까지

※

1300년에서 1683년까지의 기간은, 아주 작아서 잘 눈에 띄지도 않았던 소공국 오스만 국가가 거대한 영토를 지닌 제국으로 엄청나게 확장한 시기이다. 그 영토는 아라비아 반도, 남방의 나일 강의 큰 폭포들, 페르시아 만 가까이의 바스라, 동방의 이란 고원, 서방의 지브롤터 근방, 북방의 우크라이나 초원과 빈의 성벽으로까지 뻗어나갔다. 이 시기는 오스만 국가가 지도상의 한 점이었을 때 시작하여 그 영토가 흑해, 에게 해, 지중해, 카스피 해, 홍해에 이르는 세계 제국이 되었을 때 끝난다.

오스만 국가의 기원

대단한 사건들에는 설명이 필요하다. 로마 제국, 잉카 제국, 명(明) 제국, 알렉산드로스 제국, 대영제국, 또는 오스만 제국 같은 거대 제국의 발흥을 어떻게 이해할 것인가? 이처럼 세계를 뒤흔든 사건들을 어떻게 설명해야 하는가?

간단히 말해, 오스만 제국은 다음과 같은 배경에서 흥기했다. 소아시아에서 비잔티움 중앙 정부의 통치를 무너뜨린 튀르크 유목민들의 침입, 변방에 혼란과 인구압(人口壓)을 가져온 몽골의 중동 침입, 종교와 사회적 지위에 상관없이 다수의 지지자를 모았던 실용적이고 유연한 오스만 측의 정책들, 유목민들의 발칸 반도 접근을 통제함으로써 더 많은 지지자를 모을 수 있는 지점에 오스만인들이 있었다는 행운 등이다. 여기에서는 오스만 국가의 기원에 대해 좀 더 자세한 이야기가 펼쳐질 것이다.

오스만 제국은 13세기에서 14세기로 넘어가는 시기에 즈음해 소아시아라고도 부르는 아나톨리아 반도의 서북쪽 귀퉁이에서 태동했다(지도 1). 당시 이 지역은──정치적, 문화적, 종교적, 경제적, 사회적으로──극도의 혼란을 겪고 있었다. 이 지역은 1000년 이상을 로마 제국과 그 제국의 동지중해에 있었던 계승국가 비잔티움 제국(수도 콘스탄티노플)의 일부였다. 비잔티움은 한때 동남 유럽, 북아프리카, 이탈리아의 지역뿐만 아니라 오늘날 중동(이란은 제외)의 거의 전부──현대의 이집트, 이스라엘, 팔레스타인, 레바논, 시리아, 요르단, 터키 그리고 이라크의 일부──를 다스렸다. 그러나 7세기에 비잔티움은 이들 지역 가운데 많은 영토를 주로 메카, 다마스쿠스, 바그다드에 기반을 둔 새로운 국가들(정통 칼리프 국가, 우마이야 왕조, 압바스 왕조를 이야기하는 것으로 보이는데, 정통 칼리프 국가는 사실 메카보다는 메디나를 중심으로 했다─옮긴이)에게 빼앗겼다. 약간의 어려움 속에서 비잔티움 국가는 개혁을 꾀해 아나톨리아 지방을 그나마 보유하게 되었다. 축소된 비잔티움 제국은 세 부류의 적들과 대치하게 되었다. 풍요로운 에게 해, 흑해, 그리고 동지중해의 무역로에 관한 경제적 이권과 거점을 차지하려고 지중해에서 상업국가인 베네치아와 제노바가 서로 대치하고 있었고, (대개는 따로따로) 비잔티움에 대항했다. 비잔티움은 그 북쪽과 서쪽으로 확장 지향적이고 강력한 육상국가들, 특히 불가리아와 세르비아 왕국과 접해 있었다. 그리고 1000년경부터는 (튀르크멘이라 불리는) 튀르크 유목민들이 동쪽 변방에 출현했다. 중앙아시아의 바이칼 호 부근의 지역에서 기원한 튀르크인들은 그 발원지에서부터 이주를 시작하여 1000년경부터 중동으로 쏟아져 들어왔다. 본거지가 중앙아시아였던 튀르크멘의 생활 양식은, 종교적으로는 샤머니즘적 신앙

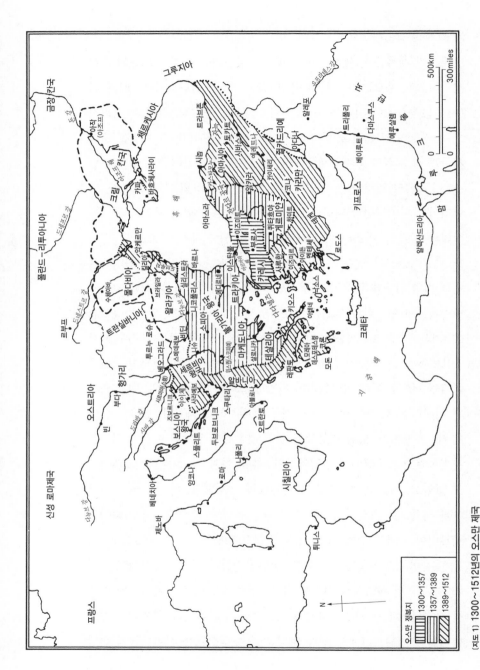

그루지아

신성 로마제국

폴란드-리투아니아

프랑스

오스트리아

헝가리

베네치아

시칠리아

튀니스

금장 칸국

제르케시아

크림 칸국

트란실바니아

몰다비아

왈라키아

불가리아

세르비아

보스니아

알바니아

마케도니아

크레타

크 해

지 중 해

키프로스

베이루트

예루살렘

다마스쿠스

알레포

트리폴리

알렉산드리아

오스만 정복지

1300~1357

1357~1389

1389~1512

N

500km

300miles

(지도 1) 1300~1512년의 오스만 제국

이 지도는 할릴 이날즉과 도널드 쿼터트 편, 『오스만 제국 경제·사회사, 1300~1914(An Economic and Social History of the Ottoman Empire, 1300~1914』(케임브리지, 1994)의 xxxⅲ쪽에서 인용.

42

에 경제적으로는 목축에 의존했으며 개인의 용맹을 칭송하고 귀족 여성들에게 상당한 자유와 유동성을 부여한 사회적 가치가 특징이었다. 영웅적인 남녀들의 이야기들을 차례로 나열한 이들의 호메로스적인 서사시 『데데 코르쿠트의 이야기』는 튀르크멘이 중동으로 확장하기 직전에 쓰인 것이다. 이 책은 튀르크멘의 정체가 매우 분절화(分節化)되어 있었고 명령이 아닌 합의에 입각한 지도력이 존재했음을 보여준다. 세계사적으로 중대 사건이었던 이러한 일련의 이주로 소아시아에서 중국의 서부 국경지대까지 튀르크계 언어를 사용하는 남녀와 아이들의 지역이 형성되었으며, 오스만 국가의 태동으로 이어졌다. 유목을 하며 정치적으로 분열되어 있었던 튀르크멘의 생활 양식은, 그들의 초기 이주와 침략으로 상처 입은 이란 고원 정주민들의 삶에 엄청난 혼란을 가져왔다. 유목민들은 정주화된 중동 내부로 이주하면서 이슬람으로 개종했으나 샤머니즘적 의식과 관습을 많이 간직하고 있었다. 튀르크멘과 가축들이 이주하는 과정에서 정주 지역의 경제와 농경민이 통치자에게 내는 조세 수입의 흐름이 파괴되고 말았다. 튀르크 유목민 침입자 가운데 셀주크 가문이 있었다. 서쪽으로 표류했던 크고 작은 유목민 집단의 지도자들 가운데 하나인 셀주크 가문은 마침내 이란과 그 농경민들을 통치했으며, 이란의 지배적인 페르시아–이슬람 문명에 빠르게 동화되었다. 아울러 그들은 이 새 왕국에서 정주 농경을 파괴하는 유목민 추종자들을 어떻게 처리해야 할 것인가라는 문제에 직면했다. 셀주크는 이 문제에 대한 해결책을 비잔티움 치하의 아나톨리아에서 찾았다.

비잔티움 치하의 아나톨리아 지방은 이 부분에서 중요한 두 가지 특징을 가지고 있었다. 첫째로, 이 지역은 인구가 많고 생산적인 농경 정주 지역이었으므로 유목민들에게는 매우 매력적인 약탈 목표였다. 한

마디로, 아나톨리아 지역은 부유했다. 그곳은 또 기독교 지역이기도 했다. 그러므로 아나톨리아는 이중으로 정당한 전쟁 목표를 제공한 셈이었다. 당시 튀르크 유목민들은 이슬람으로 갓 개종한 상태였고 샤머니즘적 신앙과 이슬람을 혼합한 대중적 설교자들의 영향 아래 있었다. 아나톨리아가 유목민들에게 매력적이었던 것은 주로 그곳이 풍요로웠기 때문인가, 아니면 그곳이 기독교 지역이기 때문인가? 그와 같은 시기의 기독교인 십자군들처럼 유목민들의 전쟁 동기에는 경제적·정치적·종교적 요소가 혼합되어 있었다. 아나톨리아의 토지는 비옥했고 그곳에는 (주로) 이교도, 즉 기독교인 농민들이 살고 있었다. 이미 중동으로 들어온 수많은 유목민들은 중앙아시아에서 뒤따라 들어온 유목민들 무리의 압력을 받고 있었기에 이는 강력한 동기가 되었다. 그리하여 이란으로 들어온 지 얼마 안 되어 튀르크 유목민들은 비잔티움의 동부 지방을 약탈하기 시작했다. 그들은 경제·정치·종교적으로 그곳에 이끌렸고, 중앙집권을 시도하는 이란의 셀주크 통치자들을 피해서 그곳을 확장해갔다. 수십 년에 걸친 끈질긴 공략이 있은 뒤, 비잔티움 국가는 이 새로운 위협을 분쇄하고자 했다. 그러나 1071년, 로마누스 디오게네스 황제 치하의 제국 군대는 반(Van) 호수와 그리 멀지 않은 만지케르트에서 역사적인 전투를 벌였으나 셀주크 술탄 알프 아르슬란(Alp Arslan)의 군대와 일시적으로 동맹을 맺은 튀르크 유목민들의 연합 세력에 결정적으로 패하고 말았다. 이는 동방에서의 제국 국경 방어 체계의 파괴를 의미했고, 이제 튀르크 유목민들은 거의 방해받지 않고 비잔티움으로 물밀 듯이 들어왔다.

그 후 15세기 중엽까지 수세기 동안 아나톨리아의 역사는 동부와 서부를 막론하고, 비잔티움 제국과 비잔티움 봉건 영주들 치하의 정주민들의 삶은, 홍수처럼 밀려와 나름대로 작은 국가를 형성한 튀르크인 유목민들 사이에 놓여 있는 '섬'에 비유할 수 있다. 단기적으로는 튀르크멘 소공국들이 흥기했다 사라졌고, 비잔티움의 통제력에도 기복이 있었다. 아나톨리아는 확장과 축소를 거듭하는 작은 튀르크멘 또는 비잔티움 공국들과 소국들로 이루어진 조각 이불이 되었다. 간혹 비잔티움의 저항은 제국적 수준이든 봉건 영주의 수준이든 어느 정도 성공을 거두었다. 그러나 비잔티움의 기독교 영토에서 주로 그리스어를 사용한 아나톨리아는 불가피하게 장기적으로 거대한 변화를 겪었고, 시간이 흐름에 따라 튀르크어를 사용하는 무슬림 지역이 되었다. 이러한 일반적인 혼란과 혼돈의 분위기는 곧 오스만 국가의 출현에 핵심적인 역할을 했다. 튀르크멘의 침입으로 지칠 대로 지친 비잔티움 국가는 이탈리아의 상업국가들과 싸우고 있었고, 결국 그들에게 큰 덩어리의 영토와 무역 독점권 같은 경제적 자산을 잃어가고 있었다. 더욱이 1204년과 1261년 사이에 콘스탄티노플은 일시적으로, 팔레스타인으로 행군하는 대신 풍요로운 제국의 수도를 덮쳐 약탈했던 십자군들이 세운 라틴 기독교 제국의 수도가 되기도 했다.

오스만 국가가 등장하게 된 구체적인 배경에는 또한 칭기즈칸 휘하의 몽골 제국의 부상, 동서에 걸친 몽골 제국의 급속한 확장, 그리고 13세기 중동을 향한 몽골 제국의 압박과도 연결되어 있었다. 몽골 국가가 팽창함에 따라 그 전에 있었던 튀르크멘 유목민들의 이동이 가속화되었으며, 튀르크인들은 그들의 집단과 가축을 유지할 수 있는 지역으로 떠났다. 13세기 중엽 몽골의 한 장군은 중앙 아나톨리아의 코냐에 기반을 둔 셀주크 국가와 전투를 벌였다. 이때 몽골의 승리로 그곳에 있던 상대적으로 큰 셀주크 술탄국이 붕괴되었고——이 국가는 오스만 국가 이전, 즉 비잔티움 이후 아나톨리아에 세워진 가장 번창했던 국가였다——수많은 튀르크멘 소공국들의 발흥을 촉진시켰다. 몽골의 주둔으로 서부에서 목초지를 찾고 있던 튀르크멘 유목민들의 탈출 또한 순식간에 이루어졌다. 이 지역은 한편으로는 기울어가는 셀주크 국가와 다른 한편으로는 무너져가는 비잔티움 세계 사이에 있는 국경 지역이었다. 이곳은 세르비아인·불가리아인·제노바인·베네치아인 침입자들과 튀르크 무슬림 유목민과 비잔티움의 그리스 기독교 농부들로 북적거리는 변화하는 세계였다. 그리고 비잔티움 콘스탄티노플의 남쪽과 동쪽에 있는 아나톨리아의 고원지대에서 오스만 제국이 마침내 탄생했다.

오스만 제국을 다루는 역사가들은 이 비범한 제국의 흥기를 설명하는 가장 중요한 한 가지 변수가 무엇인지에 대해 즐겨 논쟁한다. 이러한 의문은 정당하다. 오스만 1세는 그 이름을 딴 오스만 왕조의 개창자이지만, 변방에 있는 여러 튀르크멘 집단 가운데 한 지도자였을 뿐 가장 세력 있는 인물은 확실히 아니었다. 1300년 당시의 정세를 살펴보면, 그의 국가가 역사상 대단히 성공적인 국가 가운데 하나가 되리라는 예측은 하지 못했을 것이다. 그 당시 그는 약 4만 텐트 가량의 튀르크멘 유목민을 거느렸다. 국경이 아닌 지역에 있었던 튀르크인 경쟁자들 가운데 일부는 그보다 훨씬 더 번창하여 7만 텐트에서 10만 텐트를 거느리기도 했다(한 텐트에는 2~5명이 거주했다). 당시엔 그런 튀르크멘 공국들이 수십 개에 달했으며, 이 모든 것은 튀르크멘 유목민들이 아나톨리아의 해안선을 압박하여 마침내 평야지대를 점령했던, 보다 광범위한 과정의 일부였다. 이들 가운데 유일하게 오스만 왕조가 승리를 거두었고, 그 나머지는 이내 사라졌다.

오스만 국가와 그 추종자들은 다른 튀르크멘 지도자들 그리고 집단과 함께 당시 아나톨리아 전체에서 벌어진 혼란, 특히 국경지대의 혼란 속에서 확실하게 득을 보았다(그들은 나중에 발칸 반도의 정치적 분열에서도 득을 보았다). 대개 자발적이고 지도자가 없는 튀르크인 유목민들의 침입으로 지방 정권들이 무너지고 아나톨리아의 기성 정치와 경제 질서가 혼란에 빠졌다. 몽골의 공세로 이런 움직임들이 더욱 가속화되어, 전체적으로 변방 지역의 인구압이 상당히 높아졌을 것으로 보인다. 오스만처럼 전사 집단이 번성했던 이유는 그들이 정주민들을 약탈할 수 있었을 뿐만 아니라, 그들의 세력이 정부가 제공해줄 수 없었던 안전을 추종자들에게 마련해주었기 때문이다. 그러한 전사 집단은 13세기 아나톨리아에서 정치 조직의 중요한 형태가 되었다.

국가 형성에 성공한 것은, 물론 오스만인들이 특별한 유연성, 즉 변화하는 조건에 실용적으로 적응할 수 있는 능력과 준비를 갖췄기 때문이다. 이 떠오르는 왕조는, 부계에 따른 혈통의 기원은 튀르크계였고, 기독교도와 무슬림, 튀르크어와 그리스어 사용자들이 상당히 뒤섞인 지역에서 태동했다. 무슬림과 기독교인들 모두 아나톨리아와 그 너머에서부터 오스만의 깃발 아래로 경제적인 이익을 얻으려고 모여들었다. 게다가 오스만 통치자들이 가지(*gazi*, 변방의 무슬림 성전사—옮긴이), 즉 신앙을 위해 기독교인에 대항하여 싸우는 전사로서의 역할을 자처하자 일부 추종자들이 매료되기도 했다. 그러나 이러한 종교적 호소력의 힘을 의문시해야 하는 이유는, 바로 그때 오스만인들이 엄청난 수의 그리스계 기독교인 군사 지휘관들과 일반 병사들을 점차 늘어나는 자신의 군사력에 충원하고 있었기 때문이다. 따라서 무슬림들뿐 아니라 기독교인들은 신을 위해서가 아니라 금과 영광을 위해, 즉 재부와 지위와 권력을 얻기 위해 오스만 왕조를 따른 것이다.

또한 오스만 왕조가 인근의 비잔티움 봉건 영주들과의 전투뿐만 아니라 일찍부터 다른 튀르크멘 지도자들과의 전투에도 심혈을 기울였다는 점도 기억해야 한다. 사실, 오스만인들은 아나톨리아의 튀르크멘 공국들과 14세기에서 16세기에 걸쳐 꽤 자주 전쟁을 벌였다. 이렇게 심각하고 빈번했던 튀르크멘들과의 갈등에 별로 관심을 기울이지 않은 것은 역사가들이 유럽에 대한 오스만 왕조의 위협과, 어처구니없게도 근본적으로 오스만인들을 국가 건설자라기보다는 신앙을 수호하는 전사(gazi)로 꾸미는 것에 관심을 집중했기 때문이다. 경쟁자인 튀르크멘 왕조들——아나톨리아의 카라만과 게르미얀 또는 중앙아시아의 티무르 왕조——은 대단한 적수들이었고 오스만 국가에 엄청난 위협이었다. 처음부터 오스만의 영토 확장은 다방면으로, 즉 서와 북서의 비잔티움과 발칸 영토와 통치자들을 겨냥했으며, 또한 언제나 동과 남으로 경쟁자인 튀르크멘 정치 체제들에 대항해 이루어졌다. 그리하여 오스만인들에게 핵심적이었던 것으로 생각되는 것은, 비록 그들이 간혹 종교적 호소력을 띠긴 했어도 가지(gazi)나 종교적인 성격은 아니었다는 것이다. 그보다 오스만 왕조의 대업에서 가장 눈에 띄는 점은 형성 과정 중에 국가로서의 성격, 즉 추종자들을 끌어들이고 유지하는 데 필요한 일들을 하고, 필요한 존재가 되는 데 있었다. 보다 분명하게 말하면, 이 오스만 왕조의 대업은 종교적인 국가가 아니라 실용적인 국가로 만들려는 것이었다. 이러한 점에서 오스만 왕조는 동시대의 영국이나 중국과 전혀 다르지 않았다.

지리적 조건도 오스만 제국의 흥기에 중요한 역할을 했다. 변방의 여러 지도자들은 여러 조건에 잘 적응하고, 기꺼이 재능 있는 사람을 쓰고, 여러 부류의 사람들로부터 충성을 받아들이고, 여러 방면으로 지지를 호소하려는 의지를 가지고 있다는 점에서 어쩌면 오스만인들과 비슷했을 것이다. 오랜 세월이 흐른 지금, 당시 오스만 왕조가 이런 점에서 얼마나 특출했는지 판단하는 것은 어렵다. 그러나 오스만 왕조가 성공할 수 있었던 요인의 하나로 우리는 1354년에 일어난 사건, 즉 오스만 측이 유럽과 아시아를 가르는 세 개의 수로 가운데 하나인 다다넬즈 해협(나머지 두 개는 보스포루스 해협과 마르마라 해이다)의 유럽 쪽 해안에 있는 도시(침페〔Tzympe〕)를 점령한 것을 확신을 갖고 제시할 수 있다. 이 도시의 점령으로 오스만인들은 발칸으로 건너가는 안전한 교두보, 즉 영토적인 출발점을 마련했고, 그로부터 오스만인들은 곧 아나톨리아의 변방에 있는 경쟁자들보다 앞서 나아가게 되었다. 이 새로운 영토의 점령으로 오스만 왕조는 이제 그들의 잠재적인 지지자들에게 풍요로움으로 이르는 거대하고 새로운 땅——발칸 영토——을 마련해주었다. 그것은 해협 건너의 아시아 쪽에 있는 왕조나 부족장들의 추종자들이 전혀 얻을 수 없는 부분이었다. 이 땅은 풍요로웠고 당시 튀르크멘도 존재하지 않았다. 또한 이데올로기, 즉 성전(聖戰)의 맹세만으로도 행동을 호소할 수 있었다.

그리하여 비잔티움 치하의 아나톨리아에서 있었던 풍요로움과 정치적 혼란이 14세기 발칸의 풍요로움과 혼란으로 다시 한 번 되풀이되었다. 예전에 튀르크멘들을 비잔티움의 아나톨리아로 불러들인 것과 비슷한 요인들로 유목민들이 발칸으로 유입되었다. 발칸 반도는 소아시아 서부에서 점점 높아지고 있던 인구압의 안전 밸브를 제공해주었으며, 오스만 왕조만이 그곳으로 접근하는 길을 소유하고 있었다. 공교롭게도, 오스만인들이 발칸으로 들어가게 된 것은 콘스탄티노플의 왕좌를 노린 비잔티움 왕권 도전자의 야심 때문이었다. 그는 내전의 와중에서 오스만인들의 지지를 확보하기 위해 오스만인들에게 유럽 땅의 교두보를 허락해준 것이다. 그 얄궂음에 얄궂음을 더한 것은, 오스만인들이 새로 얻은 지 얼마 안 되는 유럽에서의 영토를 넓히려고 때때로 비잔티움의 적이었던 제노바와 동맹했다는 점이다.

1000년경의 아나톨리아처럼 14세기 발칸 반도는 풍요로우면서도 위험에 노출되어 있었다. 불가리아와 세르비아 지역에서의 국가 건설의 노력은 실패로 돌아갔고, 비잔티움은 제위(帝位)를 노리는 경쟁자들의 싸움으로 내전에 휩싸였으며, 베네치아와 제노바는 각각 그 혼란을 틈타 이익을 얻기 위해 움직였다. 그리고 유연성과 노련한 정책과 행운, 또한 좋은 지리적 조건의 조합을 갖춘 오스만의 기량은 경쟁자들을 누르고 마침내 패권을 차지하여 세계 제국으로 향하는 길로 뻗어나갔다. 이미 번창하던 그들은 발칸 반도로 건너감으로써 더할 나위 없이 유리하고, 새로운 고지를 차지하게 되었다.

오스만 제국의 팽창과 확립, 1300~1683

서아나톨리아에서 처음 왕조를 세운 이후로 오스만 국가는 여러 세기 동안 거의 쉴 새 없이 성공적인 전투 속에서 꾸준히 성장하여 유럽, 아시아, 아프리카의 교차 지역에 거대한 영토를 차지했다. 서아나톨리아와 발칸의 근거지에서 오스만 제국이 팽창하게 된 요인들을 살펴보기 전에, 이러한 승리들에 대해 간단히 언급할 필요가 있다(지도 2).

역사가들은 보통 두 명의 술탄들——메흐메드 2세(재위 1451~1481)와 쉴레이만 대제(재위 1520~1566)의 치세를 특별히 인상적인 것으로 즐겨 다룬다. 이 두 술탄은 각각 선조들의 뛰어난 업적을 기반으로 치적을 쌓았다. 술탄 메흐메드 2세가 즉위하기 전 100여 년 동안 오스만 왕조는 발칸과 아나톨리아 지방 깊숙이 확장해 들어갔다. 서아나톨리아에서 발칸으로 건너갈 때 오스만인들은 이미 비잔티움의 주요 도시였던 부르사를 점령하여 팽창하는 국가의 수도로 만들었다. 1361년 그들은 비잔티움의 주요 도시인 아드리아노플(에디르네)을 점령하여 새로운 수도로 삼았고, 그곳을 발칸 공세의 주요 기지로 활용했다. 겨우 몇십 년 뒤인 1389년, 오스만군은 세르비아인들을 서부 발칸 지역의 코소보에서 완파했다.(1989년 이후, 재창조된 코소보의 기억은 현대 세르비아의 정체성을 형성하는 데 강력한 촉매가 되었다.) 이러한 대승은 다른 전투에서도 이어졌으며, 1430년 살로니카를 베네치아로부터 빼앗기도 했다. 오스만 국가의 확장과 더불어, 궁지로 몰아가는 위협이 높아지는 것을 고통스럽게 의식하고 있었던 서유럽과 중유럽 국가의 연합군을 1396년 니코폴리스와 1444년 바르나에서 오스만 측이 물리쳤다. 이러한 전투들은 연합군 측에 세르비아, 왈라키아, 보스니아, 헝가리, 폴란드뿐만 아니라 프랑스, 독일계 여러 국가들, 스코틀랜드, 부르고뉴, 플랑드르, 롬바르디아, 사보이아 등의 세력이 참여했다는 점에서 국제적인 양상이 두드러지게 나타났다. 학자들은 니코폴리스와 바르나의 전투를, 11세기 유럽인들이 팔레스타인의 지역 국가들을 파괴하려고 애썼던 십자군의 연장선상에서 최후의 십자군으로 여겨왔다. 그러나 두 전투 모두에서(다음을 보라) 발칸 반도의 일부 왕공들이 오스만 편에서 싸웠고, 베네치아는 니코폴리스 전투 당시 상업적·정치적 이득을 얻으려고 양측 모두와 교섭을 벌였다.

그래서 정복자 메흐메드 2세가 정권을 잡았을 때는 제국을 건설할 튼튼한 기반이 형성되어 있었다. 겨우 2년이 지난 1453년에 그는 오스만인과 무슬림들의 오랜 꿈이었던 로마 황제의 도시, 천년 고도 콘스탄티노플의 점령을 실현했다. 메흐메드는 곧 과거에 누렸던 이 도시의 영광을 재건하기 시작했다. 1478년 거대한 성채 내부의 분산된 마을에서 살았던 이 도시의 인구는 3만 명에서 7만 명으로 배가 늘어났다. 한 세기가 지나자 이 위대한 수도는 40만 주민을 자랑하게 되었다. 메흐메드의 정복은 계속되어 1459년과 1461년 사이 비잔티움의 모레

대서양

스웨덴

북해

발트해

메멜

폴

라인강

신성 로마제국

프랑스

다뉴브강

오스트리아

부다

트란실바니아

드라바강

테메

제노바

베네치아

사바강

왈라

에스파냐

베오그라드

피레네산맥

스플리트

사라예보

니슈

니코폴

소피아

로마

아블로나

마나스트르

루멜리

살로니

아블로나

레판토

아테

페즈
(파스)

오랑

알제

지

튀니스

중

말타

해

크레

제르바

(베네치아,169

트리폴리
(트라불루스 가르브)

페 잔

사 하 라 사 막

───── 오스만 제국의 경계

••••••• 가신국의 경계

▨▨ 가신국

52

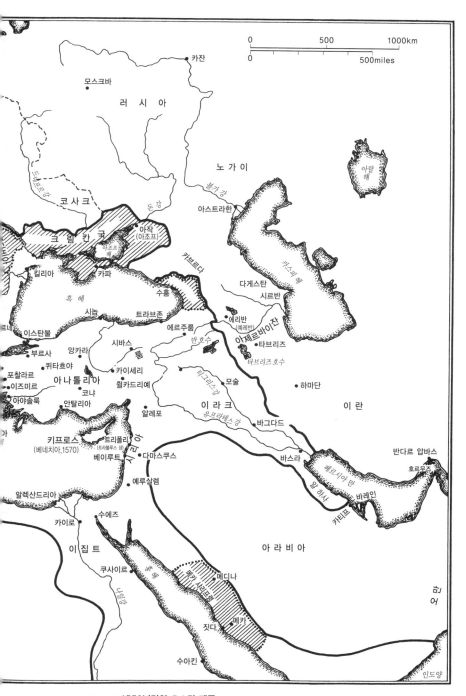

카잔

모스크바

러 시 아

노 가 이

아랄해

드네프르강

코사크

돈 강

크림 칸 국

아작
(아조프)

아스트라한

볼가강

아조프해

키스비해

킬리아

카파

킵브르디

다게스탄

시르반

흑 해

수훔

에리반
(예레반)

이스탄불

시놉

트라브존

아제르바이잔

부르사

앙카라

시바스

에르주룸

반 호수

타브리즈

쿼타효야

카이세리

룸

타브리즈호수

모술

하마단

포찰라르

아나톨리아

젤카드리예

이 란

이즈미르

코냐

티그리스강

아야솔룩

안탈리아

알레포

이 라 크

바그다드

유프라테스강

반다르 압바스

키프로스
(베네치아,1570)

트리폴리
(트라불루스 샴)

다마스쿠스

바스라

호르무즈

베이루트

페르시아만

예루살렘

알 하사

바레인

알렉산드리아

카티프

수에즈

카이로

이 집 트

아 라 비 아

인 도 양

쿠사이르

나일강

홍 해

헤자즈 성지보호구

메디나

메카

짓다

수아킨

인도양

0   500   1000km

0   500miles

[지도 2] 1550년경의 오스만 제국

이 지도는 할릴 이날즉과 도널드 쿼터트 편, 『오스만 제국 경제·사회사, 1300~1914』(케임브리지, 1994)의 xxxiv쪽에서 인용.

아(그리스 남단)에 있던 마지막 자투리 지역들을 오스만 치하로 복속시켰고, 남부 크림 반도를 합병해 예전에 이 지역을 점령했던 몽골인들의 후손인 크림 칸들과 지속적인 유대관계를 맺었다. 한때 로마를 정복하려는 목표의 하나로, 그의 군대들이 이탈리아 반도의 발꿈치 부분에 있는 오트란토의 점령을 시도했으나 실패하고 말았다. 십자군 기사단(즉, 성 요한 기사단)의 근거지였던 로도스 섬 포위가 실패했던 것처럼 말이다.

쉴레이만 대제는 셀림 1세(재위 1512~1520)를 계승하는 행운을 누렸다. 셀림은 짧은 재위 기간 중에 새로이 등장한 적수 사파비 국가를 1514년 찰드란 전투에서 물리쳤다.(사파비는 이슬람적이고 페르시아적인 정체성을 가진 튀르크 왕조로, 15세기에서 17세기 동안 오스만의 동부 전선에서 강대한 적이었다.) 셀림은 그 후(1516~1517) 맘루크 술탄국의 아랍 지역을 정복하여 국고를 가득 채웠고, 무슬림 성지인 메카와 메디나를 오스만 통치자의 지배 아래 두었다. 쉴레이만 대제의 긴 치세(1520~1566) 동안 오스만 왕조는 부와 권력이 정점에 달해 '황금 시대'를 누린 것으로 널리 여겨져왔다. 쉴레이만 대제의 영도 아래 오스만인들은 16세기의 세계 전쟁을 치렀다. 술탄 쉴레이만은 에스파냐의 지배에 항거하는 네덜란드의 반군을 지지했으며, 그의 해군은 서지중해에서 에스파냐의 합스부르크와 교전을 벌였다. 한때는, 역시 합스부르크와 싸우고 있던 프랑스의 왕 프랑수아 1세의 후의로 오스만군은 오늘날의 리비에라 해안의 툴롱에서 겨울을 난 적도 있다(5장 참조). 오스만 제국의 해군은 그들 세계의 다른 쪽에 있는 홍해와 인도양, 오늘날의 인도네시아 지역에서까지 전투를 벌였다. 그들이 그런 곳에서 싸우게 된 이유는 권력과 부의 세계적 균형이, 포르투갈인들이 아프리카를 돌아 항해하는 길을 발견하여 인도와 남아시아와 동남아시아 사이의 모든 물길이 열리게 됨에 따라 뒤집혔기 때문이다. 이러한 새로운 움직임은 중동 국가들이 수세기 동안 지배하여 이익을 챙긴 중개무역을 위협했다. 이 무역에 대한 포르투갈의 (그리고 나중에는 네덜란드와 영국의) 점점 늘어나는 압박을 늦추고, 모든 물길에 대한 그들의 지배력을 무너뜨리기 위해 오스만인들은 동쪽 바다에서 일련의 대공세를 시작했다. 예를 들어, 그들은 포르투갈인들과 싸우고 있던 인도해안의 지역 통치자들을 도왔고, 점점 심해지는 유럽인들의 해양 패권을 무너뜨리기 위해 분투하던 (오늘날의 싱가포르 부근의) 말루쿠(인도네시아 섬들의 일부—옮긴이) 사람들을 도와주려고 선단을 보냈다. 이때 발칸 전선에서는 술탄 쉴레이만의 군대가 무역로와 풍부한 광산, 그리고 기타 경제적 자원의 장악을 실현하기 위해 움직였다. 일련의 중요한 승전에서 오스만인들은 베오그라드를 1521년에 함락했고, 헝가리 국가를 1526년 모하치 전투와 그 이후(1544)에 격파하고 일부를 합병했다. 1529년 오스만군은 합스부르크의 수도 빈의 성밖을 포위했지만 그들도, 1683년의 그들의 후예들도 이 도시를 효과적으로 공략하지는 못했다. 이때에 이르러 이스탄불에 기반을 둔 오스만 국가는 에게 해와 지중해를 동유럽과 중유럽으로 연결하는 풍요로운 무역로에 걸쳐 있었다. 이리하여 베네치아와 제노바는 모두 심각한 타격을 입었고, 이 무역로와 이 지역의 식민지에서 누려왔던 부와 권력을 잃었다.

쉴레이만 대제의 사망 이후에도 오스만 왕조의 승전이 계속되었으나 그전만큼 자주는 아니었다. 토지가 비옥한 큰 섬 키프로스를 1571년에 정복하여 동지중해 바닷길에 대한 오스만 지배가 강화되었다. 1571년 유럽의 레판토 해전의 승리와 당시 지중해에서 강력한 해군 가운데 하나였던 오스만 해군의 궤멸은 곧 일시적인 일이었음이 증명되었다. 그 이듬해 새로운 선단이 패전 지역이었던 동지중해에 대한 오스만의 지배를 재확립했다. 육지에서 오스만 왕조는 1578년과 1590년 사이에 아제르바이잔을 장악했고, 1638년에 바그다드를 다시 탈환했다. 동지중해에서 키프로스 다음으로 큰 섬인 크레타가 1669년에 합병되었고, 이어서 포돌리아가 1676년에 합병되었다.

승리에 대한 장황한 이 이야기를 살펴보면, 확장 과정에 있었던 오스만 국가가 어떠했는지를 분명하게 느낄 수 있다. 모든 전투에서 승리를 거둔 것은 아니지만 전체적인 기록은 압도적인 성공으로, 오스만 국가는 새로운 재화와 조세 수입 그리고 인구를 포함해 보다 더 넓은 변방을 차지했다. 17세기 중엽에 이르러 오스만 군대는 러시아 초원, 헝가리 평원, 사하라와 시리아의 사막, 그리고 카프카스의 견고한 산지를 굽어보고 있었다. 그들은 티그리스-유프라테스 강뿐만 아니라 다뉴브 강, 드네스트르 강, 드네프르 강, 부크 강 유역을 포함하여 흑해, 에게 해, 동지중해 분지에 대해 사실상 전적인 지배권을 갖게 되었다. 그리하여 로마와 비잔티움을 지탱했지만 그 후에는 베네치아·제노바·세르비아·불가리아 등 교전 국가들 사이에서 분할되었던 무역로와 자원은 이제 하나의 제국 체제에 속하게 되었다.

오스만 제국의 이 대단한 성공을 어떻게 설명할 것인가?

승전을 묘사하는 것은 왜 승전을 거두었는지를 설명하는 것보다 훨씬 쉽다. 오스만인들은 물론 적들의 취약성과 혼란에서 득을 보았다. 예를 들어, 그들이 비잔티움을 확장할 수 있었던 힘은 부분적으로는 1204년의 끔찍한 사건들이 비잔티움에 끼친 오랜 악영향의 덕분이었을 것이다. 당시 베네치아인들과 십자군은 콘스탄티노플을 너무도 잘

혹하게 점령하고 약탈하여 비잔티움은 예전의 역량을 다시는 되찾지 못했다. 또한 동지중해의 상당히 강력한 국가들——베네치아, 비잔티움, 제노바——사이의 처절한 경쟁과 싸움을 생각해보자. 이에 덧붙여, 대략 1350년에서 1450년에 걸친 봉건 질서의 쇠퇴로 많은 국가들이 군사적으로나 정치적으로 피폐해졌다. 그리하여 한때 강력했던 세르비아와 불가리아 왕국의 멸망으로 오스만 왕조가 발칸 반도로 확장하던 바로 그때 정복자들에게 길이 열렸던 것이다. 그리고 1348년 페스트가 창궐한 사건도 있다. 여기서 역사가들은 도시 주민들이 페스트로 가장 심각한 피해를 입었고, 상대적으로 오스만인들은 영향을 덜 받아, 주로 도시에 있었던 그들의 적들을 약화시켰다고 주장하곤 한다. 이 주장을 반박하자면, 사람이 많은 오스만 군영이나 이미 그들의 통치 아래 있던 (부르사와 같은) 도시들이 페스트로 얼마나 큰 피해를 입었는지에 대해 아무런 증거가 남아 있지 않다는 점을 말해두어야 한다. 이러한 설명들——적의 분열과 취약성 그리고 페스트의 영향——은 오스만 측의 성공을 통제 불가능한 요소로 돌림으로써 우연한 행운을 강조하여 그 위업을 깎아내린다.

여기선 단순히 적들의 내부 문제로 오스만인들이 누렸던 행운이라는 측면보다 자신들의 노력으로 얻은 성과들을 중심으로 오스만 왕조의 정책과 위업을 살펴보는 것이 유용할 것이다. 이 분석에서 강조해야 할 부분은 당대의 유럽과 아시아, 즉 중국의 명나라나 장미전쟁 시대의 영국·프랑스와 그리 다르지 않은 오스만 왕조의 대업의 성격이다. 역사에 기록된 많은 왕조들처럼 오스만인들은 통치를 지속하기 위해 오로지 남성 후계자에게만 의존했다(6장 참조). 그럼에도 이 신흥국가의 공식적인 정치 구조에서 여성들이 간혹 눈에 띄기도 했다. 예를 들어, 제2대 오스만 군주였던 술탄 오르한(재위 1324~1362)의 부인

닐루페르(Nilufer)는 새로 정복한 도시의 통치자 역할을 하기도 했다. 그러나 여성이 이처럼 공식적인 역할을 맡는 일은 상당히 드물었다. 보다 일반적으로, 이 왕조와 명문가의 부인들, 어머니들, 딸들이 비공식적인 통로를 통해 정책을 마련하고 좌우하는 등의 권력을 행사했음이 오스만 제국 후기의 역사에서 명확하게 드러난다. 1300년경에서 1683년 사이의 초창기에는 우리가 알고 있듯이, 많은 왕조들처럼 오스만인들은 자주 결혼을 통해 권력을 강화하거나 확장했다. 술탄 오르한은 비잔티움 왕권의 도전자인 요안네스 칸타쿠제노스의 딸과 결혼했고 덤으로 전략적 요충지인 갈리폴리 반도를 받았다. 술탄 무라드 1세는 불가리아의 왕 쉬슈만의 딸과 1376년 결혼했고, 바예지드 1세는 코소보 전투 이후 (세르비아의 군주 스테판 두샨의 아들인) 라자르의 딸과 결혼했다. 이런 결혼들은 오스만 왕조의 기독교인 이웃 국가들에만 국한된 것이 아니라 가끔 무슬림 왕조들과도 이루어졌다. 예를 들어, 아버지 무라드 1세의 결정에 따라 왕자 시절의 바예지드 1세는 아나톨리아에 있던 게르미얀의 튀르크멘 군주의 딸과 결혼했고 그의 영토의 절반을 결혼 선물로 받았다. 바예지드 2세(재위 1481~1512)는 동아나톨리아의 둘카디르 공국 군주의 집안과 결혼했는데, 이는 오스만 왕조와 다른 왕조 사이의 마지막 결혼으로 알려진 예이다.

오스만 왕조의 성공을 이해하는 또 하나의 중요한 열쇠는 정복의 방법을 살펴보는 것이다. 여기서 우리는 결혼 정책에서처럼, 유연하고 실용적인 국가 건설자들의 집단을 만나게 된다. 오스만 군주들은 처음에는 자주 이웃들과 평등한 관계로 동맹을 맺었고 간혹 혼인을 통해 관계를 강화했다. 그리고 때때로, 오스만인들이 더 강력해짐에 따라 종래의 동맹국들을 가신(家臣)의 형태로 종속시키며 느슨하게 지배하는 종주국의 지위를 마련하게 되었다. 그리하여 지방 군주들, 즉 비잔티움의 왕공들, 불가리아와 세르비아의 왕들 또는 부족의 부족장들은 오스만 술탄의 가신이라는 지위를 받아들이고, 술탄을 충성을 바쳐야 할 상급자로 인정했다. 이러한 사례로 새로이 복속하게 된 가신들은 종전의 직함과 지위를 유지하되 다른 군주〔오스만 군주〕에게 충성을 바쳤다. 이웃 왕조와의 관계 변화에 따른 이런 방식들은 초창기에서부터 수세기에 걸쳐 지속되었다. 그리하여 왕조 창시자 오스만 1세는 처음에는 이웃의 군주들과 동맹을 맺었다가 후에 그들을 충성과 복종의 유대관계로 묶인 가신으로 만들었다. 14세기 말 비잔티움의 황제 역시 불가리아와 세르비아의 왕공들이나 아나톨리아의 카라만 군주와 마찬가지로 오스만 가신이 되었다. 1389년 코소보에서 벌어진 전투에는 오스만 측의 지지자들인 불가리아의 왕공 한 명, 세르비아의 군소 왕공들, 그리고 아나톨리아의 몇몇 튀르크멘 군주들이 참가했다. 대부분의 경우 군주들 사이의 동등한 형태는 가신관계로, 그리고 최종적으로는 직접 합병으로 이어졌다. 이 마지막 단계를 극명하게 보여주는 한 가지 예는, 오스만과 비잔티움의 관계가 평등관계에서 시작하여 가신관계를 거쳐 1453년에 예속과 파괴의 과정을 마침내 완결지은 점이었다. 정복자 술탄 메흐메드는 비잔티움의 황제를 굴복시켰을 때 비잔티움 제국만을 파괴한 것이 아니라 죽은 황제의 국가를 오스만의 직접 통치 아래에 둠으로써 그동안 유지해왔던 가신관계 역시 파괴했다. 이와 비슷하게 술탄 메흐메드는 아나톨리아의 튀르크멘 군주들과의 동맹과 가신관계에 종지부를 찍고 그들을 오스만 제국의 직접 통치 아래 두었다. 또 다른 예로, 16세기 초에 오스만 왕조는 헝가리를 가신국으로 두었다가 변방을 좀 더 효율적으로 다스리기 위해 결국 합병했다.

그러나 동맹에서 주군-가신관계, 그 다음에는 합병으로 이어지는 이러한 단선적인 진행이 언제나 있었던 것은 아니다. 술탄 바예지드 2

세는 아버지의 정책과는 반대로 튀르크멘의 자치를 회복시켰다(그러나 사실 이 방향 전환은 다시 무효화되었다). 몰다비아와 왈라키아(오늘날의 루마니아)의 경우, 그곳의 왕공들은 수세기 동안 권력을 유지하고 있었다. 이 공국들에 대해 오스만 왕조는 그 왕공들이 오스만 통치에 반란을 일으킨 18세기에서야 직접 통치에 나섰다. 크림 칸국과의 관계는 더더욱 흥미롭다. 금장 칸국(Golden Horde, 러시아 지역의 몽골국가)의 후예인 이들은 1475년 오스만 술탄의 가신이 되어 1783년 차르 국가로 합병하기에 앞서 그 관계가 단절되었던 1774년까지 가신으로 남았다(3장 참조). 그동안 줄곧, 그들은 만일 오스만 왕조의 후사가 끊어지면 이스탄불의 왕좌를 차지할 후계자로까지 여겨질 정도였다.

몰다비아, 왈라키아, 크림 칸국의 예는 이렇게 가신관계나 합병이라기보다는 오스만 제국의 주요 정복의 물결이 끝난 뒤 수세기 동안 지속된 동맹관계를 보여준다. 이러한 예는 재미있는 예외이긴 하지만, 1300년에서 1550년 사이에 걸친 주요 경향은 이웃 나라들에 대한 오스만의 직접 통치의 확대였다. 그 이후로부터 제국의 종말에 이르기까지 오스만 왕조의 통치 방법은 새롭고 흥미로운 형태로 계속 진화해갔다(6장 참조).

오스만 국가가——아나톨리아, 아랍 지방, 또는 발칸 남부와 북부를 막론하고——한 지역을 점령하고 나면 대개 새로 정복되었거나 복속된 주민들에게 경제적 이익을 가져다주었다. 아나톨리아와 발칸에서 비잔티움이 펼쳤던 중앙 통치의 종말은 야만적으로 무거운 조세 부담을 부과하는 비잔티움의 봉건 영주 또는 유사 봉건 영주들의 성장을 의미했다. 오스만인들의 통치에서는 이러한 경향이 뒤집혔다. 오스만 관료들은 지방 영주와 수도원 수중으로 넘어갔던 많은 토지와 수입을 중앙 정부의 통제로 돌려놓았다. 전반적으로, 새로 오스만 신민들이 된 사람들은 오스만 왕조 이전 군주의 관료들에게 냈던 것보다 세금을 더 적게 내고 있음을 느꼈다.

이미 14세기 말부터 15세기와 16세기까지, 오스만 제국이 조세 부담을 직접 통제하는 상황이 벌어지면 곧바로 관리들은 한 지역의 모든 과세 가능한 재원들을 면밀히 조사했다. 임무를 부여받은 관리(15세기 초 알바니아의 경우에는 기독교인 관리가 이 일을 맡았다)가 마을을 돌아다니면서 가구와 가축의 수를 일일이 열거하고 토지, 토지의 비옥도, 생산성과 이용 상태——작물의 종류, 포도원, 과수원 등——를 헤아려 그런 정보들을 장부(타흐리르 데프테를레리[tahrir defterleri])에 기록했다. 그는 인구도 조사했는데, 모든 남자와 여자, 어린이를 대상으로 하는 것이 아니라 국가에 중요성을 띠는 사람, 즉 세금을 내는 가구주와 군 복무가 가능한 장정들만을 집계했다.

일단 국가의 토지 자원을 모두 조사한 뒤, 국가는 그 조세 수입을 오스만군과 정부 관료들에게 티마르(timar)——즉, 특정 수준의 조세 수입을 산출하는 조세 행정단위(원래 티마르의 가치는 2만 구루쉬[독일의 그로쉔에서 유래한 은화 단위-옮긴이]였다)——의 형태로 분배해주었다. 조세 수입의 출처인 티마르를 보유한 사람들은 티마르에서 세금을 거둘 권리를 가졌다. 티마르 보유자의 지위가 핵심적일수록 그가 거둘 수 있는 조세 수입의 액수도 커졌다. 기본적인 티마르 조세 수입은 기병 한 사람과 말을 일 년 동안 유지하는 데 필요한 비용을 참작한 금액이었다. 이 기병들은 전쟁의 계절(봄과 여름)에 전투를 치른 뒤에 돌아와 자신의 보유지를 관리했다. 오스만 제국의 발칸 반도와 아나톨리아 지역은 기본적인 티마르 단위들로 나뉘었다. 티마르로 정한 토지의 실제 크기는 다양했다. 비교적 비옥한 지역의 티마르는 보다 생산적이었으므로 크기가 작았다. 그러나 덜 비옥한 지역에서 필요한 금액을 마런하려면 토지가 엄청나게 필요했다. 좀 더 가치가 높은 조세 수입 단위들(실제로 오스만어로 각각 이름이 다른 여러 가지 티마르들)에서는 군사 지휘관들과 정부의 고위 관료들을 부양했다.

그러한 세정(稅政) 관행은 이른바 '전근대' 국가들 사이에서는 흔히 있는 일이었고, 이는 봉사의 대가로 조세 수입원의 이용을 허가해주는 것이었다(관료들에게 봉급을 현금으로 지급하는 오늘날의 근대 국가들과는 다르다). 즉, 단지 토지나 자원에서 거둬들이는 조세 수입만 승인했을 뿐, 토지나 자원 자체를 주는 것은 아니었다. 전반적으로 티마르라는 개념은 신의 이름으로 토지를 관리했던 고대 근동의 사제왕(司祭王)들의 관행에 기반을 두고 있었다. 모든 땅은 (사제)왕에게 속했으며, 그는 왕에 대한 봉사의 대가로 신민들이 쓸 수 있도록 허락해주었다. 오스만 시대에 티마르 방식은 초기 오스만 군사력의 중추를 이루었던 (시파히(sipahi)) 기병대에게 조세 수입을 제공했고, 이들의 상당 부분은 전쟁터에서 싸우는 전사들이었다.(술탄 바예지드 2세의 재위 기간 [1481~1512]에는 기독교인 티마르 보유자들이 있었으며, 그들은 간혹 전체 티마르 보유자들의 반 이상을 차지하기도 했다. 그러나 기독교인 티마르 보유자들은 시간이 지남에 따라 점차 사라졌다.) 시파히 군인들은 정복을 좋아할 만한 이유가 있었으니, 새로운 토지의 획득이 곧 그들의 티마르가 되었기 때문이다. 이와 비슷하게, 그러한 군인들은 오스만 왕조의 이웃 나라들과의 관계가 동맹에서 주군-가신관계로, 다시 직접 통치로 전환되면서 이득을 얻었다. 예를 들어, 불가리아 왕국의 땅에서 나오는 조세 수입은 오스만 측이 접수하고 분할해 결국 오스만군에게 넘겨졌다. 게다가 처음부터 국가는 티마르 보유자들의 잦은 교체를 장려함으로써 잘 조절해왔으며, 이러한 방식으로 개인들이 지방에 뿌리 내릴 수 있는 기회를 차단했다.

이렇게 지방 권력의 중심이 형성되는 것을 막으려고 노력했지만, 발칸 지역의 티마르들은 간혹 예전에 해당 토지를 보유했던 영주들과 수도원들의 수중으로 넘어가기도 했다. 아나톨리아에서도 이와 비슷하게, 많은 부족의 부족장들이 자기 부족의 세금을 티마르로 획득하기도 했다. 이러한 예들은 국가가 이들을 완벽하게 통제할 수 없었고, 지방 엘리트들의 충성에 대해 협상을 해나갈 수밖에 없었음을 여실히 보여준다.

16세기 초까지 새로이 획득한 대부분의 수입원들, 특히 발칸과 아나톨리아의 토지들은 티마르 영지가 되었다. 그러나 아랍 지역이 1516~1517년 사이에 오스만 제국에 편입되자 중앙 정부는 이 지역의 수입원을 세금청부(tax farms, 일티잠[iltizam])로 조직했다. 이것은 제국 내의 다른 지역에서 작은 규모로 이미 존재하고 있던 조세 행정 장치였다. 전근대 국가들은 고질적으로 현금이 부족하여 직접 현금으로 조세를 징수하는 것이 어려웠으므로 일상적으로 세금청부에 의존했다. 국가는 일정한 시간과 장소에서 한 지역의 세금을 걸을 권리에 대한 세금청부를 할 때 경매를 벌였는데, 관리들은 미리 그 지역의 세금이 일 년에 얼마의 가치를 갖는지 산출해두었다. 가장 많은 값을 부른 사람이 경매장에서나 경매가 끝난 뒤 곧바로 국가에 현금을 지불했다. 세금청부업자는 국가의 승인에 힘입어 국가의 군사력을 동원하여 할당받은 지역으로 가서 세금을 거뒀다. 먼저 경비를 제한 뒤, 세금청부업자는 실제로 징수한 총액에서 자신이 세금청부 계약을 따내기 위해 부른 값을 제외한 금액을 챙겼다.

16세기부터 티마르가 점차 세금청부에 그 자리를 내주게 된 이유는 국가에서 현금이 점점 더 많이 필요해졌기 때문이다. 국가 관료제는 계속 덩치가 커졌고, 이는 부분적으로 제국 자체가 더 커졌기 때문이며 국가의 성격 역시 변했기 때문이기도 했다(6장 참조). 또한 점점 더 복합적인 양상을 띠게 된 전쟁에 더 많은 현금이 필요하게 되었다. 16세기까지 활과 창으로 무장한 시파히 기병이 군사력의 핵심, 즉 전략적으로 그리고 숫자상으로 가장 중요한 부분을 차지했고, 이들은 티마르에 의지하고 있었다. 그 기원이 14세기에서 15세기에까지 거슬러 올라가는 일련의 변화 과정에서, 보병이자 화약무기를 갖춘 상비군이 전장에서의 핵심 요소로서 기병을 대신하게 되었다. 비용이 훨씬 더 많이 드는 이 보병들을 유지하려면 티마르가 아닌 세금청부로 공급받은 엄청난 현금 수입이 필요했다.

점점 높아가는 화약무기의 중요성——기술 혁신에 대한 오스만인들의 놀라운 개방성의 산물——또한 1300년 이후 수세기 동안 오스만인들이 거두었던 성공을 설명하는 데 도움이 된다. 수백 년 동안 오스만군은 경쟁 왕조들에 비해 더 방대한 규모로, 더 효과적으로, 그리고 더 일찍 화약무기를 사용했다. 14세기, 15세기 그리고 16세기 초 오스만인들이 거두었던 대단한 승리에서 기술적 우위는 아주 중요한 역할을 하기도 했다. 대포와 화기를 갖춘 보병은 상당히 일찍부터 양성되었고 사파비 왕조나 발칸 반도의 전쟁에서 엄청난 기술적 우위로 활용되었다. 이러한 화약무기는 장기간의 훈련과 규율이 필요했으며, 유목 생활과는 잘 맞지 않았다. 오스만을 포함한 여러 문화권에서는 기병에 대해, 총기를 재장전하는 데 시간이 오래 걸리는 데다 백병전에서 발휘되는 담력과 용맹성이라는 전사의 윤리가 훼손된다는 이유로 총기의 사용을 저지하거나 지연시켰다. 더욱이 술탄들은 그다지 고분고분하지 않은 티마르 세력들과 싸우는 국내의 권력 투쟁에서 새로 조직한 화약무기 병력을 투입했다. 화약무기가 더욱 중요해짐에 따라 기병과 그들이 의존했던 티마르와의 관련성도 점차 줄어들었다.

점차 높아가는 화약무기의 중요성은 오스만 성공담의 또 다른 요인인 데브시르메(devşirme), 이른바 어린이 공납제도와 연결되어 있었다. 이 제도는 술탄 바예지드 1세, 무라드 1세, 메흐메드 2세의 시대에 그 기원을 두고 있다. 17세기 초까지 소년을 징발하는 관리들이 아나톨리아와 발칸 반도의 기독교인 마을들과 보스니아의 무슬림 집단을 정기적으로 방문했다. 그들은 모든 사내아이를 모아놓고 그 가운데 가장 훌륭하고 똑똑한 소년들을 선발했다. 이렇게 선발된 마을의 소년들을 오스만 제국의 수도나 여타의 행정 중심지로 데려가 국가에서 마련한 가장 훌륭한 정신 교육과 신체 교육을 몇 년 동안 받도록 했으며, 그 교육에는 종교 교육과 이슬람으로의 개종이 포함되어 있었다. 이 가운데 최상층 집단은 국가의 엘리트로 진입하여 군지휘관과 재상이 되었으며 오스만 역사에서 두드러진 역할을 했다. 그 외 소년들은, 오스만 제국 초기에 수많은 승리를 거둔 군대의 핵심으로서 엄청나게 잘 훈련되고 화약무기를 소지한 보병대, 즉 유명한 예니체리 군단의 일원이 되었다. 예니체리는 수세기에 걸쳐 지중해 지역에서 기술적으로 가장 잘 훈련되고 가장 좋은 무기를 가진 군대였다.

데브시르메 제도는 남성들에게 최고 신분 상승의 기회를 마련해주었다. 농촌 소년들이 오스만 왕실을 제외한 가장 높은 군사적·행정적 지위로 올라갈 수 있도록 해준 것이다. 이 제도는 수많은 기독교인 신민의 인력 자원을 동원할 수 있는 수단으로 제국에 공헌했다는 점에서도 중요하다. 14세기와 15세기를 거치면서 성숙해진 오스만 국가가 이슬람적인 성격에 점점 더 무게를 싣게 됨에 따라 개종하지 않은 기독교인들의 군사·관료 부문에서의 복무가 문제시되었다. 그리하여 기독교인에게 토지 이용 실태조사를 맡겼던 예전의 관행은 기독교인 티마르 보유자 임명과 마찬가지로 차츰 줄어들었다. 이처럼 오스만 기독교인의 공식적 임명이 줄어든 반면, 발칸 반도에서의 정복 사업은 더욱 활기를 띠었고 기독교 인구는 오스만 신민 전체 인구에서 예전의 그 어느 때보다도 중요한 비중을 차지했다. 오스만 정부가 시행하기로 공언한 이슬람 법에 따르면, 국가는 자체 내의 기독교인 신민들을 강제로 개종시킬 수 없었다. 그러나 국가의 일차적 관심은 종교적인 것이기보다는 정치적인 것이었으므로, 무슨 방법을 써서라도 국가 권력을 유지하고 확장해야 했다. 따라서 그러한 관점, 이른바 '국가 이성' (reasons of the state, 6장 참조)이라는 원칙이 지배적이었고, 그러한 까닭에 데브시르메 제도는 절묘한 해석을 통해 합법적인 국가 제도의 하나로 유지되었다.

비록 우리 눈에는 신기한 것으로 보여도, 종교의 경계를 초월하는 이 데브시르메 제도는 유대교와 기독교의 경험 속에 그 선례가 있었다. 서유럽에서 로마 시대 말기에 기독교의 지배가 확립됨에 따라 기독교인들은 같은 종교의 신자들을 노예로 받아들일 수 없게 되었다. 따라서 슬라브인들이 기독교인으로 되자 서유럽은 노예 확보를 위해 아프리카와 흑해 지역으로 눈을 돌렸다. 유대 상인들은 같은 종교를 믿는 사람들에게는 이자를 받지 말아야 한다는 원칙 때문에 비유대인들에게 돈을 빌려주기를 더 선호했다. 이처럼 오스만인들은 기독교인 노예상과 유대인 상인과 비슷한 방식으로, 그들의 종교 공동체 밖으로 손을 뻗어 훈련된 군인과 행정가들을 얻었다.

1683년 이전 시기의 국가의 진화

1300년경에서 1683년 사이에 오스만 국가는 국가의 형태와 행정 기구 안에서의 권력 집중이라는 두 가지 측면에서 매우 급격한 진화를 겪었다. 이 기간의 앞부분인 1300년에서 1453년 사이에 엘리트는 변방의 영주(베이〔bey〕)들, 튀르크멘 지도자들, 왕자들이었고, 이러한 지도자들은 오스만 군주를 동등한 권력자들 가운데 제일인자(primus inter pares)로 받아들였다. 자신의 수행원, 군대 그리고 술탄에게서 독립적인 지지자들을 이끌고 오스만 국가에 봉직하게 된 이 엘리트들은 오스만 국가에 대한 충성으로 더 많은 권력과 부를 얻었기 때문에 오스만 국가를 따랐다. 술탄은 이처럼 거의 동등한 엘리트들에게 명령을 내리기보다는 그들과 협상을 했다. 그와 동시에, 이와는 반대되는 강력한 경향이 움트고 있었다. 술탄의 우위를 강화해준 개인들 가운데 일부는 자신들의 계급과 지위 상승을 위해 의존했던 군주의 피조물(데브시르메 출신자들을 말한다─옮긴이)들이었다. 그러나 그 밖의 사람들은 이슬람의 관례에 따라 종교와 법을 다루는 학자들이었다. 이미 14세기 초에 법률학자들은, 고위 관료들과 군사령관들이 비록 거대한 권력을 가지고 있지만 사실 술탄의 노예에 지나지 않는다고 주장했다. 그들은 재산을 소유하고 물려주었으며, 자신의 의지대로 결혼했고, 자유롭게 돌아다녔으므로 미국의 (흑인) 노예와 같은 의미의 노예는 아니었다. 그러나 오스만 사회의 특수한 맥락에서 보면, 술탄의 하인 또는 노예가 되는 것은 특권과 권력을 누리되, 모든 오스만 신민이 원칙상 누리는 법의 보호를 받지 못한다는 것을 의미했다. 14세기 초부터, 술탄은 그저 거의 동등한 사람들에게 둘러싸인 튀르크멘 지배자라기보다는 이론적으로 절대적 군주라는 논리가——비록 옛 엘리트들이 치열하게 논박했지만──이미 진화하고 있었다. 이러한 투쟁에서 밀고 당김이 있었지만, 1453년 콘스탄티노플 정복 이후 엄청난 권위를 갖게 된 술탄 메흐메드 2세는 가끔 그에게서 독립적인 행보를 했던 거물급 튀르크멘 지도자들의 부와 권력을 빼앗았다. 이제 메흐메드 2세는 데브시르메 출신, 즉 이론상으로 그에게 전적으로 의존했고 그가 완벽하게 통제할 수 있는 자신의 부하들을 심어놓으면서 절대적 권력의 논리를 법제화했다. 그리하여 1453년은 권력 이동이 군주 개인을 향한 가시적인 분수령이 되었다. 그 후 19세기에 이르기까지 술탄은 이론적으로 절대적인 권력을 가졌고, 그의 군사적·관료적 엘리트에 대해 생사 여탈권마저 가지고 있었다.

그러나 실제로 술탄의 권력은 시대에 따라 엄청나게 변화했다. 콘스탄티노플의 점령 이후 한 세기 동안 술탄은 상당히 철저하게 개인적인 통치를 행사했다. 그리하여 1453년에서 1550년 사이의 기간에 술탄이 군사 부문과 관료 체제에 매우 개인적인 통치권을 행사할 동안, 술탄은 존귀하고 은둔자적이되 누구보다도 우월한 군주라는 개념이 자리를 잡았다. 술탄 쉴레이만 대제는 (마치 에스파냐의 펠리페 2세처럼) 기록 장부를 열심히 들여다보거나 친히 전쟁터에 나가 군사를 지휘하면서 재위 기간을 보냈다.

메흐메드 2세와 쉴레이만 대제의 재위 기간 사이의 1세기 중 어느 시점에선가 아마도 관료들과 신민들 사이에 '오스만 제국'에 대한 의식이 널리 퍼져나갔던 듯싶다. 비록 제국의 강역이 여전히 확장되고 있었지만 술탄의 세계 속에서 산다는 것, 예를 들어 합스부르크의 군주나 사파비 왕조의 샤의 영토와는 다른 술탄의 영토에서 존재한다는 것에 대한 일반적 의식이 형성되었다. 가장 기본적으로, 강역 내의 사람들은 적들로부터 술탄의 보호를 받았고 바깥에 있는 사람들은 그의 공격을 받았다. 그러나 더 많은 차원이 관련되어 있었다. 오스만 국가 내에 존재한다는 의식은 부분적으로 술탄이 신민들의 충성을 강화하려 한 무수한 행위들에서 비롯된 것이기도 했다(6장 참조). 또 다른 차원에서, 세금의 정규화와 오스만 관료들이 지방을 자주 방문했다는 사실 또한 신민들이 같은 세계에 속한다는 의식을 강화시켰다. 더욱이 메흐메드 2세와 쉴레이만은 신민들의 행동에 대한 술탄의 기준과 규범을 규정한 법전을 반포했다. 그리하여 공통된 법 체제, 세금 그리고 모든 신민에게 안전을 제공하는 공통의 군주가 존재한다는 것은, 공통된 '오스만' 국가 정책에 동참한다는 넓은 공감대를 형성하는 데 도움이 되었다. 이는 결코 하찮게 여길 업적이 아니었으며, 오스만 제국의 장기 집권을 설명하는 데 상당히 유용하다.

이제 국가의 정치적 권력의 진화에 대한 이야기로 돌아가보자. 앞에서 서술했듯이, 술탄을 높이 떠받쳐주는 권력의 진화는 계속되었다. 그 후 술탄 쉴레이만의 재위 기간 중 권력은 군주 개인으로부터 그의 가문(household, 여기서의 가문은 혈연적인 유대 이외에 해방 노예, 피후원자 등을 포함하는 개념으로, 술탄의 가문에 데브시르메 출신자들도 포함된다—옮긴이) 사람들에게로 넘어가기 시작했다. 일반적으로, 오스만 제국의 창건자에게까지 거슬러 올라가 거의 단절 없이 이어져온 전사 군주는 이 술탄 쉴레이만 대제의 재위 기간에서 끝났다. 이 시기의 성숙한 제국에서는 정복전이 차츰 부진해지다가 중지됨에 따라 통치술이 바뀌고 있었다. 확장 정책이 주춤해짐에 따라, 남녀 모두에게 행정 기술이 전사(戰士)의 기술, 즉 군사 기술보다 더 중요하게 되었다. 이제는 전쟁하는 술탄이 아니라 정권의 정통성을 부여하는 술탄이 필요했다. 따라서 16세기 후반에서 17세기 중반 사이에 술탄의 모후들과 부인들이 여전히 비공식적인 권력이지만 의사 결정에 전면적으로 등장하여 상당한 권력을 휘두르게 되었다. 술탄 무라드 4세는 17세기 군주로서는 독특하게, 재위 기간인 1623년에서 1640년의 후반부까지 친히 군사 원정을 지휘했다. 그런데 그의 재위 초반, 술탄의 모후 쾨셈은 심각한 물가 상승 기간을 겪은 뒤에 국가 재정을 유능하게 회복시켰다. 전반적으로 군사 부문과 국가를 실제로 장악했던 술탄들은, 19세기의 술탄 마흐무드 2세와 압뒬하미드 2세가 통치하기 전까지 오스만 역사에서 자취를 감추었다. 술탄 메흐메드 4세(재위 1648~1687〔저자가 1697년이라고 한 것에서 바로잡았다—옮긴이〕)는 비록 어린아이였지만 실제로 통치하지 않아도 되었기 때문에 술탄으로 즉위할 수 있었다. 다만 그는 그의 이름으로 운영되는 체제의 상징으로서 봉사했다. 권력은 그의 할머니(저자가 어머니라고 한 것에서 바로잡았다—옮긴이)인 쾨셈과 기타 그의 왕실 구성원들이 장악했고, 당시에는 궁궐 밖 이스탄불의 주요 가문들의 구성원들이 권력을 분점하고 있었다. 그리하여 1550년경에서 1650년 사이의 기간에는 정책 결정이나 수행이 술탄 개인에게서 멀어져갔지만, 수도 이스탄불의 중앙 정부가 여전히 업무를 장악했다.

국가 기구는 17세기에도 강도 높은 변화를 계속 겪었다. 첫 번째로, 앞에서 살펴보았듯이 술탄들은 군림하되 통치하지 않는 군주로서 관료적 명령을 정당화해주되 자신은 정책을 입안하지 않았다. 예를 들어, 17세기 절반의 기간(1656~1691) 동안 유명한 쾨프륄뤼 가문이 사실상 국정을 좌우했고 종종 대재상으로 봉직했다. 두 번째로, 1650년경 군사 계층(시파히와 아스케리〔askeri〕)에 속하지 않았던 이스탄불의 새로운 엘리트 집단인 베지르(vezir, 재상 또는 장관을 의미—옮긴이)와 파샤 가문이 술탄을 세우기도 하고 국정을 운영하기 시작했다. 새로운 집단지도 체제, 즉 민간인들의 과두제가 등장하고 옛 관례들이 새로운 관례들로 대체되었지만, 술탄들은 표면적으로 연속성이 있는 것 같은 느낌을 주었다. 중앙 정부는 실제로 통치권을 여전히 갖고 있었지만 군주가 아닌 사람들이 실권을 쥐고 있었다. 이는 서유럽과 중유럽에서 군주들이 권력을 다지고 있었던 것과는 정반대 상황이었다.

이러한 베지르와 파샤 가문들은 새로운 재정적 기반과 국가로부터 자율적인 재원(財源)을 갖고 있었고, 1695년 이후의 재원에는 국유지의 불법 점거 이외에도 종신 세금청부 계약이 포함되었다. 또 하나 중요한 것은 이른바 종교 자선기금에 기반을 둔 소득이었다. 이 종교 자선기금(아랍어로 와크프〔waqf〕)은 오스만과 기타 이슬람 사회의 경제 활동에 아주 중요한 역할을 차지했다. 이 기금은 남녀 기증자들이 경건한 목적을 위해 별도로 마련한 재원이었다. 경건한 목적이란 모스크, 학교(메드레세〔medrese〕), 학생, 급식소(soup kitchen), 도서관 또는 고아원의 유지와 관리 등이었다. 그 재원은 경작지나 혹은 점포 등이었을지도 모른다. 기증자는 토지나 점포를 종교 자선기금에 넘기는 문서를 미리 준비해두었다. 정확하게 말하면, 기금이 마련되는 즉시 또는 기증자가 사망하자마자 예정된 목적으로 자금이 흘러들어가기 시작했다. 그러나 다른 형태의 기금이 나타났으니, 이 경우 명목상으로는 경건한 목적을 위해 소득을 별도로 떼어 마련해놓았으나 그 소득은 실제로 여러 가지 미심쩍은 법률상의 절차로 기증자들과 그들의 상속자들에게 흘러들어갔다. 종교 자선기금들은 (이미 언급한 것과 같은 못 믿을 만한 것까지도) 종교학자 울레마들이 굳건히 지켜왔던 이슬람법 때문에 몰수할 수 없었다. 그러므로 이런 종교 자선기금들은 티마르나 세금청부 계약으로 얻은 재산으로는 절대 불가능했을 정도로 안정적인 재원을 제공했다. 세금청부 계약과 티마르는 국가의 정책에서 유래되었으므로 보유자에게서 순식간에 몰수할 수 있었다. 그러나 종교 자선기금의 소득은 국가 정책과는 무관한 것이었으므로 몰수할 수 없었다. 이러한 종교 자선기금의 설치는 개인——관료 또는 군사 엘리트의 일원이며 이론적으로는 술탄의 노예——의 소유 재산을 몰수할 수 없다는 의미였으며, 이것은 오스만 역사에서 대단한 전환이었다. 16세기 동안 종교 자선기금은 국가의 보호 구역이었으며 술탄의 통제 아래 있는 사람들의 특권이었다. 그러나 18세기에 이르러 이 권리에 대한 독점이 사라졌고, 종교 자선기금의 형성은 새로 등장한 신흥 집단에 퍼져나갔다. 이는 술탄의 권력을 약화시키는 하나의 과정이었다. 이러한 기금들에서 비롯된 재정적 안정으로 17세기 말 새로운 경제와 정치 세력인 베지르와 파샤 가문과 울레마의 입지가 공고화될 가능성이 한층 높아졌다.

3

1683년에서
1789년까지의
오스만 제국

﹡

1300년에서 1683년까지의 군사·정치적 성공과는 크게 대조적으로, 이 기나긴 18세기의 특징은 패전과 영토의 축소였다. 정치 구조는 꾸준히 진화하여, 쇠퇴라기보다는 변형이라고 보아야 할 일련의 과정 속에서 새로운 형태를 띠게 되었다. 중앙 정부의 통치는 때때로 명령보다는 협상으로 확실한 복종을 이끌어내는, 새롭고도 더욱더 변형된 형태로 이어졌다. 오스만 제국의 경제에도 중요한 변화들이 있었다. 상품의 유통이 증가하기 시작했으며, 어쩌면 개인의 소비 수준도 올라갔을 것이다. 그리고 세계 경제는 오스만 신민들의 일상에서 전에 없이 큰 역할을 하기 시작했다.

전쟁과 영토 상실(1683년경에서 1798년까지)

오스만 제국이 과거보다 훨씬 더 불운했던 이 시기의 특징은 군사적 패배와 영토 축소였다. 처음부터 몇 가지 요점을 지적해두는 것이 좋을 듯싶다.

첫째, 기본적으로 오스만 측의 패배는 과거 수백 년의 승리와 마찬가지로 설명하기 힘들다는 점이다. 신대륙에서 유럽으로 부(富)가 쏟아져 들어오던 16세기 초의 어느 시점부터 군사력의 균형이 오스만 측에 불리하게 변해버렸다. 그들은 군사 기술에서 우위를 잃었고, 처음에는 유럽인들과 비슷한 무기와 전략으로 유럽 군인들을 상대로 싸웠지만 그 후에는 더 열등한 무기와 전략으로 싸웠다. 더욱이 공격과 방어 전투 가운데 공격 측에 힘의 우위가 있었던 종래에는 공격자인 오스만 측이 유리했지만, 이제는 방어술이 점점 고도로 발달하고 엄청 나게 비용이 많이 드는 형태로 변해갔다. 통치 기간 중 수많은 성공을 거두었던 쉴레이만 대제는 시게트바르(Szigetvar)의 성벽 앞에서 죽었고, 이는 당시의 전투에서 점점 더 부각되었던 성채 함락의 어려움을 극명하게 보여주었다. 게다가 서구의 경제는, 새로운 기술과 방어적인 전투에 따른 증가 비용을 제대로 감당할 수 있었으니, 이는 부분적으로 신대륙으로부터 엄청난 부의 유입 때문이었다. 오스만 측의 불운과 서구의 주도권은 물론 훨씬 더 복잡한 문제이며, 앞으로 이어지는 장들에서 계속 다루기로 한다.

둘째, 18세기에 등장한 유럽의 절대 군주정 체제는 과거 그 어떤 체제보다 중앙집권화되었다. 오스만인들도 어느 정도까지 이러한 진화에 동참했지만, 세계의 다른 나라들은 그렇지 못했다. 이란의 국가는 18세기 초에 잠깐 부흥한 뒤 이내 약화되고 붕괴되었으며, 20세기 초에 이르기까지 응집력을 전혀 회복하지 못했다. 좀 더 동쪽으로, 무굴 제국과 인도의 나머지 지역들 모두 프랑스나 영국의 지배 아래 들어갔다.

셋째, 18세기 오스만의 패배와 영토 상실은 매우 심각한 사건이었지만 서유럽, 동유럽, 중유럽의 여러 나라들 사이에 경쟁이 없었다면 더욱 심각해졌을 것이다. 유럽 외교관들은 전후 협상에서 경쟁자들이 너무 많은 이권을 차지하려는 것을 막으려고 수차례에 걸쳐 오스만의 편을 들어 개입함으로써 패배한 오스만인들이 잃어버릴 뻔했던 영토를 유지하는 데 필요한 쐐기를 마련해주었다. 또한 그렇게 많은 패배와 후퇴를 겪임없는 재난의 시대라고 이 시기를 생각하기 쉽지만, 특히 18세기 전반에는 오스만 측의 군사력과 외교력에 따른 여러 번의 성공을 거두기도 했다.

패전의 시기는 1683년 빈에서 시작하여 1798년 나폴레옹 보나파르트의 이집트 침공과 함께 끝났다(지도 3). 1683년 빈 포위의 실패로 오스만군은 패배하여 도망쳐야 했으며, 잇달아 이스탄불 정권에 끔찍한 재난을 안겨준 사건들이 일어났다. 여기에는 주요 요새인 베오그라드의 함락과 대재상 파즐 무스타파의 전사까지 있었던 1691년의 슬란카멘 패전이 포함되어 있다. 다른 한편으로는, 새로이 떠오른 적국 러시아가 (오스만-러시아 전쟁은 1677년에 시작되었다) 크림 반도를 1689년에 공격하여 6년 뒤 주요 항구인 아조프를 점령했다. 또 1697년 젠타에서 합스부르크의 군사령관인 사보이아의 오이겐 공에게 패했다. 1699년의 카를로비츠(Karlowitz) 조약에서 그 지역들의 해방을 승인했고, 오스만 제국사의 새로운 단계가 시작되었다. 처음으로 오스만 군주는 그의 패배와 그 선조들이 정복한 영토의 (일시적 후퇴가 아닌) 영구적 상실을 공식적으로 인정했다. 그리하여 술탄은 (테메슈바르의 바나트를 제외한) 헝가리의 전부와 트란실바니아·크로아티아·슬로베니아를 합스부르크에 내주었고, 달마티아·모레아·에게 해의 몇몇 섬을 베네치아에, 그리고 포돌리아와 남우크라이나를 폴란드에 내주었다. 러시아는 러시아대로 (오스만인들이 되찾았다가 1736년에 다시 잃게 되는) 아조프와 드네스트르 강의 북쪽 지역들을 다시 점령하려고 1700년까지 싸웠다.

20년 후 1718년 파사로비츠(Passarowitz) 조약으로 바나트(와 베오그라드를 다시) 넘겨주었고, 세르비아의 약 절반과 왈라키아까지 넘겨주었다. 오스만 세력은 동부 전선에서도 이와 비슷하게 부진하여, 1723년과 1736년 사이에 벌어진 전쟁에서 아제르바이잔과 페르시아-오스만 변경 지대의 영토들을 잃었다. 정확히 10년 뒤인 1746년, 2세기에 걸친 오스만 측과 이란에 기반을 둔 적들과의 전쟁이 이란이 정치적 무정부 상태에 빠짐으로써 종결되었다.

1699년 카를로비츠 조약과 비슷하게, 퀴췩 카이나르자에서 로마노

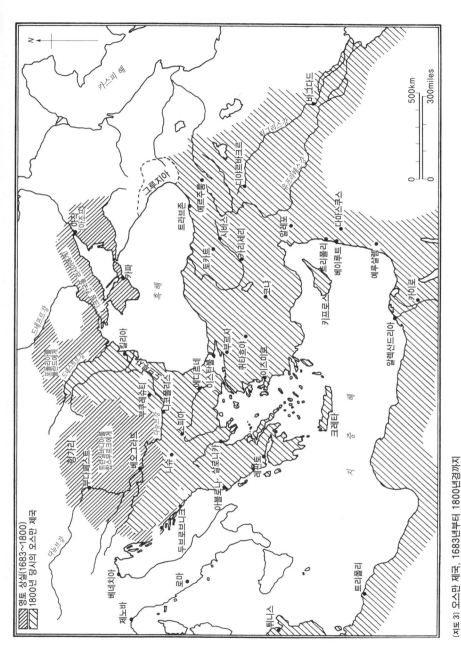

〈지도 3〉 오스만 제국, 1683년부터 1800년경까지

할릴 이날즉과 도널드 쿼터트 편, 『오스만 제국 경제·사회사, 1300~1914』(케임브리지, 1994)의 xxxviii쪽에서 인용.

지도 범례:

영토 상실(1683~1800)
1800년 당시의 오스만 제국

지명:
카스피 해, 그루지야, 트라브존, 에르주름, 디아르베키르, 티그리스 강, 토카트, 시바스, 카이세리, 드네스트르 강, 드네프르 강, 크림, 아조프(이조프), 아잔, 흑해, 유프라테스 강, 다마스쿠스, 알레포, 트리폴리, 베이루트, 예루살렘, 바그다드, 카이로, 알렉산드리아, 포돌리아, 트란실바니아, 헝가리, 부다페스트, 베오그라드, 왈라키아, 부쿠레슈티, 니스, 다뉴브 강, 소피아, 에디르네, 이스탄불, 부르사, 퀴타히아, 코니아, 아다나, 키프로스, 키프로스 섬, 지중해, 크레타, 레판토, 아테네, 펠로폰네소스, 살로니카, 두브로브니크, 로마, 베네치아, 제노바, 튀니스, 트리폴리

500km 300miles

프 왕조와 1774년에 조인한 협약은 18세기에 겪은 상실의 정도를 가장 극명하게 보여준다. 1768년에서 1774년에 걸친 전쟁은 예카테리나 2세(여제)와 치른 첫 번째 전쟁으로, 발트 해에서 출항하여 지브롤터를 거쳐 지중해를 가로질러 항해해온 러시아 함대에게 오스만 함대가 에게 해의 체슈메 근처에서 전멸당하기도 했다. 어찌 보면, 막대한 전쟁 배상금은 이 조약에서 부과한 부담 중 가장 가벼웠다. 이 조약으로 오스만 술탄과 크림 칸의 유대관계가 끊어졌다. 칸들은 공식적으로 독립을 했고, 이로써 술탄의 보호에서 벗어났다. 이러한 상태에서 오스만군은, 당시 예니체리들의 전투력 쇠퇴로 생긴 공백을 채우며 18세기 군사력의 중추를 구성했던 칸의 군사력을 상실했다(다음을 보라). 이와 똑같은 불행으로, 오스만인들은 드네프르 강과 부크 강 사이에 있는 광활한 땅을 포기했으며, 더 나아가 흑해 북안을 상실함으로써 독점적인 흑해 통제권을 넘겨주게 되었다. 이 조약의 여러 조항들 역시 나중에 엄청난 결과를 가져왔다. 러시아는 이스탄불에 정교회를 세울 권리와 그곳에서 예배를 보는 사람들을 보호할 권리를 얻었다. 그 후 별것 아닌 이 양보는, 러시아가 술탄의 모든 정교회 신민들을 대표하여 중재할 권리를 주장하는 빌미가 되었다. 이 조약의 또 다른 조항에서 러시아는 술탄을 크림 반도 무슬림들의 칼리프로 인정했다. 후대의 술탄들, 특히 압뒬하미드 2세(재위 1876~1909)는 이러한 칼리프적인 권리를 모든 오스만 신민들에서 세계 모든 곳의 무슬림에 대한 것으로 확대했다(아래와 6장 참조). 이와 같이 1774년의 퀴췩 카이나르자 조약은 이후 오스만 세계의 대내외적인 사건들에서 핵심적인 역할을 한 것이 분명하다. 또한, 야시 조약으로 1787년에서 1792년까지 벌어진 오스만-러시아 전쟁이 종식되었고, 러시아가 그루지야를 차지하는 것을 승인받았다. 더욱이 1774년의 조약에 따라 노출 상태였던 크림 칸국이 이제는 공식적으로 차르 국가에 합병되었다.

1798년 보나파르트의 이집트 침공은 오랫동안 역사가들의 논쟁 대상이 되어왔다. 그는 영국령 인도로 가는 도중이었을까, 아니면 훗날 영국 왕관의 보석이 될 인도로 가는 길을 막았던 것뿐이었을까? 또는 비록 성공하지는 못했지만, 그가 북쪽의 팔레스타인으로 행군했던 것으로 보아 오스만 제국을 나폴레옹의 제국으로 대체하려 했던 것은 아니었을까? 어찌 되었든, 이 침략으로 오스만 제국은 나일 강 유역의 요지이자 부유한 이 지방에 대한 지배권을 잃게 되었고 결국 무함마드 알리 파샤와 그의 후손들 치하에서 별도의 국가로 등장하는 계기가 되었다. 이후로 오스만-이집트 관계에 엄청나게 큰 변화들이 일어났다. 무함마드 알리 파샤(1848년 사망)의 생전에 오스만 국가가 거의 무너졌지만 그의 후계자들은 명목상의 주군과 긴밀한 유대관계를 가졌다. 그럼에도 19세기 동안 이스탄불의 중앙 정부는 약간의 공납 외에는 이집트의 조세 수입을 더 이상 마음대로 쓸 수 없었다.

이러한 전투와 원정, 그리고 조약들을 살펴보는 동안 오스만 제국의 패배의 속도와 깊이가 명확하게 드러났지만, 그 과정은 당시에는 그리 뚜렷하게 느껴지지 않았다. 적어도 18세기 전반에는 중요한 승전을 여러 번 거두기도 했다. 예를 들어, 베오그라드는 1683년 빈 포위 직후에 불가리아·세르비아·트란실바니아와 함께 함락되었지만 오스만 측의 1689~1690년에 걸친 반격으로 수복되었다. 사실 베오그라드는 적어도 세 번에 걸쳐 술탄의 통치 지역으로 되돌아왔고 19세기 초까지 오스만 치하에 남아 있었다. 또 다른 예를 들면, 1711년 오스만군은 몰다비아 국경의 프루트 강에서 러시아 표트르 대제의 군대를 완전히 포위하여 그가 정복한 지 오래되지 않은 영토를 모두 포기하도록 강요했다. 몇 년 뒤, 오스만인들은 흑해상의 아조프 요새를 되찾았다.

1714~1718년 베네치아와의 전쟁에서 그들은 모레아를 되찾았고 그리스 독립전쟁 당시까지 1세기가 넘도록 그곳을 보유했다. 그들은 또한 1737년 오스트리아와 러시아 양쪽을 상대로 중요한 승전을 거두었다. 프랑스의 중재와 러시아의 팽창에 대한 합스부르크의 두려움을 포함한 여러 가지 이유로, 1739년 베오그라드 강화조약에서 오스만인들은 앞서 파사로비츠 조약(1718)에서 빼앗겼던 모든 영토를 되찾았다. 같은 해에 그들은 모든 상선과 전함을 철수시키고 왈라키아에서 물러난 러시아인들에게서 아조프를 다시 얻었다. 비록 퀴췩 카이나르자 조약으로 종결된 전쟁에서 참담한 패배를 겪은 이후였지만, 오스만인들이 이따금씩 승리를 거두자, 러시아인들은 또다시 공국들(과 카프카스 지역)에서 철수할 수밖에 없었다(여기서 공국들이란 몰다비아와 왈라키아를 뜻한다—옮긴이). 예카테리나 2세는 1792년에 또다시 다뉴브 강 어귀에 있는 항구들에서 철수하기로 동의해야 했다.

국가의 경제 정책

역사가들은 오스만 제국의 경제적 변화의 맥락 속에서 국가 정책의 성격과 역할에 대해 논쟁을 벌여왔다. 어떤 학자들은 18세기의 오스만 국가가 지나치게 통제적이었다 하고, 또 다른 학자들은 그 반대였다고 말한다. 후자에 속하는 학자들은 18세기 유럽의 정권들은 국내적·국제적인 상품과 물자의 흐름을 통제하는 중상주의적인 정책을 채택하여 자신들에게 유리한 세계 시장을 형성하여 강성하게 되었다고 단언한다. 반면, 오스만 국가는 중상주의적 정책을 충분히 적용하지 못했기 때문에 세력이 쇠퇴하게 되었다고 말한다.

그 이전의 몇 세기와 마찬가지로, 18세기의 오스만 국가는 자체적으로 필요하다고 판단된 경제적 자원에 대해 요구하고 처분할 수 있는 권리를 주장했음이 분명하다. 그리하여 오스만 국가는 이따금씩 도시와 농촌의 경제 생활에 관여하여 궁정, 기타 고위층, 군부 그리고 수도의 거주민들을 위해 식료품, 원자재, 공산품을 조달하도록 했다. 그 때문에 국가는 그러한 물품들에 대해 시중 가격보다 낮은 가격을 지불하기도 했으며, 대개의 경우 한 품목의 전량 또는 대부분을 매입해 공급 부족 현상이 벌어져, 이중으로 파괴적이고 부정적인 결과가 나타났다. 이를테면 왕실이나 원정군의 물품 공급을 위해 어떤 지역 전체의 작물, 또는 특정 목적에 따라 특정 길드의 생산물이 징발되었다. 18세기 말 발칸 전선을 예를 들면, 가까운 지역들에서 군대에 곡물을 공급하는 한편, 쌀과 커피, 비스킷 같은 다른 보급품들은 좀 더 먼 이집트와 키프로스에서 들여왔다. 국가는 이스탄불의 인구를 먹여살리는 데에도 상당한 공을 들였는데, 이는 자선을 위해서가 아니라 식량 부족으로 정치 불안이 일어날지도 모른다는 두려움 때문이었다. 따라서 헤아릴 수 없이 많은 법규를 내세워 수도의 거대한 인구의 식탁을 채우기 위해 밀과 양떼의 운반을 통제했다.

그러한 정책들이 18세기 말 전시 위기 상황의 경제를 옥죄어 오스만 제국의 경제 발전에 결정적으로 부정적인 영향을 주었는지, 또는 국가가 충분히 엄격하고 중상주의적이지 못해서 실패했는지는 정확히 알 수 없다. 그러나 논쟁을 벌이는 양측 모두, 국가가 실제로 갖고 있었던 것보다 더 많은 힘을 국가에 부여했음은 분명하다. 전 세계 시장의 세력은 18세기 오스만 경제에 국가 정책보다 더 강력하게 영향을 주었을지도 모른다. 그러므로 오스만 경제의 변화를 제대로 이해하기 위해서는 다른 요인들을 살펴보는 것이 더욱 유용할 것이다(7장 참조).

좀 더 자신 있게, 우리는 19세기에는(4장 참조) 국가가 이른바 공급우선정책(provisioning policies, 오스만 경제 정책의 기본적 요소 가운데 하나로, 정치적 안정을 위해 영역 내에 풍부한 물자를 싼 값에 공급하는 것을 우선시하는 정책이다. 수출을 장려하지 않는 점에서 중상주의와 대조된다—옮긴이)에서 멀어져갔고, 시장의 세력이 예전보다 엄청나게 큰 역할을 하게 되었음을 주장할 수 있다.

제국 중심부의 엘리트 정치

18세기가 지나는 동안 술탄은 대개의 경우 상징적인 권력만을 가지고 있었고, 정치 부문에서는 다른 사람들이 제안한 변화 또는 행동들을 추인하기만 했다. 비록 이른바 '하렘 지배'의 종말로 여성에 의한 통치 가운데 유명한 하나의 사례가 끝났지만 엘리트 여성들은 계속 권력을 유지했다. 왕실은 권위를 유지하는 방법으로 공주들을 계속 고위 관료들과 결혼시켰고 동맹을 맺었다. 이러한 권위 유지는 권력이 궁 밖으로 옮겨진 뒤에는 더욱 중요해졌을 수도 있다. 적어도 1656년, 술탄 메흐메드 4세가 실권을 대재상 쾨프륄뤼 메흐메드 파샤에게 넘겼을 때부터 정치적인 지배력은 베지르와 파샤 가문들의 손안에 있었다. 또한 새로운 땅을 차지하는 것보다 이미 존재하는 자원을 쥐어짜는 것이 국가 수입의 주된 원천이 됨에 따라 군사 기술은 유행에 뒤처진 것이 되었고, 행정적이고 재정적인 기술들이 촉망받게 되었다. 그리하여 베지르와 파샤 가문에서 대부분의 관료들을 배출하게 되었고, 이들은 이제 핵심적인 재정·행정 문제에서 전문적인 능력을 발휘했으며, 오스만 공주들과의 결혼으로 궁정에 연결되기도 했다. 그 이전에 통치를 맡았던 '술탄의 노예들'과는 달리, 이 남녀 엘리트들은 사회와 동떨어져 존재하는 것이 아니라 종교 자선기금, 종신 세금청부 계약, 상인과의 동업을 관리하며 그 사회의 경제 생활에 관여했다. 이러한 베지르와 파샤들의 수행원들은 그들에게 고용, 보호, 훈련, 적절한 접촉 대상자들을 공급해주어 새로운 엘리트 충원의 기반에 공헌했다. 17세기 말에 이르러 거의 모든 국내외 정책 문제를 이들 가문에서 훈련받은 인력이 장악했다.

18세기 초 술탄 무스타파 2세가 이러한 경향을 뒤엎고 자신과 궁정, 군대에 권력을 다시 집중시키려 했으나 실패했다. 정치적 중심지에서 권력을 다시 쟁취해 자신의 위상을 재정립하려고 처절하게 노력했던 무스타파 2세는 이미 군사적으로 시대에 뒤떨어진 기병의 재정적 중추였던 티마르에 대한 세습권을 승인하는 약간 충격적인 조치를 취했다. 그러나 그의 쿠데타, 이른바 1703년의 에디르네 사건(*Edirne Vakası*)은 실패했다(에디르네 사건은 술탄이 군주권 강화를 새로이 모색하려는 일환으로 수도를 에디르네로 거의 옮긴 듯이 술탄과 정부의 주요 인사들이 에디르네에 장기 거주하는 가운데, 술탄과 그의 측근에 대한 이스탄불 주민과 군대의 불만이 터져나온 반란 사건이었다—옮긴이). 그 후로 술탄의 권력과 지위는 상당히 축소되었으며, 술탄은 '관련 당사자들'에게 조언을 구하고 그들의 자문에 귀를 기울여야 했다. 이러한 일련의 사건들로 베지르와 파샤 가문들(그리고 종교학자 집단인 울레마 가운데 그들의 동맹자들)에게 주도권이 넘어갔으며, 18세기 중앙 정치의 기조가 결정되었다. 그리하여 유럽 대륙의 수많은 국가들에서 군주의 손아귀에 권력이 집중되고 있었을 때 오스만 정치 구조는 다른 방향으로 진화했으니, 그것은 통치자로부터 권력을 탈취하는 것이었다.

술탄들이 국내의 정치적 우위를 둘러싼 싸움에서 패배함에 따라 그들은 정치적 영향력을 유지하기 위해 새로운 도구와 기술들을 모색하기 시작했다. 예를 들어, 18세기 초부터 중앙 정부는 그 자체의 정통성을 고양하고 권력을 공고화하기 위한 노력의 하나로 성지 메카와 메디나로 가는 순례로를 재정비했다(6장 참조).(그러나 술탄이나 중앙의 어떤 인물들이 이러한 조치를 시작했는지는 불확실하다.) 이른바 튤립의 시대 (1718~1730) 동안의 변화는 술탄들이 정통성을 보강하기 위해 사용했던 세련된 방법들을 더욱 확실하게 설명해준다. 오스만 역사상 예외적인 실험 시기였던 이 튤립의 시대는 당시 자주 벌어졌던 튤립 재배 경쟁에 착안하여 20세기의 어느 역사가가 붙인 명칭이다. 튤립은 과시적 소비와 외래 문화의 차용을 모두 상징했으며, 그 이유는 튤립이 오스만 제국, 서유럽, 동아시아 사이의 거래 품목이었기 때문이다. 술탄 아흐메드 3세와 그의 대재상 이브라힘 파샤(그는 술탄의 딸인 파트마 〔Fatma, 'Fatima'의 튀르크어적 변형—옮긴이〕와 결혼했다)는 권력 협상에 대한 노력의 일환으로, 이스탄불 엘리트들을 지배하기 위해 소비라는 무기를 사용했다. 마치 베르사유의 루이 14세의 궁정처럼 당시 튤립 시대의 오스만 조정은 엄청난 소비의 현장이었다. 오스만 제국의 경우는 튤립뿐만 아니라 미술, 요리, 사치품, 의류 그리고 유원지 건설 등이 포함되었다. 상품의 소비라는 이 새로운 도구로 술탄과 대재상은, 귀족들을 권력 중심지인 베르사유에 모여 살게 하고 재정적으로 파산할 정도의 무도회와 연회에 참석하도록 강요했던 루이 14세와 똑같은 방식으로 베지르와 파샤 가문들을 통제하려고 했다. 술탄 아흐메드와 대재상 이브라힘 파샤는 이스탄불 엘리트들을 소비면에서 선도하느라 애썼고, 모방 대상으로서의 그들 자신의 입지를 사교 생활의 중심에 확립했다. 소비하는 데 앞장섬으로써 그들은 그들의 정치적 지위와 정통성 또한 높이려고 했다. 18세기 후반의 술탄들은 그들의 정통성과 권력을 유지하거나 제고하기 위해 이와 비슷한 노력으로 복장 규제법을 활용하기도 했다. 복장 규제법은 오스만 제국과 그 밖의 전근대 사회의 전형적인 특징으로, 지위와 종교와 직업이 다른 사람들이 몸과 머리에 어떤 복식을 해야 되는지를 규정한 것이었다. 예를 들어, 무슬림에 대해서는 기독교인이나 유대인들에게는 금지된 특정 색과 옷감으로 만든 옷을 그들만 입을 수 있다고 규정되어 있었고, 기독교인이나 유대인들은 그들 나름대로의 색과 옷감으로 옷을 입으라고 규정되어 있었다. 복장 규제법을 제정하고 발효함으로써 술탄들은 스스로 신민들을 구별하는 경계를 수호하는 사람, 그리고 도덕·질서·정의의 실행자로 자처했다. 이러한 법들을 통해 통치자는, 군사를 지휘하지도 못하고 실제로 관료제를 이끌지도 못했던 시대에, 군주로서의 정통성을 강화하려는 노력의 일환으로, 사회적 지위를 얻기 위한 경쟁에서 조정자가 되고자 했다(8장도 참조).

이스탄불에서 벌어진 엘리트와 민중 사이의 투쟁

중앙의 이스탄불과 기타 오스만 도시들에서는 엘리트 내부의 정치적 우위를 위한 경쟁뿐만 아니라 엘리트와 민중 사이의 투쟁도 있었다. 이 투쟁에서 그 유명한 예니체리 군단이 핵심적인 역할을 했다. 앞에서 살펴본 바와 같이, 한때 군대의 중심이 되어 싸웠던 예니체리는 강력한 군사력을 가졌으며 도시의 주둔군 역할을 했다. 18세기에 이르러 이들은 군사적으로 강력하지 못했지만 여전히 전투에 참여했다. 그들의 무기와 훈련은 너무도 급격하게 퇴조하여 크림 타타르와 기타 지방 군사력이 그들을 대신하여 군의 전투에 중심이 되었다. 한때 화약무기로 무장한 엘리트 보병이었던 이들의 상징인 기율과 엄격한 훈련이 1700년경에 이르러 사라졌고, 이리하여 예니체리 군단은 외적의 공포의 대상에서 술탄의 공포의 대상으로 변질되고 말았다. 이미 16세기 후반에 그들은 쉴레이만 대제의 시체를 훼손했고 적절한 금전적 보수가 나올 때까지 그 아들 셀림이 술탄에 오르는 것을 방해했다. 근위대로 복무하면서 술탄에 가장 가까이 있었고, 엘리트 군인 신분으로서 그들은 통치자를 즉위시키기도 하고 또 폐위시킬 능력을 가진 킹 메이커의 역할에 유혹을 받았다. 이러한 유혹은 그들 개인의 경제적 지위가 쇠락하면서 더욱 심해졌다. 게다가 누적되는 전비(戰費) 때문에 국가는 예니체리의 봉급을 당시 극심한 인플레이션을 따라잡을 정도로 올려줄 수 없었다. 이스탄불, 베오그라드, 소피아, 카이로, 다마스쿠스 그리고 그 사이에 위치한 주요 도시들에서 주둔했던 그들은 도시 구조의 일부였으며, 실질 임금의 감소에 대응하기 위해 그들이 지켜주고 감독하던 사람들과 경제적 유대관계를 형성했다. 그들은 정육업자, 제빵업자, 뱃사공, 짐꾼이 되었고 여러 수공업 업종에 종사했으며, 또 커피점 주인이 되었다. 18세기에 이르자 그들은 스스로 이러한 업종과 사업에 투신하거나 돈을 받고 이러한 사업들을 보호해주는 마피아 같은 우두머리가 되었다. 그리하여 그들은 길드의 특권과 경제적 보호주의 정책들을 포함하여 도시의 생산 계층의 이익을 대변하게 되었으며, 〔그들 자신도〕 도시 주민의 주요 성원이기도 했다. 그런데도 여전히 그들의 지위는 예니체리 군단에 속했고, 이는 그들이 엘리트의 일부라는 것을 의미했다. 더욱이 그들의 우두머리인 예니체리 사령관은 행정상 중요한 인물로, 국가의 여러 최고위원회에 참석했다. 예니체리들은 점점 더 도시 경제의 일부가 되어감에 따라 그들의 엘리트 지위를 물려주기 시작했다. 지금까지 있었던 결혼과 영외 거주에 대한 금지는 사라졌고, 차츰 도시에 거주하는 예니체리의 아들들이 데브시르메로 충원되었던 농촌 소년들을 대신하게 되었다(마지막 데브시르메 소년 공납은 1703년에 있었다). 18세기 초, 화기로 무장한 이 보병부대는 세습적이고 도시 출신으로 이루어졌으며, 그 신분은 출생시 기독교인이 아니라 무슬림으로 태어난 아버지에서 아들로 이어졌다.

엘리트적이면서도 민중적인——민중 계층에서 태어났으면서도 엘리트의 일부이며 엘리트에 연결되는——예니체리의 정체성은 그들에게 국내 정치에 중요한 역할을 부여했다. 그들은 반복해서 술탄을 즉위시키고 또 폐위시켰으며, 대재상과 기타 관료들을 임명하고 해직시켰는데, 이는 엘리트 내부의 투쟁으로 일어난 사건이기도 했지만 가끔 민중을 대변하기도 했다. 1826년 폐지되기까지 그들은 엘리트의 전횡에 대한 방어벽이자 민중의 이해를 대변하는 대중적 민병대였다. 우리가 그들을 타락한 천사——부패한 엘리트 군인이자 광포한 국가 기구 요소——로 보기보다는 이러한 역할에서 본다면, 18세기는 예니체리가 조직한 거리의 목소리가 오스만 제국사에서 전에 없이 대단했던 대중정치의 황금기였다고 할 수 있다.

지방 정치

중앙에서의 정치 권력의 중심 이동——술탄에서 술탄의 가문으로, 거기에서 베지르와 파샤 가문들로, 거기에서 또 거리로——은 지방 정치의 중요한 변동과 궤를 같이했다. 전체적으로 17~18세기에는 지방 정치 권력이 중앙의 통제에서 보다 자율적으로 움직이는 듯이 보였다. 거의 모든 곳에서 중앙 정부는 가시적으로 덜 중요해진 반면, 지방 명사 가문은 대부분 사람들의 일상 생활에서 더욱 중요해졌다. 제국의 커다란 지역들이 통째로 지방 명사 가문의 정치적 지배 아래 들어갔다. 예를 들어 카라오스만올루·차판올루·자늑르 알리 파샤올루 등의 가문은 각각 서부·중부·북동부 아나톨리아의 경제와 정치를 지배했다. 발칸 반도에서는 야니나(Yanina)의 알리 파샤가 에피루스를 다스렸고, 비딘(Vidin)의 오스만 파스반올루는 베오그라드에서 바다에 이르는 곳까지 다뉴브 강 하류를 지배했다. 그리고 아랍 지역에서는 모술의 잘릴리 가문이 그랬던 것처럼 대(大)쉴레이만(Süleyman the Great)의 가문이 전(全) 18세기에 걸쳐(1704~1831) 바그다드를 지배했고, 한편 알리 베이와 같은 유력자들이 이집트를 좌우했다.

이와 같은 지방 명사들은 세 집단으로 분류할 수 있으며, 그 각각은 서로 다른 사회적 맥락을 반영한다. 첫 번째 집단은 중앙에서 임명된 관료들이 해당 지역으로 오게 되어 그 후 지역 내에 뿌리를 내린 사람들로, 중앙 정부의 법규를 위반한 셈이었다. 실제로 중앙 통제는 국가가 표방했던 것만큼 그렇게 광범위하고 철저하지는 않았다. 관료들은 이 임지에서 저 임지로 순환했으나, 세밀한 토지 조사와 순환 보직의 관료를 관리하는 장부가 있었음에도 그들의 전근은 국가가 원했던 것만큼 자주 있었거나 정기적이지 않았다. 그럼에도 그러한 지방 관직에 임명된 사람은 주장관이든 티마르 보유자이든 재임 기간이 16세기와 17세기에는 짧은 편이었고, 18세기에는 좀 더 긴 기간 동안 재임했다. 이는 곧 16~17세기에 비해 중앙에서 임명된 관료들의 지방 순환이 18세기에는 상당히 느려졌다는 의미이다. 중앙과의 교섭을 통해 이러한 개인들은 한 곳에 머무를 수 있는 법적 권리를 얻었다. 이런 식으로 다마스쿠스의 아즘 가문과 모술의 잘릴리 가문은 오스만 왕조에 대한 복무로 지방관으로서 두각을 나타냈고, 좀 더 낮은 지위인 서아나톨리

88

아의 카라오스만올루 가문이 부상하게 되었다. 각각의 경우, 가문의 일원들이 여러 세대에 걸쳐 공식적인 지방 행정상의 지위를 보유했다.

두 번째 집단은 오스만 이전 시대부터 유래했던 그 지역의 지방 엘리트 가문에 속하는 대단한 명사들로 이루어져 있었다. 어떤 경우에는 술탄들이 그들의 지위와 권력을 정복 당시부터 인정해주었으니, 보스니아의 대지주 가문들이 그런 경우였다. 역사가들이 오스만 이전 시대에서부터 유래한 엘리트 집단의 지방 권력의 유지를 과소평가했으며, 오스만 시대에 이 가문들은 지금까지 평가되었던 것보다 훨씬 더 중요한 역할을 해왔을 가능성이 높다. 이와는 조금 다른 형태로, 기존의 엘리트 집단이 일단 권력을 빼앗긴 뒤에도 점차 정치적 지배력과 국가로부터의 승인을 다시 얻기도 했다.

세 번째 집단은 제국의 아랍 지역에만 존재했던 것으로 보이는데, 중세부터 이슬람권에서 기원한 맘루크라는 노예 병사로 이루어져 있었다. 맘루크들은 1516~1517년 사이에 오스만 왕조에 전복될 때까지 해마다 수천의 노예를 수입하면서 이집트를 수세기 동안 지배해왔다. 맘루크는 전형적으로 해당 지역 밖에서 태어났으며, 전쟁이나 약탈을 통해 노예가 되어 오스만 세계로 실려왔다. 지방장관이나 군사 지휘관은 가까운 노예시장에서 노예를 사들여 자기 가문으로 데리고 와서 군사 노예나 도제로서 행정과 군사 기술을 훈련시켰다. 훈련 과정의 어느 시점에서 해방된 맘루크는 그의 주인을 계속 섬겼으며, 마침내 지역 내에서 높은 지위에 올라 다시 노예를 사들이는 식으로 인력을 충원하여 자신의 가문을 세우는 체제가 지속되었다. 레바논-팔레스타인 지역의 시돈과 아크레를 지배했던(1785~1805) 권력자 아흐메드 제자르(Jezzar) 파샤와 바그다드의 대(大)쉴레이만도 이집트의 알리 베이에게 봉사한 맘루크에서 시작했던 인물들이다.

몰다비아와 왈라키아(현재의 루마니아) 지역에서는 지방 명사들에 의한 지배의 전개가 독특했다. 지역 내의 왕공들은 오스만 왕조의 가신으로 1713년에 이르기까지 이 지역을 지배했지만, 러시아 표트르 대제의 프루트 강 원정을 지원한 뒤로 제거되었다. 그들을 대신하여 중앙 정부에서는 이스탄불의 페네르(Phanar/Fener) 구역에서 살고 있던 권력 있고 부유한 그리스 정교회의 사람들을 임명했다. 18세기의 나머지 기간 동안, 그리고 실제로 그리스 독립전쟁에 이르기까지 이러한 페네르인들(Phanariotes)은 공납을 바치는 대가로, 몰다비아와 왈라키아 두 공국을 완전히 자치적인 권력으로 통치했다. 그들은 오스만 세계에서 가장 잔인하고 억압적인 통치를 행했으며, 그 체제는 농노제에 가까웠다. 그들은 중앙에서 임명되었지만 이 공국들을 전혀 간섭받지 않고 다스렸으므로 여기에서 묘사했던 상황 가운데 예외로 보인다.

이러한 지방 명사들은 그들이 중앙의 임명에서부터 유래했든, 오스만 이전 시대의 엘리트 출신이든, 맘루크 출신이든 일반적으로 지역 내의 상인과 지주들뿐만 아니라 종교학자 집단인 울레마와 밀접한 유대관계를 맺고 유지했다. 첫 번째 경우, 앞의 두 집단——중앙에서 임명된 관료들의 후손이나 오스만 이전 시대 엘리트 가문의 후손들인——의 명사 가문 여성들의 결혼은 그들의 지역 내 권력 축적의 과정 가운데 일부였다. 더욱이 이러한 엘리트 여성들은 많은 재산과 세금청부 계약을 보유하고 있었으며, 자신의 이름으로 종교 자선기금을 운영했다. 그리하여 그들은 상당한 개인적 권력을 가지고 있었고, 이러한 권력은 지방 엘리트 또는 오스만 중앙과의 협상에서 그들의 가족들도 행사할 수 있었다.

지역에서의 명사 가문의 권위 확립은 대개 오스만 중앙 권위에 대한 반란이 아니었다는 점을 강조해야 할 것이다. 오히려 지방의 세습 권력자들은 술탄과 중앙 권위를 일반적으로 인정했고, 약간의 조세 수입을 중앙으로 보냈으며 제국의 전쟁에 군사력을 파견했다. 이러한 행위들은 18세기 오스만 세계에 지방과 중앙 사이에 존재했던 서로의 필요에 따른 복잡하고 흥미로운 상호작용을 보여준다. 예를 들어 군사 동원을 생각해보자. 앞에서 살펴본 것처럼, 중앙 정부는 18세기 동안 지방 군사력을 오스만 군사 인력의 주요 원천으로 삼았고, 이에 따라 지방 명사들에게 상당한 협상력을 부여했다. 다른 한편으로, 지방 명사들은 그들대로 중앙 정부에 정통성을 인정받아야 했고, 앞으로 보게 되겠지만 경제적인 복리를 위해서도 중앙 정부가 필요했기 때문에 지방의 군사력을 보냈던 것이다.

1695년부터 중앙 정부는 종신 세금청부 계약, 즉 말리카네(*malikane*)를 제도화했으며, 이는 누군가가 국고에 현금을 지불하면 그 대가로 평생토록 한 지역의 세금을 징수할 권리를 획득하는 제도였다. 종신 세금청부 계약 제도는 급속하게 퍼져나가 1703년에 이미 발칸 반도, 아나톨리아 그리고 아랍 지역에까지 광범위하게 활용되었다. 종신 세금청부 계약은, 지방에서 중앙의 군대가 사라지고 난 한참 뒤에도 어떻게 중앙 정부가 지방에서 약간의 통제력을 유지했는지를 이해하는 데 아주 중요하다. 수도의 베지르와 파샤 가문들이 종신 세금청부 계약의 경매를 좌우했으며, 이 계약들을 여러 지역의 지방 엘리트에게 임대해주고 또 도급(都給)을 주었다. 이렇게 하여 이스탄불의 엘리트들은 지방 명사 가문들과 재정적 이해를 같이하면서도 이 대단한 이권을 빼앗을 수도 있었기 때문에 지방 명사들을 통제할 수 있었다. 따라서 언제든 힘으로 대결하는 결정적인 순간이 되면 지방 명사 가문들은 궁극적으로 양보를 하거나 종신 세금청부 계약을 잃는 것을 각오해야 했다. 수도와 지방 사이에 이와 같은 종신 세금청부 계약의 존재는, 수도에서 요청했을 때 지방 명사 집단이 대개는 복종하고 군대를 동원했던 이유를 설명하는 데 도움이 된다.

이러한 협상, 상호 인정과 통제 방식이 1700년경에서 1768년 사이의 시대를 지배했으나 그 이후에는 흔들리게 되었다. 1768년에서 1774년, 그리고 1787년에서 1792년의 러시아-오스만 전쟁으로 전선(戰線)이 대규모로 붕괴되었고, 도처에서 엄청난 인력 부족과 재정 부족 현상이 나타났다. 이러한 상황에서 명사들의 지식과 지방 자원에 대한 동원력이 전보다 더욱더 중요해졌고, 전시의 혼란으로 그들은 좀더 행동의 자유를 누렸다. 그리하여 말리카네 체제의 일부분이 약화됨에 따라 중앙에 대한 지방의 유대관계도 약화된 것으로 보인다. 이러한 혼란기에 제자르 파샤와 카라오스만올루 같은 명사들은 중앙 정부와는 다른 외교 정책을 추구했으며, 야니나의 알리 파샤와 오스만 파스반올루 같은 명사들은 경우에 따라 다른 명사들의 세력에 대해서나 러시아에 대해 별도의 군사 행동을 감행했다. 어떤 역사가들은 이러한 행동들을 사실상 오스만 종주권에서 탈피하려는 노력으로 보기도 한다. 그러나 다음의 서술에서 짐작할 수 있듯이, 그들은 오스만의 지배에서 벗어나려 했던 것은 아니었다.

1808년 명사들 가운데 한 사람이 잠시 동안 대재상으로 복무했는데, 이는 위기 상황에서 지방 집단의 세력을 보여주는 사건이기도 하다. 바이락타르 무스타파 파샤는 다뉴브 유역의 불가리아 지역 출신으로, 적수인 예니체리들에게서 술탄을 구하기 위해 수도로 진군했지만 성공하지 못했다(그 사이에 술탄 셀림 3세는 예니체리에게 암살되었다—옮긴이). 일단 이스탄불에 진입한 그는 발칸과 아나톨리아의 강력한 명사들을 소집하여 회의를 열었다. 그의 행동은, 그 회의에 명사들이 참석했던 일과 그 자리에서 그들이 술탄의 명을 받들겠다는 협약문서(세

네드-이 잇티팍[sened-i ittifak])의 작성과 함께 당시까지 오스만 국가의 진화를 확실하게 보여준다. 한편으로, 술탄이 명사들의 복종 의지를 문서로 확인받아야 할 필요가 있었다는 점은 18세기 말의 위기 상황에서 명사들이 얼마나 독립적으로 되었는지를 암시한다. 다른 한편으로, 명사들이 중앙 정부에 대해 집단적으로 군사력 균형에서 우위를 점하고 있었을 때 술탄에 대한 지지를 맹세한 것은, 비록 군주권과 중앙 정부가 아주 허약할 때일지라도 경제와 정치 활동에서 중앙 정부와 왕조가 지속적으로 중요했음을 보여준다. 이 1808년의 협약으로 지방 명사들과 중앙의 엘리트들은 지속적인 상호작용과 호혜적인 유대관계로 복귀되었다. 중앙 정부는 지방 명사들의 자금과 군대와 기타 봉사가 절대적으로 필요했다. 지방 명사들은 그 나름으로 중앙 정부와 술탄이 정치 권력과 공무상의 조세 수입원에 대한 공식 승인을 해줌으로써 명사들 사이에서 벌어지는 권리 확보 경쟁을 중재해주기를 기대했다. 이들은 '지방의 오스만인'들이었고, 아무리 그렇지 않은 것처럼 보여도 오스만 체제의 일부가 되고자 했으며, 또한 그 체제의 일부였다.

정치적·군사적 취약성에 대한 종교적 해결책들

지금까지 언급한 명사들과는 달리, 와하비 운동(과 그에 연결된 사우디 가문)은 오스만 왕조 통치의 정당성을 완전히 무시했다. 와하비가 출현한 근본적인 이유는 비유럽 세계, 이 경우에는 상당히 많은 무슬림 영역을 포함한 비유럽 세계에 밀어닥친 엄청난 상실을 어떻게 받아들일 것인가 하는 커다란 문제에서 찾아야 할 것이다. 무슬림 국가들은 북아프리카, 오스만 영토, 이란, 인도 등 도처에서 수세에 몰렸고 이런 저런 유럽 세력과의 대결에도 실패해 인구와 수입원을 잃고 있었다.

18세기와 그 이후의 시대에서 수세에 몰린 상황은 확연히 다른 두 가지 방식으로 받아들여졌고, 이는 완전히 다른 두 가지 해결책의 제시로 이어졌다. 첫 번째로, 패배의 위기는 기술적인 방법으로 해결 가능한 기술적인 문제로 비춰졌다. 즉, 오스만인들이 유럽인들에 대한 기술적 열세 때문에 취약해졌다는 관측이다. 그러므로 그 해결책은 과거의 술탄들처럼 당시 존재하는 가장 뛰어난 군사 기술을 채택하는 것이었다. 18세기에 이것은 유럽으로부터의 기술 도입을 의미했다. 따라서 유럽의 군 장교들을 이스탄불로 불러들였고, 그 예로 1755년에서 1776년까지 신식 속발 포병대의 건설에 복무했던 드 토트 남작(Baron de Tott)을 들 수 있다. 또한 오스만의 대제독 가지 하산 파샤는 당시의 최고·최신 수준으로 함대를 재건하고자 노력했다.

두 번째로, 패배의 위기는 도덕 개혁으로 해결해야 할 종교적이며 도덕적인 문제로도 비춰졌다. 이 해결책은 대체로 거의 동시에 북아프리카의 티자니야 수피 교단(18세기 말 북아프리카에서 시작하여 서아프리카로 크게 확산된 이슬람 부흥운동—옮긴이)과 아라비아의 와하비 운동, 또한 인도아대륙의 샤 왈리울라(18세기 인도의 이슬람 정화운동을 주도한 종교인—옮긴이)가 제시했다. 이 세 가지 움직임들은 각각 세계 무슬림 국가들의 약체성에 따라 제기된 문제에 대해 종교적 해결책을 제시했다. 와하비 운동은 예언자 무함마드 이래로 조금씩 흘러들어온, 이른바 비이슬람적인 습속들을 모두 제거함으로써 사회를 재편성하는 데 목표를 두었다. 중앙 아라비아에서 무함마드 이븐 압둘 와합(1703~1792)은 중세 법률가 아흐마드 이븐 한발(780~855, 쿠란과 하디스에 철저히 기반하려 했던 한발리 율법학파의 창시자—옮긴이)이 주창했던 초기 이슬람의 원칙들로 돌아갈 필요에 대해 역설했다. 압둘 와합에 따르면, 무슬림들은 신이 예언자에게 계시한 신앙을 잊어버린 것이었다.

이 메시지는 오스만인들을 심각한 위험에 빠뜨렸다. 18세기 초 그들은 이미 아라비아 반도의 일부, 즉 예멘과 하드라마우트(Hadramaut)에 대한 통제권을 상실했다. 압둘 와합의 추종자들은 아라비아의 나머지 대부분을 장악하여 이라크로 깊숙이 쳐들어갔으며, 그리하여 해당 지역들에서 오스만 주권을 위협했다. 그러나 이 와하비 운동의 위협은 단지 영토의 점령 문제가 아니라 그 이상으로 심각했다. 무함마드 이븐 압둘 와합은 성스러운 도시 메카와 메디나가 오스만 왕조의 비호 아래 혐오스럽고 비이슬람적인 사원들로 채워졌다고 설교했다. 그는 이 도시들이 오스만인들의 이슬람처럼 타락했으므로 정화되어야 한다고 주장했다. 그 주장에 따라 그는 무함마드 이븐 사우드와 연계했고, 그 후손들이 와하비 운동을 주도하면서 1803년 성지 메카와 메디나를 점령하여 약탈하고 '정화'했으며, 100년도 더 지난 후에 사우디 왕국을 세웠다. 이처럼 여느 지방 지도자들과는 달리 와하비 세력은 오스만 정권의 정통성을 부정했고, 개혁된 그들의 이슬람 국가로 오스만 왕조를 대체하고자 했다. 그리고 그들은 이러한 가르침과 그들의 메카와 메디나의 통치를 자신들의 정통성의 기반으로 삼으려 했다.

이와 같은 오스만 정통성에 대한 근본적인 도전에 아무런 대응이 없지는 않았다. 압둘 와합이 설교를 시작했을 때와 거의 비슷한 시기에 중앙 정부는 성지들의 보호와 성스러운 순례를 하는 사람들의 보호를 더욱 강조하기 시작했다. 그리고 18세기 후반부터는 오스만 술탄들이 칼리프, 즉 모든 곳에 있는 무슬림들의 지도자로서의 역할을 점점 더 확실히 하게 되었다. 이리하여 와하비 운동의 성공은 18세기와 19세기 초에 오스만 측이 이러한 종교적 상징들을 자주 이용하는 계기가 되었다(6장 참조).

19세기

1798년에서 1922년까지의 긴 19세기 동안, 오스만 제국이 종전에 보여왔던 정치와 경제의 형태들이 여러 방면에서 대체로 존속되었음을 알 수 있다. 영토 상실이 계속되어 변경 지역은 축소되었고, 중앙과 지방의 정치인들은 권력과 조세 수입원을 놓고 경합을 벌였으며, 국제 경제는 점점 더 중요해졌다. 그러나 새로운 현상도 많았다. 이전부터 있었던 제국 차원의 전쟁뿐만 아니라 이제는 국내의 반란까지 겹치는 등, 손실을 초래하는 세력들이 점점 더 복잡해져 갔다. 중앙 정부의 권력은 오스만 제국사에서 전에 없이 신민들의 일상 생활에 커다란 영향을 미치게 되었으며, 국가의 통제는 사회 속으로 점점 더 깊이 침투했다. 이 과정의 하나로, 국가는 무슬림과 비무슬림의 지위를 새로 규정하고, 그보다 좀 더 늦은 이 시기의 끝무렵에는 여성의 법적 권리 또한 재조정하려 했다. 그리고 끝으로, 오스만 국가 안에서 새롭고도 치명적인 요소——오스만 신민들 사이에서 일어난 (종교) 집단 간의 폭력——가 분출되었으니, 이는 가속화되는 정치와 경제의 변화의 힘을 증명하는 것이었다.

대외 전쟁, 영토 축소, 내란

20세기에 이르러, 유럽 지역에 가지고 있던 오스만 제국의 영토는 에디르네와 이스탄불 사이의 해안에 면한 작은 평원으로 국한되어 있었다. 이러한 영토 상실을 헤아리는 한 가지 방법으로 인구 비중의 측정이 있다. 1850년 이전에는 오스만 신민의 약 50퍼센트가 발칸 반도에 살았지만, 1906년에는 유럽에 있는 영토의 인구 비중이 전 인구의 20 퍼센트만을 차지했다.

합스부르크 왕조와 오스트리아와의 전쟁도 그랬지만, 특히 러시아와의 발칸 전선에서의 전쟁으로 오스만 영토는 끊임없이 갈가리 찢겨졌다. 제국 내에서는, 앞에서 살펴보았듯이 많은 지방 명사들이 18세기에 등장하여 오스만 왕조와 국가의 기본적인 정통성을 인정하면서도 상당한 자치권을 행사했다. 반란자들은 오스만 제국을 파괴하거나 분리 독립하려고 시도한 적이 거의 없었다. 반란이 있었지만 그것은 대개 체제 안에서 움직였으며, 반란의 목표는 세금 면제나 정의의 보장 등으로, 오스만 세계 안에서 문제를 해결하자고 주장했다. 그러나 19세기에는 오스만 제국의 통치에서부터 특정 지역을 분리시켜, 독립적이고 그 어떠한 상위의 정치적 권위도 인정하지 않는 주권국가를 세우려는 적극적인 움직임들이 발칸 반도, 아나톨리아, 아랍 지역에서 모두 나타났다. 더욱이 거의 모든 경우에 열강 가운데 어느 한 세력이 19세기의 반란을 지원했으며, 그 열강의 도움은 실제로 반란의 성공에 결정적인 역할을 했다. 그러므로 19세기의 반란은 오스만 신민들의 통치자에 대한 반란이었으며, 많은 영토 상실이 이루어졌다는 점에서 질적으로 다르다고 할 것이다. 이는 오스만 역사에서 전에 없었던 일이다.

18세기는 1798년 나폴레옹 보나파르트의 이집트 침략과 함께 막을 내렸는데, 이는 나폴레옹이 1799년에 혼자 프랑스로 도피하고 좀 더 나중에 프랑스군이 영국과 오스만 연합군에 항복함으로써 끝났다(지도 3). 혼란의 와중에서, 알바니아 출신의 오스만군 장교였던 무함마드 알리가 마침내 1805년 권력을 잡고 이집트의 주인으로서 스스로의 입지를 굳혔다. (1848년에 죽을 때까지) 그의 남다른 치세 기간 동안, 무함마드 알리는 유럽인들의 세력 균형과 오스만 제국의 존립 자체를 위협했던 것으로 보이는 강력한 군대를 창설했다. 이집트는 그의 파죽지세에 힘입어 오스만 역사의 남은 기간 동안 독립적인 길을 걸었다. 이집트는 1882년 영국의 점령 이후 명목상 오스만 술탄의 영토로 다시 편입되었지만, 1914년 오스만 제국이 독일과 오스트리아-헝가리의 동맹국으로 제1차 세계대전에 참전하자 공식적으로 대영제국의 일부가 되었다.

거의 같은 시기에 무함마드 알리는 오스만 제국의 동남부 지역에 세력을 뻗쳤고, 1804년 북서 지역의 세르비아인들이 반란을 일으켰다. 세르비아 반란자들은 술탄에게 지방 행정가들의 권력 남용을 시정해 달라고 호소함과 동시에 러시아에 원조를 요청했다. 따라서 두 세력 간에 복잡한 전투가 전개되었고, 세르비아인들도 그 와중에 변모해갔다. 1817년에 이르러 세르비아인 군주의 세습 통치가 확립되었고, 그 시점에서부터 사실상 세르비아는 오스만 제국으로부터 독립한 국가였다. 공식적인 독립은 베를린 회의의 결과로 1878년에야 이루어졌다. 어찌 보면 직접 통치에서 가신관계로, 독립으로 이어지는 이러한 형태는 오스만 제국의 정복 과정을 거꾸로 돌아가는 현상이었다. 그 밖의 영토 상실은 공식 협정으로 끝을 맺었던, 보다 익숙해진 러시아와의 전쟁 형태에서 비롯되었으니 그 예로 1812년 베사라비아의 상실을 승인한 부쿠레슈티 조약을 들 수 있다.

발칸 반도의 전체적 양상은 세부로 들어가면 혼란스럽지만 전체적 방향은 명확하다. 이따금씩 반란이 성공을 거두거나 러시아인들이 발칸 남부로 깊숙이 침투하는 일들이 벌어졌다. 그러나 그때마다 국제사회는 오스만 제국의 붕괴를 염려하거나 러시아의 성공을 두려워하여 회담을 열어 최악의 결과들을 무효화시키되 오스만 제국이 영토를 약간 상실하는 것을 승인하곤 했다. 1829년 에디르네 조약이 그 전형적인 본보기이다. 1828년 러시아군이 동아나톨리아에서 대승을 거두고 흑해의 서부까지 밀고 내려와 바르나를 지나 오스만 제국의 옛 수도이자 현재 불가리아-터키 국경에 위치한 에디르네를 점령했으므로 이제 이스탄불까지 공격할 것처럼 보였다. 그러나 대승을 거뒀음에도 러시아는 정복한 땅의 대부분을 내어주고 그저 약간의 영토를 손에 넣었을 뿐, 오스만군이 몰다비아와 왈라키아에서——공식적으로가 아니라——사실상 철수하는 데 만족했다(지도 4).

이러한 식으로 이른바 '동방 문제', 즉 오스만 제국의 끊임없는 영토 상실에서 야기되는 문제를 어떻게 풀 것인가의 문제가 19세기 역사 전반에 계속 대두되었다. 한편으로, 많은 유럽 지도자들은 오스만 제국의 붕괴가 전반적인 평화에 중대한 위협을 가하리라는 점을 인식했다. 따라서 그들은 오스만 제국의 영토적 통합을 유지하려 했으며, 그 예로 패전의 결과로 큰 상실을 초래할 수도 있는 상황을 협상 테이블에서 역전시켜 1856년 오스만 제국을 '유럽 협조 체제'(Concert of Nations)로 끌어들인 것을 들 수 있다. 그러면서도 유럽 국가들은 자신들의 전쟁과 오스만 신민들의 분리주의적 목표에 대한 지지를 통해 스스로 두려워하고 기피하려 했던 바로 그 제국 분할에 일조하고 있었다.

19세기 또 하나의 이정표적 사건은 1821년에서 1830년에 걸친 그리스 독립전쟁으로, 여기에서도 술탄에 저항하는 반란자들에 대한 국제 정치의 중심적 역할이 두드러진다. 그리스의 반군들을 진압하는 데 실패하자 술탄 마흐무드 2세는 1824년 무함마드 알리 파샤에게 그의 막강한 선단과 군사력을 동원해 개입하도록 요청했다. 그는 대단히 성공적으로 반란을 진압했고 반란은 끝난 듯이 보였다. 그러나 1827년 영국·프랑스·러시아 연합군이 이집트 해군을 나바리노에서 완전히 격

0
300km
0
200miles
크라쿠프
르부프
키에프
드네스트르강
카메네츠-포돌스키 1672-99
다뉴브강
빈
에게르
에스테르곰
티사강
부다페스트 1526-1686
솔녹
케치케메트
바라드
몰다비아
수체아바
1455-1877
야시
벤데리
에르델
콜로츠바르
1526-1699
드라바강
헝가리 1526-1690
카니사
쥴라
예뇌
사바강
자그렙
모하치 1526
젠타 1697
리파
마로스강
테메슈바르
나지세벤
브라쇼프
부작 1538-1829
킬리아
피우메
에세그
삼보
시르미아
카를로비츠
브라일라
바냐루카
투즐라
베오그라드
트르고비슈테
보스니아 1463-1878
스메데레보
왈라키아 1395-1877
부쿠레슈티
도브루자
비딘
세르비아 1459-1878
콘스탄차
(베네치아령)
사라예보
다뉴브강
투르누
루세
쉬베니크
스플리트
크루셰바츠
니코폴리스
플레벤
흑해
모스타르
노비바차르
니슈
슘누
이스케르강
바르나
모라바강
가브로보
닉쉬치
몬테네그로
페치
크잔륵
얌볼루
부르가즈
두브로브니크
소피아
불가리아 1388-1908
프리즈렌
퀴스텐딜
스쿠타리
알바니아 1389-1911
위스퀍
필리베
하스쾨이
에디르네
프릴레프
티라나
트라키아 1371-1913
이스탄불
엘바산
마나스트르
세레스
테키르다아
에네즈
마르마라해
타쉬외즈
아블로나
괴리제 (코르차)
마케도니아 1371-1913
살로니카
겔리볼루
림니
에드레미트
야냐
라리사
발르케시르
코르푸 (베네치아령)
테살리아 1881
에게해
미딜리
아르타
악히사르
그리스 1394-1829
산타 마우라
스키로스
마니사
케팔로니아
레판토
에우보이아
키오스
이즈미르
파트라스
아테네
아이든
잔타
트리폴리스
모레아 1458-1829
키클라데스
도데카니소스
쇠케
낙소스
N
지중해
마타판
1672년의 국경
가신국
새로운 경계선
칸디아
크레타 1669-1896

〔지도 4〕 **오스만 제국의 붕괴, 1672~1913년**

할릴 이날즉과 도널드 쿼터트 편, 『오스만 제국 경제·사회사, 1300~1914』(케임브리지, 1994)의 xxxviii쪽에서 인용.

퇴했고, 3년 후 런던 조약에서 현재 그리스의 남부 지역에 새 국가의 탄생을 승인했다.

사건들의 이러한 진행은 무함마드 알리 파샤가 오스만 제국을 거의 손안에 넣는 사태로까지 이어졌다. 그리스 반군을 진압하는 데 도움을 주었기에 시리아 지역을 차지할 권리가 있다고 생각한 무함마드 알리는 아들 이브라힘 파샤를 1832년 오스만 측에 맞서 싸우도록 파견했다. 아크레, 다마스쿠스, 알레포를 잇달아 점령한 이집트군은 코냐와 중앙 아나톨리아에서 대승을 거두고 (바로 3년 전에 러시아가 그랬던 것처럼) 이스탄불을 점령할 태세인 것처럼 보였다. 정말 공교롭게도, 무함마드 알리의 군대와 이스탄불 사이에 러시아 군대가 마치 이집트군의 천적인 듯이 떼지어 상륙해 오스만 측의 구원자가 되었다. 여기에서 가장 악명 높은 외적 러시아가, 수도를 점령하여 오스만 제국을 무너뜨리려는 내부의 반군을 물리쳐준 것이다. 러시아인들은 강력한 새 왕조가 이끄는 강력한 새 국가가 이웃 나라에 들어서는 것이 두려워 오스만 측을 지원했고 자신들의 보호권을 확인하는 의미에서 1833년 휜카르 이스켈레시(Hünkiar İskelesi) 조약을 체결했다.

1830년대 무함마드 알리는 동남 아나톨리아와 대부분의 아랍 지방을 지배했으며, 1838년에는 독립을 선포하겠다고 위협했다. 오스만군은 무함마드 알리의 군대를 시리아에서 공격했지만 패배하고 이번에도 또다시 영국·오스트리아·프로이센·러시아 연합군(프랑스는 빠졌다)에게 구제되었다. 이들은 무함마드 알리에게서 그가 지금까지 얻은 지역들——크레타, 시리아, 성지인 메카와 메디나——을 모두 빼앗고 (사실 수단은 이집트 식민지로 남았다—옮긴이) 그에게 단지 이집트의 세습 지배권만을 남겨주었다. 여기서의 교훈은 명확하다. 서구 열강은 오스만 제국의 안정과 국제 세력 균형을 위협하는 강력하고 역동적인 이집트 국가의 등장을 허락하고 싶지 않았던 것이다. 비록 무함마드 알리가 그럴 만한 힘이 있었다 해도 중동의 패권자가 될 수 없었던 중요한 이유는 유럽 국가들이 그것을 용납하지 않았기 때문이다.[1]

오스만 제국과 명목상의 속주였던 이집트의 분리는 이집트의 통치자 흐디브(hıdiv/khedive, 무함마드 알리 왕조의 군주들에게 붙였던 칭호—옮긴이) 이스마일이 수에즈 운하의 개통을 총지휘했던 1869년에 마지막 단계로 들어섰다. 이것으로 이집트와 유럽 경제 사이에 형성했던 ──종전부터 면화와 지리적 위치로 두터웠던── 유대관계는 1882년 영국의 이집트 점령으로 이어졌다. 최후의 결정적인 분리는 1914년 영국이 이집트를 보호령으로 선포했을 때였으며, 이는 술탄 셀림 1세가 카이로에 입성하여 맘루크 제국을 파괴한 지 거의 400년 만의 일이었다.

동방 문제의 진수는 절묘하게 대규모의 영토 상실을 촉발시킨 1877~1878년 오스만-러시아 전쟁 후의 외교에서 아주 극명히 드러난다. 처음 협상에서 러시아는, 발칸 반도에서 에게 해에 걸친 거대한 범위에 러시아의 괴뢰국가들을 만드는 산 스테파노 조약에 서명하도록 오스만 측에 강요했다. 이러한 결정은 러시아의 영향력을 크게 증대시키고 유럽 열강의 세력 균형을 파괴하는 것으로 인식되었다. 그리하여 당시 탁월한 정치가라고 할 수 있는 독일 수상 오토 폰 비스마르크는, 평화를 추구하며 독일 영토의 확장을 추구하지 않는 '정직한 중

---

1) 이 문제에 대해서는 논란이 있다. 이집트가 대단한 경제 발전을 이루려는 찰나 유럽의 공격으로 파괴되었다는 견해에 대해서는 아파프 루트피 마르소(Afaf Lutfi Marsot), 『무함마드 알리 치하의 이집트(*Egypt in the Reign of Muhammad Ali*)』(케임브리지, 1984)를 보라. 이 견해에 대해 여러 학자들이 반박했지만, 제임스 겔빈(James Gelvin)은 최근 저서에서 이를 논박했다(이 장의 참고 문헌 참조).

개인'으로 자처하면서 열강의 대표단과 베를린에서 회합을 가졌다. 모여든 외교관들은 러시아가 획득한 영토를 거의 다 무효화하고, 거대한 오스만 영토를 마치 추첨해서 상품을 나누어주듯이 분할했다. 세르비아, 몬테네그로, 루마니아는 모두 독립국가가 되었으니, 이는 예전부터 실제로 그래왔던 것을 인정해준 것이었지만 오스만 측으로서는 공식적인 상실이었다. 보스니아와 헤르체고비나는 사실상 오스트리아가 통치하게 되었지만, 1908년 오스트리아에 완전히 합병되는 최후까지 명목상으로는 오스만 측에 남아 있었다. 산 스테파노 조약의 결과로 탄생된 거대한 불가리아는 베를린 조약에 따라 영토가 축소되어 3분의 1만 독립하고 나머지는 불안정한 상태로 오스만 통치 아래 남게 되었다. 루마니아와 러시아는 그들 사이에 있었던 영토 분쟁을 해결했으니, 전자가 다뉴브 강의 도브루자 어귀를 차지하는 대신 러시아에 남베사라비아를 내주기로 했다. 조약에는 동아나톨리아의 일부를 러시아에 양도하고 수에즈 운하와 인도로 가는 물자 보급로를 보호하는 데 중요한 위치에 있는 키프로스 섬을 영국에 넘겨주는 조항들이 포함되었다. 프랑스는 튀니스(Tunis)의 점령을 승인받는 조건으로 이 조약을 받아들였다.

베를린 조약은, 아무런 처벌을 받지 않고도 지도의 경계선을 새로 그리고 민족과 국가의 운명을 결정지으며, 전 세계를 마음대로 강제했던 19세기 말 유럽의 세력을 보여준다. 유럽은 1884년의 아프리카 분할과 제1차 세계대전 후 중동 분할의 예처럼 더욱더 중요한 여러 시점에서 이런 일을 되풀이할 것이었다. 서유럽과 분할된 영토의 일부 주민들은 막연하게 군사력의 강약이 문화적·윤리적·종교적 강약을 반영한다고 추측했는데, 이 추측이 정말로 치명적인 결과를 초래했다.

이 획기적인 조약과 제1차 세계대전 사이에 벌어진 1897~1898년의 짧은 전쟁에서 오스만 제국은 그리스에 보잘것없는 승리를 거두었지만, 1911~1912년의 트리폴리타니아 전쟁에서 추가 손실을 입었고 1912~1913년의 발칸 전쟁에서는 더욱 심각하게 당했다. 이러한 나중 시기의 분쟁에서 오스만 제국의 계승국가들인 그리스·불가리아·세르비아는 먼저 오스만과 대항하여 싸우고 난 뒤 자기들끼리 싸웠다. 결국, 오스만 측은 에디르네와 수도 이스탄불 사이의 해안을 따라 펼쳐진 평원 이외에는 유럽에 있는 모든 영토를 상실하게 되었다. 16세기에 빈의 문턱까지 뻗어 있던 영토가 이제는 이스탄불에서 몇 시간만 기차를 타고 가는 정도에서 끝났다(지도 5).

1914년 두 거대한 동맹(영국·프랑스·러시아 대 독일·오스트리아-헝가리) 사이에서 벌어진 전쟁은 오스만 제국을 파멸로 몰고 갔다. 오스만 엘리트의 대다수는 영국과의 동맹을 원했을지도 모르지만, 그것은 가능한 선택이 아니었다. 영국이 이미 키프로스와 이집트를 손에 넣었기 때문에 인도로 통하는 길은 잘 보호받고 있었다. 어찌 되었든, 영국은 오스만 측과 동맹을 하더라도 오스만의 영토 보전에 대한 염원과 러시아의 오스만 영토에 대한 요구——특히 흑해와 에게 해를 잇는 수로에 대한 요구——모두를 충족시킬 수 없었다. 오스만 정치인들은 중립을 선택하는 것이 불가능하다는 것을 알고 있었다. 중립이라 할지라도 이긴 쪽의 동맹국들에 의한 분할로 반드시 이어질 것이었기 때문이다. 그리하여 발칸 전쟁 당시 권력을 잡은 일부 청년 튀르크 엘리트의 열성적인 지지에 힘입어 오스만 측은 훗날 패전측이 된 동맹국에 들어갔다.

4년 동안 수많은 전선에서, 오스만 제국은 전투와 질병 그리고 자국 내의 대량 학살로 아주 끔찍한 인명 피해를 겪어야 했다. 전쟁이 끝나면서 영국과 프랑스는 승전국으로서 아나톨리아와 아랍 지역, 그리고 수도 이스탄불을 점령했다. 전쟁이 벌어지고 있는 와중에, 이 두 강대

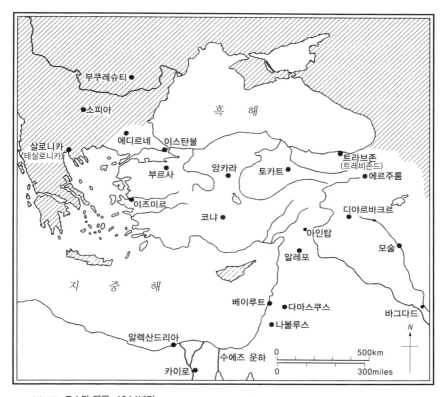

[지도 5] **오스만 제국, 1914년경**
할릴 이날즉과 도널드 쿼터트 편, 『오스만 제국 경제 · 사회사, 1300~1914』(케임브리지, 1994)의
775쪽에서 인용.

국은 1916년의 사이크스-피코 협정에서 오스만 제국의 소속 지역들
을 나눠갖기로 조인했다. 전쟁이 끝나자 양측 모두 이 전시 분할을 승
인한 평화조약과 그들의 영유권을 관철시키기 위해 군대를 파견했다.
팔레스타인은 예외였으니, 원래 계획으로는 국제 관할 지역이 될 예정
이었지만 영국의 지배 아래 들어갔다. 따라서 영국은 오늘날의 이라크
·이스라엘·팔레스타인·요르단의 대부분을 얻었고, 프랑스는 시리아와
레바논을 차지했다. 양국 모두 제2차 세계대전 직후까지 이 영토들을

지배했다.

오스만 제국의 붕괴로 아라비아와 아나톨리아에 새로운 독립국가들이 생겨났다. 긴 싸움 끝에 사우디 국가가 메카의 하심 가문(Hashemite)을 포함한 아라비아 반도의 여러 경쟁자들을 물리치고 마침내 1932년 사우디아라비아 왕국을 형성했다. 제1차 세계대전이 끝나는 시기에 당시 오스만군의 대부분을 배출했던 아나톨리아 지역을 중심으로 여러 곳에서 오스만 측의 저항 세력이 형성되었다. 그 후 달이 지나고 해가 지나는 동안 아랍 지역에 대한 서구 열강의 지배가 시행되었고, 오스만 측은 아나톨리아만이라도 해방시키는 것을 목적으로 하는 전반적인 저항 전략을 세웠다. 아나톨리아 서부와 북부에 대한 영유권을 주장하며 쳐들어온 그리스 정부의 군대에 맞서 싸우면서, 저항 세력의 지도자들은 자신들의 투쟁을 아나톨리아 지역 내에서 튀르크인의 조국을 해방시키기 위한 튀르크인의 투쟁으로 점차 새로이 규정하게 되었다. 오스만 또는 튀르크 군사력의 상당 부분이 아나톨리아에 집결했다는 것은 영국이나 프랑스의 점령이 매우 소모적이 되리라는 것을 의미했다. 새로 등장한 튀르크 지도부는 오스만 제국의 남은 외채를 갚는 것, 흑해와 에게 해의 연결 수로의 문제, 그리고 이전 아랍 지역들의 영유권을 포기하는 문제 등 열강의 이해관계에 핵심적인 사항들에서 협상할 의사가 있었다. 마침내 열강과 튀르크 민족주의자들은 오스만 제국에 종지부를 찍는 데 합의했다. 오스만 술탄의 권위는 1922년에 끝났고, 술탄이 갖고 있었던 칼리프로서의 지위 역시 1923년에 종지부를 찍었다.

개관: 1808년에서 1922년까지의 오스만 국가의 변천

어떤 관점에서 보면, 19세기의 변화는 오스만 제국이 14세기부터 진행해왔던 지속적인 변화에 단순히 새로운 단계를 보탰을 뿐이다. 이는 곧 신민들을 지배하고 변방을 방어하기 위한 도구를 획득하고 유지하고 수정하려 했던 지속적인 노력의 하나라고 할 수 있다. 그러나 19세기의 도구들은 18세기의 도구들과는 아주 달랐다. 18세기의 도구들에는 지방 명사들의 군사력, 중앙의 재상과 파샤 가문들, 정치적이고 재정적인 도구로서 이 두 가지를 연결해주는 종신 세금청부 계약 제도, 그리고 중요한 비중을 차지하는 종교학자들(울레마)의 공동체가 포함되어 있었다.

전반적으로 19세기 동안 중앙 정부는 관료계와 군사 부문 모두 규모와 기능면에서 크게 팽창했으며 선발 방식도 새로워졌다. 행정 관료 수는 18세기 말에 아마도 2000명 정도였으리라 추산되는데, 1908년에 3만 5000명으로 늘어났고, 거의 모두가 남성이었다. 관료계가 대규모화되면서 이전에는 국가의 영역이 아니라고 여겼던 활동들까지 관장하게 되었다. 즉, 예전에 관료들은 전쟁 준비와 세금 징수를 주로 하는 한정된 업무를 수행했고, 그 나머지 일들은 피지배민과 종교 지도자들이 처리해왔다. 예를 들어 학교와 구빈 시설 등은 여러 종교 집단에서 돈을 대고 운영했다. 무슬림·기독교인·유대인 집단은 주로 자신들의 이맘, 사제, 랍비 등을 통해 모금을 하여 학교와 무료 급식소·고아원 등을 세우고 학생들·극빈자·고아 등을 돌보는 교사와 직원에게 봉급을 주었다. 관료층은 국립 교육 시설과 자선 기관들을 세우면서 이러한 기능들과는 다른 여러 가지 활동을 맡았다. 이렇게 국가는 전근대적 형태에서 근대적 형태로의 탈바꿈을 계속했고, 공무원 수는 크게 늘어났다. 무역과 상업, 건강, 교육, 공공사업에 대한 주무 부서들이 탄생했고, 그 부서에는 점차 특정 분야에서 훈련받은 전문가들로 채워졌다. 더욱이 오스만 제국의 여성들도 이 근대화 과정에 똑같이 포함되기 시작했다.

정부의 규모와 기능이 변화함에 따라 관료 충원 방식도 바뀌게 되었다. 18세기까지는 수도에 있던 베지르와 파샤 가문 그리고 지방의 명사 가문에서 제국의 행정을 담당하는 사람들의 대부분을 양성했다. 그러나 19세기에 이르러 오스만 중앙 관료제는 대부분 서유럽이나 중유럽의 모델을 토대로 한 자체 교육 조직을 구성하여 관료로서 복무하는 통로를 독점하게 되었다. 유럽 언어의 지식은 절실하게 필요해진 서구의 행정 기술과 과학 기술의 습득을 가능하게 해주었으므로 점차 중요시되었다. 그리스 독립전쟁으로 그리스인 통역관들의 충성심을 믿을 수 없게 되자, 그들을 대신하여 숙달된 통역관을 양성하기 위해 설치된 번역실(테르쥐메 오다스*Tercüme Odası*)의 직원들이 바로 이러한 흐름의 첫 시작이었다. 계속해서 관료들이 유럽 교육 기관에서 배운 언어와 기술을 모두 고국으로 가져와 오스만 영토 내에 새로 세운 교육 기관에서 지식을 전수했다. 서구의 지식은 급격히 성장하고 있는 관료계 내부의 복무와 승진에서 점점 더 핵심적인 요소가 되었다.

오스만 제국의 군대도 서구의 과학 기술과 방법에 의존하게 되었고, 1837년 2만 4000명의 병력에서 1880년대 12만의 병력으로 대규모화되었다. 전적으로 군대는 남성들만이 복무했다. 행정 부문에서처럼 군사 복무의 충원 형태 역시 바뀌었다. 즉, 기존에 지방 명사들의 군사력에 의존해왔던 것을 중앙 정부에서 농민을 징집하는 것으로 대체했다. 게다가 군 복무 기간이 매우 길었다. 19세기 거의 전 기간 동안 징집된 병사들은 현역과 예비군 복무를 합쳐 20년 동안 군에 몸담았다.

중앙 정부는 전보, 철도, 사진 등 일련의 새로운 기술들과 팽창 선상에 있는 관료제와 군사력을 국내의 경쟁자들을 통제, 약화 또는 파괴하기 위해서 사용했다. 오스만 국가는 예니체리, 길드, 부족들, 종교 집단 세력, 지방 명사 등——중앙 정부와 피지배민을 연결해주는 매개체들——에 맞서 정치적 지배권과 오스만 사회 내에서 창출되는 경제적 부에 대한 권리를 확보하기 위해 분투했고, 그 결과는 항상 성공적인 것은 아니었다. 19세기 말 중앙 정부는, 과거 오스만 역사에서 그 어느 때보다도 더 피지배민과 서로 경쟁하는 세력 집단들에 강력한 영향력을 행사했음에는 의심의 여지가 없다. 결국 예니체리가 해체되었고, 길드는 몹시 무기력해졌으며, 아나톨리아와 아랍 지역의 명사들은 1820년대와 1830년대 술탄 마흐무드 2세의 원정 이후로는 더 이상 국가에 반항하지 못했다. 더구나 1830년대에는 국가 권력의 감시 체제가 새로운 단계로 침투력을 발휘하게 되었다. 적어도 이스탄불에서는 정보원들이 일반 대중의 온갖 대화를 국가 기관에 체계적으로 보고하기 시작했다.

다른 한편으로, 중앙집권화는 전혀 완벽하지 않았다. 어떤 부족들은 제국이 종말을 고할 때까지도 상당 부분 자치권을 유지하고 있었다. 아주 최근까지도 쿠르드 부족은 오늘날의 터키·시리아·이라크 국가들에서 여전히 어느 정도의 자율성을 가지고 행동한다. 그리고 비록 종전보다 높은 비율의 조세 수입이 지방에서 중앙으로 전달되었으나 지방 명사들은 자신들의 지위와 세력을 상당 부분 유지했다. 예를 들어, 이스탄불 측이 지방의 직접 통제를 위해 지방 행정위원회를 설치했을 때 수많은 의석들을 지방 명사들이 차지했으며, 이러한 현상은 제국이 끝날 때까지 계속되었다(6장 참조). 비록 세금청부 때문에 낭비가 발생했지만, 그것은 오스만 경제의 주종을 이루는 농업 분야에서 세금을 징수하는 주된 방법으로 지속되었다. 상당히 중요한 역사적 타협을 통해 지방 명사층은 세금청부 기관의 일부로서 존속했고, 그렇게 하여 지방의 제반 업무에서 강력한 세력을 유지했다. 일부 역사가들은 중앙 정부에서 완벽하게 통제를 시도했음에도 이러한 현상들이 벌어졌다고 보지만, 또 다른 학자들은 이를 중앙과 지방 엘리트 사이의 의도적인 권력 공유라고 본다. 그 밖에도, 국가는 여러 종교 세력들(기독교인·무슬림·유대인)이 그들 조직 내에서 가지고 있는 정치적 권력을 깨려고 했지만 실패했다. 정책 결정자들이 그토록 노력했지만 종교 집단(밀렛[millet], 자율적인 종교 공동체를 뜻하는 말—옮긴이)의 지도자들, 특히 기독교인 지도자들의 경우는 같은 종교를 믿는 사람들 사이에서 강력한 발언권을 유지했다.

19세기에는 누가 오스만 제국의 중앙 정치를 장악하고 있었는가? 1826년에 마흐무드 2세(재위 1808~1839)가 예니체리 군단을 혁파하기 이전에는 누가 장악했다고 딱히 말하기는 어렵다. 그런 일이 있긴 했어도 1820년대와 1830년대 중앙 정부의 권력은 상당히 취약했다. 러시아군과 이집트군이 수도 바로 가까운 지역까지 진격해왔던 것은 외적에 대항할 중앙 정부의 힘이 미약했음을 증명한다. 이 시기는 마흐무드 2세가 예니체리 군단을 해체하고 지방 명사들을 성공적으로 진압하던 시기와 일치하지만 외적에 대해서는 이처럼 취약했다. 어쩌면 1826년에서 1839년까지 술탄의 권력이 가장 강력했고, 1839년에서 1876년 사이에는 관료들의 권력이 흥성했다고 할 수도 있다. 이처럼 술탄 마흐무드 2세가 권력을 확립한 이후로 술탄이 관료들에게 밀리게 된 상황은 잘 이해되지 않는다. 술탄 압둘하미드 2세는 이러한 상황을 뒤바꿔 1876년에 즉위하자마자 곧바로 독재체제를 감행했다. 이후 1908년 '청년 튀르크' 혁명가들이 그의 독재를 무너뜨리고,

1876년에 유보된 헌법을 회복하여 의회정치로 권력을 장악하려 했다. 그러나 이러한 정치 실험은 오스만 영토들이 계속 떨어져 나가고, 의회제도로 영토의 상실을 막을 것이라던 주장이 조롱거리가 되면서 고전을 면치 못했다. 민간 정치인들이 1913년까지 국정을 담당했지만, 그 후로는 더 이상의 손실을 막아 국가를 보호하겠다고 약속한 청년 튀르크의 군사 독재체제가 권력을 접수했다(그러나 그 약속은 전혀 실현되지 못하고 말았다).

오스만 국가와 신민의 관계, 그리고 신민들 간의 관계에서 계속되는 변화

위에서 살펴본 것처럼, 19세기의 오스만 국가는 중간 매개 집단인 길드·예니체리·종교계 등을 건너뛰어 모든 오스만 신민들을 국가의 권위 아래 직접 복속시키려고 노력했다. 그렇게 함으로써 국가는 국가와 신민의 관계, 그리고 신민들 사이의 관계를 혁신적으로 변화시키고자 했다. 종전까지 오스만의 사회와 정치 질서는 종족적·종교적·직업적 차이와 오스만 군주국가에 대한 공통의 복속과 피지배라는 관념에 기반하고 있었다. 이러한 질서는 무슬림의 우월성, 그리고 여타 피지배 비무슬림들이 특별 세금을 내는 대가로 국가가 종교적 보호를 보장하는 계약적 관계의 설정에 따른 것이었다. 비무슬림들은 법적으로 무슬림보다 지위가 열등했고 오스만 제국의 첫 100년 이후에는 원칙적으로 정부 기관이나 군에 복무할 수 없었다(비록 여기에는 많은 예외들이 있었지만). 물론 진실은 훨씬 복잡했다. 예를 들어, 수많은 기독교인 신민들은 유럽 국가들의 피보호자가 되었고, 카피툴레이션(capitulation, 오스만 제국이 유럽 국가들과 체결한 시혜적인 통상조약으로, 유럽 세력이 커진 18세기 말 이후 유럽인들이 이 조약에 대해 확대 해석 및 확대 적용함에 따라 불평등 조약의 성격을 띠었다—옮긴이) 제도를 통해(5장 참조) 오스만 법(과 세금 징수)의 적용을 면제받는 특권을 누렸다.

1829년과 1856년 사이에 발표한 세 번의 칙령으로 중앙 정부는 오스만 신민들 사이의 차별을 없애고, 모든 남성들을 서로가 보기에도 똑같다고 느끼게 하려고 시도했다. 이는 국가와 오스만 남성 사회를 획기적으로 바꾸려는 정책이었다. 이러한 조치 속에서 오스만 엘리트들은 19세기 세계의 국가, 즉 가까운 오스트리아—헝가리, 러시아 그리고 먼 일본 등의 지도자들과 비슷한 목표를 공유하고 있었다. 오스만 세계의 이 입법은 모든 면에서, 즉 외모, 세금 징수, 관료계나 군 복무 등의 측면에서 남성 신민들을 동등하게 만들려는 데 그 의도가 있었다. 개혁은, 한편으로는 무슬림들의 법적 특권을 제거하고, 다른 한편으로는 외국의 피보호자가 되어버린 기독교인들을 오스만 국가와 법 체제의 관할 아래로 다시 복귀시키려 했다.

1829년의 복장 규제법은 수세기 동안 존재해왔던 차별에 근거를 둔 복식 질서를 무너뜨렸다. 지난날 오스만 제국이나 서유럽과 중국의 복식법들은 모두 일반 남녀들 사이에 계급·지위·종족적·종교적·직업적 차이를 유지시키기 위함이었다. 전면적으로 제정한 1829년의 법령에서 똑같은 모자(페즈)를 채택함으로써 (울레마와 비무슬림 성직자들을 제외한) 남성들 사이의 시각적 차이를 제거하려 했다(8장 참조). 똑같은 겉모습으로 모든 남자들이 동등해질 수 있으리라 생각했던 것이다.

이러한 평등을 향한 움직임은 10년 후인 1839년, 더 유명한 장미원 칙령(Hatt-i Sherif of Gülhane)으로 이어졌으며, 이는 일반적으로 오스만 제국의 탄지마트(Tanzimat) 개혁 시대를 여는 것으로 인식되었다. 이러한 술탄의 의지 천명은 무슬림과 비무슬림, 부자와 가난한 사람들을 막론하고 모든 신민들에게 불평등을 해소하고 정의를 세워야 할 필요성을 보여주었다. 그 칙령은 부패를 척결하고 세금청부 제도를 폐지하며 모든 남성의 징병을 일반화하기 위한 많은 구체적인 조치들을 약속했다. 1856년, 술탄이 새로 반포한 칙령(Hatt-i Humayun)은 평등권 부여에 대한 국가의 의무를 반복하여 확인했고, 국립학교 입학과 공직 근무에 대한 동등한 권리를 포함한 모든 신민들의 평등 보장을 강조했다. 그리고 오스만 제국 남성들에게 부여된 의무의 평등, 즉 국민개병제에 따른 군 복무에 대한 주장 또한 되풀이되었다.

오스만 영토에서는 프랑스, 미국, 1870년 이후의 독일 제국에서와 마찬가지로, 여성은 모든 국민의 평등이라는 '근대적인' 개념에 더디게 포함되었을 뿐이다. 여성은 1829년의 복장 규제법이나 1839년, 1856년의 칙령들에서 전혀 다루어지지 않았다. 프랑스의 인권선언이나 미국의 독립선언에서처럼, 여성들은 공표된 변화들 속에는 포함되지 않았다. 그리하여 여성들은 아마도 종교 공동체와 계층에 따라 계속 다르게 옷을 입었으리라. 그러나 18세기에서처럼, 패션의 변화는 19세기에서도 흔한 일이었기에 여성들은 일상적으로 종교 집단 또는 계층 사이의 경계를 실험하는 일을 계속했다(8장 참조). 오스만 사회는 평등의 의미를 계속 고민했고 여성들은 비록 아주 더딜지라도 이에 필연적으로 포함되었다. 예를 들어, 여러 가정에서 딸들을 위해 공식적인 교육 기회를 찾는 일이 점차 많아졌다. 최상층의 엘리트들은 딸들을 주로 사립학교에 보냈고, 야심 있는 중산층은 국립학교에서 여성의 신분 상승을 추구했다. 1840년대에 이미 여성들은 국립학교에서 공식 교육을 받기 시작했다. 19세기 말에 이르러, 학령기의 여자 어린이 가운데 3분의 1이 초등학교에 다녔지만, 중등 이상의 학교는 제1차 세계대전 직전까지 남성만의 영역이었다. 더욱이 극소수의 여성만이 공직에 근무했고, 그 가운데 거의 대부분이 국립 여학교나 미술학교의 교사들이었다. 그 밖에 종교·군사·일반 행정에 관련된 관료계는 남성들의 영역이었다.

결과적으로 남성이나 여성을 막론하고, 권리의 평등도 의무의 평등도 제대로 이루어지지 못했다. 1880년대 이후까지 국가는 여성들의 복장이 공공장소에서 정숙하지 못하다고 판단하면 처벌했다. 게다가 이슬람 법 체제 안에서 누려왔던 여성의 재산권 보장이 상당 부분 사라져버렸다. 새로운 제국법은 종전의 지방 판관들의 관행에서보다 훨씬 엄격하게 권리를 정의했고, 어떤 면에서는 개혁의 여파 속에서 재산에 대한 여성의 법적 권리가 실제로 줄어들었다. 비무슬림들은 그들대로 군 복무를 (그들의 후원 세력인 열강에 힘입어) 거부했고, 1908년 청년 튀르크 혁명에 이르기까지 실제로 군 복무를 하지 않았다. 새로운 오스만 정권이 기독교인 징집에 대한 법률을 시행하려 하자 그들 가운데 상당수가 신대륙으로 이민을 가거나 도망침으로써 법률에 대해 이의가 있음을 보여주었다. 게다가 이미 살펴보았듯이, 기독교 공동체의 지도자들은 자신들의 특권을 빼앗기지 않으려고 오스만 신민들 사이에서 약간의 법적 차별을 지속하는 쪽으로 열강과 막후 교섭을 벌였다. 국가는 국가대로 비무슬림을 인구 비례에 따라 관료로 충원하고 승진시키겠다는 약속을 지키지 못했다(9장 참조). 그렇지만 여성 재산권의 예에서 암시했듯이, 비록 변화가 항상 긍정적이지는 않았지만 진실로 평등을 향한 진전은 있었다.

여기서 우리는, 오스만 국가든 그 어떤 국가든 왜 수백 년 동안 운용해왔던 체제를 무너뜨리면서까지 평등을 강조하기 시작하고, 사회적 기반을 바꾸려고 했는지에 대해 의문을 가져야 한다. 따지고 보면 수많은 국가들이 다수의 권리가 아닌 소수의 특권에 권력의 기반을 두는

데 성공했다. 이 문제를 다루기 위해 우리는 보편적인 한 가지 양상을 살펴보고 나서 구체적으로 오스만 제국의 경우와 관련된 여러 양상을 살펴보아야 한다. 먼저, '인간'의 권리와 의무라는 프랑스 혁명의 원칙은, 징병으로 충원된 군대와 함께 프랑스를 유럽 본토에서 가장 강력한 국가로 이끌었다. 그 교훈은 명확했다. 즉, 국민개병제는 군사력과 정치력을 크게 향상시키는 것을 의미했다. 그러나 그러한 징병을 신민들이 쉽게 받아들이게 하려면 국가는 (남성들에게) 보편적인 권리를 부여해야만 했다.

두 번째로, 늦어도 1500년경부터 유럽의 경제력은 오스만 제국을 포함한 지구상의 어느 지역과도 동등한 위치였고, 그 후 모든 지역을 능가하게 되었다. 시간이 흐름에 따라 유럽 경제와 오스만 경제는 점점 더 서로 얽히게 되었고, 그렇게 됨에 따라 그 과정에서 무슬림보다 오스만 기독교인들의 경제력이 더 향상되었다. 왜 이렇게 되었는가는 전적으로 확실하지 않다. 다만 오스만 기독교인들이 무슬림보다 사업상 협력자로 더 믿을 만하다는 서유럽인들의 생각은 당연히 한 요인이 되었다. 유럽 상인들의 피보호자로서 오스만 기독교인들은 (베라트 〔berat, 허가증서〕의 형태로, 7장 참조) 상당한 세금 면제를 받았고, 그 때문에 그들은 무슬림 상인보다 상품을 더 싸게 사고 팔 수 있게 되었다. 또한 19세기 이전에 오스만 국가는 군사 부문과 관료계의 고용에서 무슬림들을 더 우대했다. 기독교인들은 이러한 직업을 가질 전망이 별로 없었기에 무역과 상업에서 위험을 감수할 확률이 높았다. 서유럽과 중유럽과의 무역이 증가함에 따라 모험의 기회도 증가했다. 그렇게 하여 오스만 기독교인들은 그러한 경제적 유대에서 이익을 보았으며, 18세기 이후로는 상당한 경제적 힘을 얻었다. 19세기 오스만 국가는 기독교인들에게 1829년, 1839년, 1856년의 칙령으로 완전한 평등을 허용하면서 그들의 성공을 사로잡아 국가의 성공으로 종속시키려 했다.

세 번째로, 이러한 칙령들은 발칸 반도에 있던 오스만 기독교인들의 충성을 유지하기 위한 체계적인 국가 정책의 일부였다. 평등을 약속함으로써 오스만 국가는 러시아, 합스부르크, 또는 분리주의 운동 조직들이 끌어들이려 했던 발칸 기독교인 신민들의 충성을 되찾거나 유지하고자 했다. 오스만주의 이데올로기——모든 오스만 신민 남성들의 평등——는 제국의 종말이었던 1922년까지 정책 기조로 남아 있었다. 그러나 1878년 이후, 평등에 대한 강조는 계속되었지만 거기에는 은근히 무슬림의 권리를 옹호하는 뉘앙스가 담겨 있었다. 이러한 약간의 강조점의 변화는 압뒬하미드의 치세에 보다 두드러졌지만, 또한 작게나마 오스만 제국의 마지막 단계의 시대상을 반영하는 것이기도 했다. 이러한 변화가, 1878년 베를린 조약과 그에 따른 기독교인 지역의 거대한 상실로 수백 년 이래 처음으로 오스만 제국에서 무슬림이 다수의 인구를 차지하게 된 이후에 나타났다는 것은 결코 우연이 아니다.

민족주의와 19세기 오스만 치하의 중동 지역

오스만 시대의 대부분에 걸쳐 오스만 신민들 사이에는 일반적으로 평화로운 관계가 형성되었고, 오스만 체제 역시 대부분의 오스만 역사에서 비교적 잘 운용되었다. 이러한 표현은 비록 맞는 말이라 해도 많은 사람들이 열띤 논박을 할지도 모른다. '공포의 튀르크인', '불가리아의 참혹상', 아르메니아인 대학살의 이미지들이 21세기 초반인 지금까지도 역사적인 산물과 정치 분야에서 강력하게 남아 있다. 여기서 우리의 목표는, 19세기의 오스만 제국이 물론 민족 간의 분쟁에 한몫했지만, 국가의 폭력을 보다 넓은 역사적 맥락 속에 배치함으로써 탈신 비화하려는 것이다(9장 참조). 전체적으로 이러한 폭력은 중동, 유럽, 미국, 동아시아와 남아시아를 포함하여 그 어디에서든 국민국가가 탄생하는 전 세계적인 과정의 일부로 이해되어야 한다.

물론 오스만 제국 내에서는 많은 폭력 사태가 있었다. 1822년 오스만 관료들은 그리스인 반란 와중에서 키오스 섬의 전 인구를 죽이거나 추방했다. 1860년 계급적·종교적 성격을 동시에 띤 일련의 사건에서 수천 명의 다마스쿠스의 기독교인들이 몰살되었다. 1895~1896년 사이에는 아마도 당국의 묵인하에, 무슬림 하층민들이 수도 이스탄불에서 아르메니아인들을 무수히 살해했다. 그리고 최악의 사건으로, 1915~1916년에 적어도 60만의 아르메니아인 민간인들이 오스만군과 관료뿐만 아니라 그들과 같은 오스만 신민들의 손에 살해되는 일이 벌어졌다(9장 참조).

오스만 무슬림들만이 사람을 죽인 것은 전혀 아니었다. 1840년대부터 레바논과 시리아의 마론파 기독교인들과 드루즈인들이 서로 싸우기 시작했다. 그리스 독립전쟁의 초기 단계에서, 정교회 신도인 그리스인들은 1821년 트리폴리스 시에서 오스만 무슬림들을 잔인하게 살해했다. 1876년 불가리아의 기독교인들이 1000명의 무슬림들을 살해하자 이에 맞서 무슬림들이 3700명의 기독교인을 살해한, 이른바 '불가리아의 참혹상(Bulgarian Horrors)'을 일으켰다. 유럽 언론은 기독교인들의 수난에 초점을 맞추었을 뿐 무슬림들의 고통은 무시했다. 더욱이 중동의 폭력은 19세기에 국한된 것이 아니었다. 예를 들어, 술탄 셀림 1세는 16세기 초 동아나톨리아를 원정하면서 적국인 사파비 왕조를 지지한다고 의심되는 사람 수천 명을 살해했다.

이와 똑같이, 아메리카와 유럽의 역사는 죄 없는 민간인 희생자들의 피로 얼룩져 있다. 아메리카의 식민지화 그리고 미합중국의 탄생과 확장 과정에서, 수세기에 걸쳐 아메리카 원주민들과 아프리카 노예들에게 가한 폭력은 이루 말할 수 없다. 유럽사에도 그러한 예가 많았으니, 프랑스 왕정이 자국의 신민인 위그노 프로테스탄트 1만 명을 죽인 성 바르톨로메오 축일 대학살이나, 1만 7000명의 프랑스 시민들이 처형된 1793~1794년의 프랑스 공포정치가 바로 그러한 예이다. 더욱더 끔찍한 것은 20세기에 일어난 홀로코스트의 유대인 학살이나 보스니아, 코소보, 르완다-부룬디에서 일어난 무서운 폭력 사건들이다. 이처럼 고통스럽고 끔찍한 재난들을 열거하는 것은, 19세기 오스만 세계의 폭력과 1915~1916년 아르메니아인 대학살을 변명하려거나 정당화하려는 것이 아니다. 단지 국가와 국가의 생성과 영속이 그 신민과 시민들에게 폭력을 행사하는 것과 역사적이면서도 일반적으로 관련이 있음을 보여주려는 것이다.

또 한 가지 논의의 주제는 오스만 신민들 사이에서 이미 존재했던 ——종교적이거나 종족적인——차이가 폭력으로 폭발하게 되는 조건들에 관한 것이다. 결국 따지고 보면, 19세기 오스만 제국의 신민 집단 사이의 관계는 과거에 비해 훨씬 나빠졌음이 분명하다. 문제는 왜 그렇게 되었느냐는 것이다. 보다 구체적으로는, 19세기의 폭력이 오스만 제국에서 한 지역이 새로운 국가로 분리해나가는 과정에서 어느 정도까지 필요한 부분이었을까? 다시 말해, 폭력은 19세기 민족주의 투쟁에서 불가피하고 특유한 요소였는가? 역사가들은 발칸, 아나톨리아, 그리고 (보다 덜한 정도로) 아랍 지역에서 일어난 분리운동의 기운에 대해 크게 이견을 보인다. 일반적으로, 배출요인과 흡입요인에 각각 근거하는 두 유형의 분석이 제시된다. 배출요인 분석에서 오스만 제국은 비록 선한 의도가 있었다 해도 19세기 동안의 개혁이 불완전했음을 강조한다. 이러한 관점에서 보면, 국가는 무슬림과 비무슬림 신민 사이에 평등을, 그리고 엘리트와 하층민들 사이에 보다 평등한 관계를 형성하고자 했다. 그러나 국가의 그런 정책이 더디게 실행되었기 때문에 좌절이 심해지고 반란이 뒤따랐다. 이 관점에서 국가는 선한 의도가 담긴 정책의 희생양이 된 것이다. 흡입요인 분석가들은 오스만 국가의 의도에 대해 덜 호의적이며, 그보다는 정치적·경제적인 측면에서 오스만 국가의 억압을 거론한다. 오스만의 실정(失政) 아래에서는 정치적 권리도 없고, 점점 경제적 빈곤이 심각해지자 독립운동을 이끌었던 지역의 지도자들 사이에서 민족주의적 감정이 생겨나게 되었다는 것이다.[2]

그리하여 학자들 사이에서, 그리고 일반 대중 사이에서 너무도 당황스러운 민족주의 문제가 무대의 중앙에 나서게 된다. 예전의 관점에서는, 민족주의——독자성, 우월감 그리고 독립을 주장하는 감정들——는 국가보다 우선했으며 마침내 국가를 탄생시켰다. 각 개인들은 자신들이 경제적·정치적·문화적 권리를 빼앗겼고, 여전히 빼앗기고 있는 억압된 민족의 일원이라고 느꼈다. 그리하여 그들은 오스만의 지배에서부터 독립한 국가의 권리를 요구했다. 좀 더 근래에 발표된 학설에서는, 국가가 먼저 존재했고 민족주의는 그 뒤에 나타났다고 한다. 즉, 새로운 국가가 그 자체를 보존하기 위해 국경 안에서 민족적 정체성의 형성을 지원하고 창조했다는 것이다.[3]

---

2) 할릴 이날즉은 그의 수많은 저서에서(예를 들어 「탄지마트의 적용과 사회적 영향력 (Application of the Tanzimat and Its Social Effects)」, 『오스만 제국의 문서고 (Archivum Ottomanicum)』, 5(1973), 97~128쪽을 보라) 배출요인에 근거한 이론을 옹호하고 있는 데 비해, L. S. 스타브리아노스(Stavrianos)는 『1453년 이후의 발칸 반도(The Balkans since 1453)』(뉴욕, 1958)에서 흡입요인에 근거한 가설을 옹호한다.

이러한 민족주의를 보다 잘 이해하려면, 그 이전에 수세기 동안 상당히 잘 공존해왔던 오스만 공동체들 사이에 폭력을 일으킨 요인들을 보다 온전하게 이해하는 방향으로 나아가야 한다. 그러나 이 목표를 이루는 것은 결코 만만치 않다. 그 까닭은 오스만 역사에서 (그리고 다른 곳에서도) 민족주의는 신화의 탈을 쓰고 있기 때문이다. (지금은 벗겨진) 대중적인 신화의 하나는, 발칸 반도의 경제가 오스만 제국의 억압적인 실정 아래에서 죽어갔으며 여기에 살아남기 위해 자유가 필요했다는 것이다. 사실 최근의 학술 성과들에서 이와는 정반대의 사실이 증명되었다. 즉, 오스만 국가 정책은 긍정적인 경제적 결과들을 이루었다는 것이다. 예를 들어, 오스만 불가리아에서는 개혁으로 세금 부담을 정규화했고, 보다 내정의 안정을 꾀했으며, 생활이 더욱 안전하게 되었다. 그러므로 오스만 통치에서 떨어져나가기 전인 19세기 중반에는 불가리아의 경제 성장이 뒤따랐다. 일반적으로 분리 직전의 발칸 국가들은 경제적으로 쇠퇴한 것이 아니라 번영했다. 그러나 그 후의 신생국가들이 무모한 토지 재분배 계획 같은, 정치적으로는 인기 있지만 경제적으로는 파괴적인 정책들을 펼치면서 독립 직후의 시기에 경제적 쇠퇴를 초래하여 결과적으로 독립 후의 경제가 독립 전보다 악화되었음이 밝혀졌다. 따라서 우리는 경제적 쇠퇴로는 분리주의 운동을 설명할 수 없게 되었다.[4]

　다시 말해, 민족주의와 19세기의 폭력을 이해하려면 우선 신화를

3) L. S. 스타브리아노스는 『1453년 이후의 발칸 반도』(뉴욕, 1958)에서 민족이 먼저 형성되었다고 논한다. 이와 달리, 베네딕트 앤더슨(Benedict Anderson)의 『상상된 공동체: 민족주의의 기원과 확산에 대한 생각들(Imagined communities: Reflections on the origins and spread of nationalism)』(런던, 1983)에서는 민족적 정체성의 발견을 논한다.
4) 뒤의 이 장에 첨부된 참고 문헌의 팔레레(Palairet)의 저서를 참조하라.

거부하고 특정한 시점들에서 경제적·문화적·정치적·기타 변수들이 서로 교차하고 상호작용한 방식들을 구체적으로 살펴보아야 한다.

외국 자본과 19세기 오스만 제국

오스만 국가의 관료계와 군사 부문의 확충을 위한 재정은 부분적으로 조세 수입의 증가분으로 충당되었는데, 그러한 세수의 증가는 (주로 농업 인구에서) 늘어난 세금 부담과 특히 1840년 이후의 전반적인 경제 신장에서 비롯되었다(7장 참조). 그러나 이러한 증가분으로 재정을 메우기에는 역부족이었고, 오스만 국가는 난관에 부딪치게 되었다. 그 자금은 경제적 신장과 식민지에서 들여온 재부로 외국에 투자할 기금을 형성했던 유럽에서 빌려와서 마련할 수 있었다. 그러나 오스만 행정가들은 그러한 외채가 유럽인들의 지배로 이어질 수 있다는 위험을 잘 알고 있었다. 19세기 중반까지 그들은 외채를 거부했지만, 마침내 그 위험을 알면서도 크림 전쟁(1853~1856)에 오스만 제국은 참전 비용을 조달하는 하나의 방법으로 처음 외채를 빌리게 되었다. 역시나 그전에 두려워했고 예상했던 것처럼, 하나의 외채는 또 다른 외채로 이어졌고 1870년대 중반에 이르자 오스만 국가는 외채를 갚지 못하는 상황에 처했다.(같은 시기에 이집트, 튀니지 그리고 지구상의 수많은 국가들 역시 이와 비슷한 위기를 겪었다.) 유럽의 채권국들과 채무국인 오스만 제국 사이에 협상이 벌어졌고, 1881년 오스만 공채관리국(Public Debt Administration)이 설치되었다. 오스만 국가는 빚을 갚아야 할 의무를 인정했고, 외국 채권자들의 국제 차관단(Consortium)인 공채관리국에 오스만 경제의 일부를 관리하고 그렇게 관리된 재정 수입을 빚

갚는 데 쓰도록 허락했다. 공채관리국은 비록 오스만 관료제 안에 존재하지만, 채권자들이 운영하는 거대하고도 본질적으로 독립적인 관료 기구가 되었다. 그 기구에는 5000명의 관료들이 고용되어 세금을 거둬들여 유럽의 채권자들에게 넘겨주었다. 그리고 나서도 계속해서 외채로 오스만의 관료 기구와 군사 부문의 확장 비용을 충당했다.

더 나아가, 공채관리국의 설치로 외국인 투자가들은 안정감을 느끼고 주로 철도, 항만, 공공시설에 투자할 유럽 자본을 더 많이 끌어모았다. 오스만 제국 말기에 존재했던 모든 시설은 외국 자본의 투자로 세운 것들이었다(7장 참조). 그리하여 운송, 상업, 도시 시설에서 필요했던 개선이 이루어졌지만, 오스만 경제에 대한 외국 자본의 지배가 심화되는 대가를 치러야 했다. 오스만 국가의 외채와 오스만 민간 부문의 외국인 투자는 관료·군사·경제 하부 구조에서 필연적인 변화들이 일어나고 있었음을 의미한다. 그러나 그 대가는 어마어마했다. 외채 부담은 대단히 커졌고, 오스만 재정수입 전체의 상당 부분을 집어삼켰다. 세금의 일부를 낯선 공채관리국에 갖다바치고, 유럽 자본의 입김이 주변에서 거의 매일 증가하는 것을 눈여겨보는 오스만 신민들 앞에서 오스만 국가의 권위는 점점 거세지는 외국의 영향에 따라 손상되어 갔다.

오스만인들과
그 주변 세계

이 장에서는 오스만 제국의 국제적 지위에서 두 가지 상호 보완적인 측면을 다루기로 한다. 즉, 오스만 제국과 다른 국가들, 제국들과 민족 사이의 관계 그리고 오스만 제국의 외교 전략에 관한 것이다. 여기에서는 오스만적 관점을 통해 세계 질서에 대한 독특한 해석을 제안한다. 먼저, 1700~1922년 사이의 국제 질서 속에서 오스만 제국이 일류의 지위에서 이류로 내려앉는 시기의 변화에 따른 지위에 초점을 맞출 것이다. 그리고 나서 다른 국가들을 다루는 데 활용했던 외교적 도구들의 전환을 살펴보기로 하며, 특히 간헐적 외교 방법에서 상시적 외교 방법으로의 전환을 고찰할 것이다. 칼리프라는 지위 또한 외교적 도구였으며, 오스만 국가는 이 종교적 수단을 세속적인 국가의 목적을 위해 18세기부터 점점 더 많이 사용했다. 마지막으로, 오스만 제국과 유럽·중앙아시아·인도·북아프리카와의 관계를 개관하기로 한다.

국제 질서 속의 오스만 제국, 1700~1922

하나의 정치 체제가 국제 질서 속에서 어떤 위치를 차지하는가는 여러 가지 요인들에 따라 결정되며, 어떤 경우에는 인구학적 요인, 경제력 등에 좌우된다. 인구가 많고 인구 밀도가 높다는 것이 언제나 정치적 중요성의 확실한 기준은 아니다. 인구가 적었어도 대단한 힘을 가진 18세기의 프로이센과 세계에서 가장 인구가 많지만 정치적으로 약했던 19세기의 중국을 보자. 오스만 제국의 경우, 전 세계 인구 가운데 차지하는 비중이 줄어듦과 동시에 국제 정치에서 차지하는 비중 또한 줄어들었다. 1600년에서 1800년 사이에 오스만 인구는 서유럽 인구에 대비해 6분의 1에서 10분의 1로, 중국 인구에 대비해 8분의 1에서 12분의 1로 줄어들었다. 오스만 제국의 경제적 중요성은 더욱더 극적으로 감소했다. 공교롭게도, 오스만인들의 정치적 힘의 최고조는 서유럽의 신대륙 정복과 정확히 맞아떨어졌다. 이 사건은 세계의 여타 지역들과 구분되는 별도의 궤도에 유럽을 확실하게 올라서게 했으며, 세력의 균형을 지중해 세계에서 서쪽의 대서양 경제로 옮겨놓았다.

전 세계를 놓고 볼 때, 1500년 당시 오스만 국가는 세계에서 대단히 강력한 국가 가운데 하나였으며, 오직 중국만이 그보다 강력했다. 당시 '세계의 공포'였던 오스만 제국은 서로 많이 다른 수많은 국가들의 생존(과 멸망)에서 핵심적인 역할을 했다. 오스만인들은 이집트의 맘루크 술탄국, 이란 고원의 사파비 왕조, 그리고 베네치아 공화국과 관련시켜보면, 상대방을 멸망시키거나(맘루크 술탄국의 경우―옮긴이) 상대방보다 더 오래 존속했다. 또한 오스만 제국, 합스부르크 왕조, 러시아의 로마노프 왕조라는 세 제국이 모두 20세기 초에 사라질 때까지 오스만인들은 다른 두 제국의 존속 기간 형성에 큰 역할을 했다(1장 참조). 오스만 국가는, 에스파냐의 합스부르크 제국 펠리페 2세가 십자군적인 기획으로 자신의 군주권을 정의하는 데 도움이 되었고, 프랑스의 국제 정치에서는 덜 중심적이기는 해도 여전히 중요한 역할을 했다. 영국의 왕정에서는 멀리 떨어진 오스만 제국에 대해 단지 주변적인 관심사만 있었을 뿐이다.

그러나 18세기에 이르러 '공포'는 '유럽의 병자'(오스만 제국을 가리킨다―옮긴이)가 되었다. 다음에 보게 되겠지만, 그럼에도 오스만인들은 영국, 프랑스, 러시아, 빈 그리고 이탈리아와 독일 신생국가들의 국제 정책에서 높은 자리를 차지했다. 더욱이 오스만 국가는 인도와 중앙아시아 그리고 북아프리카 국가들의 이해관계에서 매우 중요하게 인식되었다.

일부 역사가들은 냉전의 와중에서 오스만 제국의 국제관계를 '철의 장막'이라는 비유로 묘사하면서 오스만 제국이 이웃 국가들로부터 고립되어 있었음을 증명하려 했다. 그러나 철의 장막이라기보다 오히려 일상적인 외교·사회·문화·경제 교류가 넘나들던 상당히 투과성이 높은 변경 지역이 존재했다. 유럽의 예술가, 건축가, 과학자, 모험적인 군인 등은 술탄의 궁정이나 고위 인사에게 고용의 기회를 찾으려고 오스만 제국의 수도에 자주 드나들었다. 모차르트는 이러한 유동성을 그의 오페라인 「후궁으로부터의 탈출」에서 잘 포착했다. 극중의 주인공 벨몬테는 잃어버린 자기 연인을 찾기 위해 술탄의 궁정에 숨어들어가 에스파냐의 건축가로 위장한다. 빈의 청중에게 이 내용은 아마도 친숙한 이미지였으리라. 이스탄불, 빈, 로마, 파리는 모두 거대한 궁정에서의 일자리와 총애를 바라는 사람들이 가는 기착지였다. 이 변경 지역을 넘나드는 교류의 빈도를 좀 더 잘 묘사하기 위해 1703년에서 1774년 사이의 시기를 예로 들어보자. 이 시기에 오스만인들은 여러 주권 국가들과 68건의 조약이나 협약을 맺었으며, 그럴 때마다 한쪽이나 다른 쪽을 적어도 한 번 외교 사절이 방문할 필요가 있었다. 그리하여 술탄 아흐메드 3세(재위 1703~1730)의 재위 기간에는 노가이 타타르와 3건의 조약, 이란과 1건의 조약을 포함해 29건의 조약이나 협약이 조인되었으며, 술탄 마흐무드 1세(재위 1730~1754)는 이란과 4건, 알제(Algiers)의 데이(dey, 술탄의 명목적인 가신)와의 2건을 포함해 30건의 협약에 서명했다. 이렇듯 18세기에는 의심할 여지 없이 외교 접촉이 잦았으며, 오스만 제국과 주변의 세계 사이에 철의 장막은 없었다.

간헐적 외교 방법에서 상시적 외교 방법으로

르네상스 시기의 이탈리아 반도에서 시작하여 전 세계적으로 외교 관행상에 대단한 변화가 일어났다. 오스만 국가는 일찍부터 여러 측면에서 외교상의 변화에 동참했으나, 결정적인 전환은 더디게 진화한 유형과 경향들이 통합되었던 19세기에 이르기까지 아마 일어나지 않았던 것 같다. 다시 말해, 오스만 외교는 상대적으로 늦은 시기에 상시화되었던 것이다.

좀 먼 과거에는, 외교란 임시적이고 간헐적이며 연속적이지 않은 성격을 띠었다고 할 수 있으며, 신변의 위험이 상당히 높았다. 그때그때 특정 과업을 수행하기 위해 군주(이 경우에는 술탄)는 보통 신뢰하는 정부 관료로 특별 사절단을 구성했다. 군주는 사람들을 모으고, 명령서와 소개장을 발급하고, 전달할 서신도 주었다. 사절들은 여행을 떠나 외국의 궁정에 도착하여 협상을 하고 그 결과를 가지고 돌아왔다. 이 사절단이 외국의 궁정을 떠나면 두 국가 사이의 외교 접촉은 끝난 것이었다. 이처럼 국가 간의 외교에서 이 사절단들은 이따금씩 수주에서 수개월에 걸쳐 그 임무를 다했다. 이러한 유형은 개인의 사례에서 아흐메드 레스미 에펜디(1700~1783)의 경력을 들 수 있다. 그는 서기로 관직에 입문했고, 25년 후 술탄 무스타파 3세의 즉위에 즈음하여 4개월 동안 빈을 방문하기 위해 파견되었다. 그 방문은 1758년에 끝났고 그는 이스탄불로 돌아와 재무관청으로 자리를 옮겼다. 그는 군주를 위해 한 번 이상 사절로 파견되었다는 점에서 약간 흔치 않은 예이다. 1764~1765년에도 그는 베를린을 방문했으며 프리드리히 대왕에게 오스만 국가와의 동맹을 제안했으나 실패했다. 이러한 유형의 외교는 외교관 개인에게 큰 위험 부담이 되었고 투옥되거나 처형될 수도 있었다(아흐메드 레스미가 그랬다는 것은 아니다). 일반적으로 이러한 외교 방식에서 사절들을 보호한다는 원칙이 마련되지 않았지만, 오스만 궁정으로 온 사람들은 쿠란의 선례 덕분에 약간의 대우를 받았다. 예언자 무함마드의 행적이 외교 사절로 파견된 사람의 신변 보호를 위한 선례가 되었다는 것이다. 그래도 이스탄불을 방문한 외교관들은 자기 군주의 행동에 대해 책임을 져야 했고 그 가운데 많은 사람들이 예디쿨레(Yedikule, 일곱 개의 탑이 있는 성채) 감옥에 갇히고 말았다(셀림 3세〔재위 1789~1807〕가 그런 관행을 중지시키기 전까지 말이다).

일반적으로 18세기까지는 그 어떤 국가도 오스만 제국과 동등하게 교섭한다고 생각하지 않았다. 1606년 시트바 토록(Sitva Torok) 조약에서 술탄이 여느 때와는 달리 합스부르크 군주를 동등한 자격으로 대우한 것은 사실이다. 그러나 보다 일반적으로 오스만 국가는 주위에 동등한 국가가 없다고 보았고, 이런 체제는 한 세기가 더 지날 때까지 사실상 바뀌지 않았다.

이처럼 '전근대적' 외교에서 국가들 간의 전쟁이라는 조건은 구체적으로 그렇지 않다고 선언한 경우가 아니면 당연히 존재하는 것으로 생각되었다. 평화라고 인정되는 조건은 존재하지 않았고 오직 전쟁의 중지만이 있었을 뿐이다. 그리하여 술탄은 경고도 하지 않고 마음대로 전쟁을 다시 시작할 수 있다고 생각했다. 오스만 세계에서는 이러한 영구적인 전쟁의 관념은, 전쟁의 영역(Dar al-Harb)과 이슬람의 영역(Dar al-Islam)이라는 이슬람 식의 분할에 따라 이론적으로 정당화되었다. 이와 똑같은 영구적인 전쟁의 개념은 중국이나 유럽에서도 지배적이었고 그곳에서는 법적인 정당화가 다르게 받아들여졌다. 1711년까지 유럽인들과의 싸움을 끝내기 위한 협약에는 1년, 2년, 5년, 7년 또는 20년으로 평화 기간이 제한되어 있었다. 1711년 영구적 평화조약은 프루트에서 처음 나타났고, 1739년 빈 측과의 베오그라드 평화 조약은 이전의 체계로, 평화 기간이 순수 태음력(이슬람력은 순수 태음력으로, 1년이 354일이다―옮긴이)으로 27년에 해당하는 제한된 평화로 돌아갔다.

이른바 카피툴레이션이라는 것도 오스만 국제관계에서 중요한 역할을 했으며, 이는 술탄의 영토에서 얼마 동안을 살든 거류 외국인들의 대우에 관한 규정이었다. 자국에 외부인들이 향유하기에는 너무나 격조 높은 독특한 법이 있다는 생각에 따른 카피툴레이션의 관념은 오스만 측의 개념일 뿐 아니라 세계의 다른 지역, 예를 들어 중국에서도 지배적이었다. 그러므로 오직 오스만 신민들만이 오스만 법의 혜택을 누릴 수 있었다. 〔오스만〕 군주는 카피툴레이션을 외국인에게 일방적이고 비상호적인 방식으로 하사했다. 일반적으로 최초의 카피툴레이션은 쉴레이만 대제가 프랑스의 왕 프랑수아 1세에게 내려주었다고 말한다(사실 카피툴레이션은 1352년 제노바에 내려준 것이 처음이다). 관용과 우애와 호의의 일방적인 행동, 그리고 쉴레이만이 어떤 특별한 상품을 얻고 싶었든지 간에 그는 프랑스의 신민들이 술탄의 법적·재정적 관할에서 벗어나, 프랑스 군주의 법에 따라 오스만 영토를 여행할 수 있도록 허락했다. 이 일방적인 행위는 오스만 국가의 이익을 위한 의도를 지녔으며, 이를 내려준 술탄이 사망하면 무효가 되었다.(카피툴레이션의 한시적인 성격은 1740년 프랑스의 외교적 협조에 대한 감사의 하나로 프랑스에 대한 카피툴레이션이 영구화됨으로써 사라졌다.) 카피툴레이션은 일단 그 혜택을 누리는 외국 군주의 모든 신민(그리고 베네치아 같은 공화국의 모든 시민들)이 여전히 그들의 왕이나 공화국의 법 치하에 있다는 의미였다. 그렇지 않으면 제국 내의 외국인들은 전혀 법적 보호를 받지 못했다. 카피툴레이션의 신분을 가진 사람들은 또한 모든 오스만 제국의 세금과 관세에서 완전히 면제를 받았다. 당연히 카피툴레이션은 인기가 높아, 프랑수아 1세 이후 다른 군주들이 요청해올 정도였다. 카피툴레이션은 16세기 오스만 제국의 힘이 강했을 때는 전혀 해가 되지 않았으나 그 후에는 오스만 주권을 위험할 정도로 침해하기에 이르렀다.

오스만 제국이 약화되면서 유럽의 국가들은 카피툴레이션을 원래의 의도와는 전혀 다른 것으로 왜곡시켰다. 16세기에는 아주 소수의 상인들이 이러한 법률적·조세 면제를 받았다. 그러나 18세기에 이르면, 제국 내에 있는 수많은 외국인들이 이 같은 면세 혜택으로 유리한 사업을 했다. 더욱 큰 문제는 수많은 오스만 비무슬림 신민들이, 오스만 법정의 사법권 면제와 면세 특권 등의 혜택을 누릴 수 있도록 카피툴레이션 신분인 유럽인들에게 발급하는 증서(베라트[berat])를 손에 넣었다는 점이다. 거듭거듭 오스만 정책 입안자들은 카피툴레이션 체제와 그 악용을 뿌리 뽑으려고 노력했지만 유럽의 반대로 실패했다. 마침내 제1차 세계대전 동안, 청년 튀르크 지도자들은 동맹국인 독일 측의 이의 제기에도 불구하고 일방적으로 카피툴레이션을 중지시켰다. 이 조약은 마침내 1923년 터키 공화국에서 폐지되었으나 이집트에서는 1930년대 말까지 지속되었다.

국제관계와 외교 수행을 규정하는 또 다른 형태가 르네상스 시대 말, 이탈리아 반도의 수많은 국가들이 끊임없는 전쟁에 대응하기 위한 방법으로 등장했다. 그로부터 1648년 베스트팔렌 조약 당시까지 서유럽과 중유럽으로 퍼졌고, 그 후 전 세계로 퍼졌다. '근대적'이라고 불린 이 양식은 국제관계와 외교 방식이 지속적이고 상호적이며, 호혜·치외법권·주권 평등 등의 개념에 입각한 것이었다. 약하든 강하든 각각의 국가는 국제관계에서 만날 때는 서로가 서로에게 동등했다. 오스만 군사력이 약화되면서 이러한 개념들의 채택이 점차 늘어났고, 외교는 오스만 제국의 생존을 위한 무기들 가운데서 중요한 도구가 되었다.

1699년 카를로비츠 조약을 위한 협상 기간 중에, 그리고 1730년 또다시 오스만들은 프랑스인들이 대신 중재에 나서는 것을 받아들였다. 18세기 말 오스만 정책 입안자들은 그 중재를 받아들였을 뿐만 아니라 적극적으로 중재를 요청했고 방위 동맹조약도 추진했다. 그러한 예로는 1798년 보나파르트에 대항하는 러시아·영국·오스만 동맹이 있었고, 1799년 영국과 프랑스와 함께 삼자 방위 동맹이 있었다. 그러나 19세기에 들어서도 항구적인 외교는 일방적이었으며, 서유럽·중유럽·동유럽 국가들은 상주하는 공사들을 보냈지만 오스만 측은 보내지 않았다. 이스탄불의 오스만 제국 정부는 유럽에서 상주 외교관들이 처음으로 등장했을 때부터 유럽 외교관들을 맞아들였다(이들이 본국 정부에 보낸 보고서들은 오스만 역사에 대한 더할 나위 없는 자료이다). 이처럼 오스만 제국에서 상주 외교관을 보내지 않은 것은 상주 외교관이 등장하기 전 시기의 태도, 즉 약한 군주만이 상주 대표단을 보내고 강한 군주는 그렇게 하지 않는다는 식의 태도를 반영했을지도 모른다. 어찌되었든, 오스만인들은 오래도록 외국에 상주 대표단을 보낼 필요를 느끼지 않았다. 물론 호혜성은 당장의 현안들에 존재했다. 예를 들어, 오스만 신민이 카피툴레이션의 혜택을 받고 있는 국가에 가서 푸대접을 받으면 그에 상응하는 결과가 뒤따랐다. 보다 구체적으로는, 19세기 이전에도 호혜적 외교의 사례들이 있었다. 1774년의 퀴췩 카이나르자 조약의 조인 이후 양측의 외교 사절들은 상대국의 수도로 여행하여 조약을 비준하는 서신들을 전달하기도 했다.

18세기 동안 오스만 정부는 외국의 대사들을 손님으로 대접하여 그들의 경비를 지불했고 그들을 호위하는 장교들을 붙여주었다. 이러한 행동은 새로운 국가 간 체제의 한 측면을 인정하기를 거부하는 것, 즉 이 손님들은 자기들의 권리로 온 것이 아니라 초대를 받아서, 그리고 인내심으로 이들을 받아들였기 때문에 여기에 있는 것이라는 주장으로 해석될 수도 있다. 만약 그렇다면, 18세기 초 프랑스 정부도 오스만 정부와 마찬가지로 내켜하지 않았다고 할 수 있다. 프랑스 왕실 역시 1720년 파리에 온 오스만 제국의 사절 이르미세키즈 첼레비의 6개월 동안의 체류 경비 모두를 대주었기 때문이다.

술탄 셀림 3세는 상호적이고 지속적인 관계를 시작한 것으로 칭송받는다. 그는 1793년부터 시작하여 몇 년 만에 런던과 파리, 빈, 베를린에 상주 대사관을 세웠다. 그는 또한 무역상의 이익을 감독할 영사들을 임명했다(그러한 영사관들은 이미 1725년 이후 여러 곳에 존재했다). 그러나 여러 가지 이유로 술탄 셀림의 노력은 실패했고, 대사급 외교 업무는 1820년대까지 중단되었다(아마도 영사급 외교관계는 지속되었을 것이다).

오스만 제국의 '근대적' 외교 업무는 1821년에 보다 더 명확하게 나타났다. 외국인들과의 교섭에서 오스만 군주들은 이른바 드라고만(*dragoman*)이라는 통역관들에게 의존했다. 이러한 드라고만은 주로 오스만 제국의 그리스인 집단에서 충원되었고, 이들은 다국어를 구사하는 상당한 능력을 갖고 있었다. 이는 수많은 그리스인 무역 집단들이 지중해·흑해·대서양·인도양 세계에서 사업을 벌였기 때문이다. 그보다는 덜하지만, 국제적 무역 조직망을 가진 디아스포라 집단에서, 특히 아르메니아인들 역시 비슷한 언어 능력을 가지고 있어 드라고만을 배출했다. 그리스 독립전쟁 이후 오스만 제국에 대한 그리스인들의 충성은 대체로 의심을 받게 되었다. 콘스탄티노플의 그리스인 대주교는 교수형을 당했으며, 권세는 있되 상황에 민감한 지위를 누리던 그리스인 드라고만은 모반할 가능성이 있는 부류로 인식되었다. 그리하여 1821년 번역실을 설치했는데, 이는 통역자들을 충원할 수 있는 새로운 원천을 얻기 위해, 그리고 오스만 정부의 드라고만에 대한 의존을 끝내기 위해서였다. 이 번역실은 1833년까지는 매우 협소했으며, 유럽 언어의 번역 업무를 맡았다. 겉보기에는 별로 중요하지 않은 부서였으나, 빠르게 오스만 관료계에서 정치적 권위와 출세의 중심지가 되어갔다. 번역실이 지속적인 외교라는 국가 간 체제에 점점 더 통합되어가면서, 번역실의 성원들은 19세기 오스만 제국의 가장 중요한 관료들 가운데 자리를 잡았다. 유럽 언어, 특히 프랑스어 지식은 오스만 관료계의 출세에 중요한 자격이 되었고, 이를 배울 수 있는 제일 좋은 곳이 번역실이었다. 비록 그들 모두가 엘리트는 아니었지만, 많은 사람들에게 유창한 프랑스어는 단지 문화적 근대성의 상징일 뿐 아니라 실제로 그 내용이 되고 말았다. 그러한 사람들에게 근대성은 유럽 언어의 지식을 의미했고, 그들 눈에는 그러한 지식의 도구를 갖지 못하면 (물론 틀린 말이지만) 후진성과 반동을 의미하는 것으로 보였다.

술탄 마흐무드 2세(재위 1808~1839)는 외무부를 공식적으로 설치했고, 1834년 외국으로 영구적인 사절단을 보내기 위한 외교 기구를 승인했다. 이 시기는 아주 절묘했으니, 이스탄불이 1829년 러시아인들의 점령과 1833년 무함마드 알리 파샤 군대의 점령을 겨우 피했던 것이다. 이러한 위기에서 군대는 국가를 구하는 데 실패했고, 이제 국가를 구할 수 있는 것은 오로지 외교뿐이었다. 따라서 오스만 국가를 대표하여 외국에서 외교 수행에 완전히 헌신하고 정규 봉급을 받는 사람들의 집단이, 장기간 진화한 양식과 함께 1830년대 초 위기 상황에 힘입어 등장했다.

1870년대 초에 이르러 오스만 대사관이 파리·런던·빈·상트페테르

부르크에 설치되었고, 공사관은 베를린·워싱턴·피렌체와 로마에 있었으며, 북아메리카와 남아메리카·아프리카·아시아 여러 나라에 영사관을 두었다. 1914년 이스탄불의 외무부 중앙 부서에는 약 150명의 관료들이 근무했다. 그때는 베를린·파리·로마·상트페테르부르크·테헤란·런던·워싱턴·빈에 8개의 대사관들이 있었다. 또한 상대적으로 등급이 낮은 외교관들은 아테네·스톡홀름·브뤼셀·부쿠레슈티·베오그라드·소피아·마드리드·헤이그의 공사관에서 근무했다. 한편, 오스만 영사 업무는 100명 이상의 요원들이 맡고 있었는데, 이는 통상(通商) 업무를 맡은 요원들이 포함되지 않은 숫자이다.

대부분의 오스만 외교관들은 엘리트 출신이었다. 1868년에 설립된 갈라타사라이 리세(Galatasaray Lycée, 멕텝 이 술타니[Mekteb-i Sultani])라는 학교는 외무부 관료의 가장 중요한 원천이었다. 교사들은 프랑스의 리세 교과 과정에 의거해 주로 프랑스어로 수업을 했다. 학생들은 부유한 집안 출신으로 무슬림과 비무슬림이 섞여 있었으며, 그 학교를 다녔다는 것은 오스만 엘리트 사회에 진입하는 핵심적인 수단이 되었다.

이렇게 혜택받은 배경과 훈련에 힘입어 외무부 관료의 3분의 2 이상이 두 가지 또는 그 이상의 외국어를 구사했다. 19세기가 지나감에 따라 그들의 프랑스어 지식은 더욱더 중요해진 반면, 페르시아어는 덜 중요해졌고, 아랍어 능력은 안정적으로 유지되었다. 그에 따라 엘리트 교육 내용 역시 상당히 크게 변화했고, 서유럽 문화에 대한 노출은 이슬람적인 아랍-페르시아 문화의 지배력을 꾸준히 대체해갔다.

외무부에서의 근무는 권위 있고 아주 인기 있는 직업이었으며, 이는 제국의 생존에서 외교의 중요성을 반영하는 것이었다. 관료로 국가에 복무하려는 사람들 가운데 가장 뛰어나고 명석한 사람들이 외무부를 선택했다. 탄지마트 시대를 주름잡았던 3인의 주요 대재상들——무스타파 레시드 파샤, 푸아드 파샤, 알리 파샤——이 모두 외무부 장관을 지냈다는 것은 결코 우연이 아니다. 그리고 외교 업무 가운데 서유럽——특히 파리와 런던의——부서는 이란·흑해 연안·발칸 반도·중앙아시아 부서보다 훨씬 권위 있고 서열이 높았다. 이러한 서열은 당시 가치의 서열을 여실히 보여주며, 정치적 권력만이 아닌 문화적 권력이 어디에 있었는가를 보여준다.

그리스 혁명 시기를 전후한 드라고만의 위기가 있었지만 오스만 제국의 그리스인들과 아르메니아인들은 외무부에서 여전히 중요한 역할을 차지했다. 그들을 드라고만 집단으로 끌어올렸던 똑같은 요인들——국외에 산재(散在)하는 아르메니아인과 그리스인 집단이 이란, 지중해, 흑해 세계, 유럽, 남아메리카와 북아메리카에서의 비중 있는 무역에 종사하고 있었다는 것——이 계속 효력을 발휘했다. 그런 까닭에 이들은 외무부 관료 전체의 29퍼센트(당시 오스만 인구 전체에서 비무슬림이 차지한 것보다 조금 높은 비율)에 이르는 소수였지만 중요한 집단을 이루었다. 외무부 전체에서 비록 전 인구 비율보다 약간 높다 해도, 이 오스만 기독교인들은 그 수에 비해 좋은 자리를 차지하지는 못했다. 그들은 교육을 가장 잘 받은 집단이었으나, 실제로 그들 가운데 일부가 주요 대사관의 장을 지내긴 했어도 대부분은 높지 않은 영사직에 그쳤다. 말하자면, 그들은 외무부에 쉽게 들어갔지만 승진 기회를 동등하게 가질 수 없었던 것이다.

오스만 외교의 특수 무기였던 칼리프 위(位)

오스만인들은 외교를 수행할 때 칼리프 위(位)라는 독특한 도구를 갖고 있었다. 칼리프 위는 예언자 무함마드 사후 7세기에 새로운 이슬람 국가에서 정치 지도자들——처음에는 선출되었지만 나중에는 세습되었던——에게 이 칭호가 주어지는 것으로 시작되었다. 1000년경에 이르자 칼리프들은 정치적 실권을 잃었지만 그 지위는 계속되었다. 1000년에서 1258년 사이, 누가 정치적 실권을 가졌는지에 상관없이 칼리프는 매우 권위 있지만 주로 상징적인 인물로서 무슬림 공동체를 통합하는 역할을 했다. 대부분의 무슬림 법률가들은, 칼리프 제도가 1258년 몽골인들이 바그다드를 약탈하고 마지막 칼리프를 살해했을 때 끝난 것으로 생각했다. 오스만 시대에 술탄들이 칼리프 칭호를 간혹 사용했지만, 이 칭호는 실제로 그 어떤 중요성도 띠지 않았다.

그러나 18세기에는 성격이 다른 칼리프 위가 오스만 외교의 무기창고에서 보조적인 지위를 차지하게 되었다. 이러한 칼리프 위는 1774년 퀴췩 카이나르자 조약을 둘러싼 협상 과정에서 등장했다. 당시 러시아는 오스만 술탄을 크림 타타르의 칼리프로 인정했다. 오스만 제국의 종교적 종주권을 어렴풋이 암시하는 이러한 상징적인 움직임은, 술탄들과 크림 칸들 사이에 수세기 동안 맺어온 유대관계를 실제로 끊어버리는 것을 은폐하려는 의도에서 나온 것이었다. 다시 말해, 오스만-크림 관계는 끊어졌으나 칼리프 칭호가 남아 있었으므로, 그 지위가 얼마나 애매하든 간에 완전히 끊어진 것은 아니었다. 러시아인들은 그 대가로 자신들의 종교적 주장을 관철시켰다. 즉, 이스탄불에 교회를 하나 짓고 보호할 권리였는데, 이는 그들이 나중에 오스만 국내 문제에 대대적으로 간섭하기 위한 교두보로 이용했다(3장 참조). 오스만인들이 칼리프적 지위를 새로운 도구로 사용하게 된 데에는 다른 요인들도 작용했다. 일반적인 수준에서, 오스만인들의 군사적·정치적 힘은 갑작스럽고도 확실하게 1768~1774년 전쟁에서 무너졌는데, 이때의 패배는 그들의 역사에서 대단히 비참한 패배 가운데 하나였다. 더욱 구체적으로, 성장 중에 있던 아라비아의 와하비 국가는 수도에서 멀리 떨어진 지역이지만 오스만 통치를 군사적으로만이 아니라 영적으로도 위협했다. 와하비 개혁가들이 진정한 이슬람의 상속자라는 영적인 주장과, 19세기 초 그들의 메카와 메디나 함락은 모두 오스만의 정통성을 훼손하는 것으로 보였다. 이렇게 하여 1774년의 조약, 오스만 군사력의 계속적인 쇠퇴, 그리고 와하비의 위협 모두 칼리프의 지위를 협상 도구이자 술탄의 권위를 지탱해주는 수단으로 형성하는 데 작용했다. 근본적으로 오스만인들은 지난 수백 년 동안의 군사적 위용, 왕조로서의 긴 수명, 메카와 메디나라는 무슬림 성지의 보유, 그리고 그들이 유럽 제국주의 시대에 살아남은 가장 강력한 이슬람 국가였다는 사실 때문에 칼리프 위에 대해 이러한 주장을 할 수 있었다. 19세기에 이르러 인도, 중앙아시아, 북아프리카의 수많은 무슬림들이 영국, 러시아, 프랑스의 지배 아래로 들어갔다. 술탄은 그들에게, 그리고 그 자신의 신민들에게 칼리프로서 호소했으며 저항과 충성을 위한 구심점이 되었다. 칼리프라는 개념은——그 역사적 권위, 명예, 그리고 더 좋았던 과거의 이슬람 시대에 대한 향수를 담았으므로——영국과 러시아에 공격받고 있던 중앙아시아와 인도의 무슬림들 사이에서 가장 인기가 높았다. 술탄 압뒬아지즈(재위 1861~1876)는 이미 다른 무슬림 국가들과의 관계에서 범이슬람적인 접근법을 채택했고, 자신의 칼리프적 지도력 아래 공동 행동을 하기 위한 기반으로서의 공통된 이슬람에 호소했다. 그러나 칼리프 제도를 가장 강조했던 인물은 1878년 이후 전체 인구 가운데 기독교인 비중이 줄어들고, 더욱 무슬림화된 제국을 다스리게 된 압뒬하미드 2세였다.

압뒬하미드 2세는 칼리프 위라는 도구를 오스만-러시아 전쟁 (1877~1878)에서 맨 처음 사용했다. 러시아인들은 일찍이 중앙아시아의 무슬림 국가들인 부하라, 히바, 코칸드를 무너뜨렸고 아프간인들을 그들과 영국인들 사이의 완충물로 남겨두었다. 오스만-러시아 전쟁이 시작된 후, 술탄은 아프가니스탄에 고위급 사절단을 보내 그들 공동의 적인 러시아에 대항하는 데 협력을 얻고자 했다. 그리고 이 사절단이 영국령 인도를 방문하자 봄베이의 무슬림들은 열광적으로 환영했다. 남은 치세 기간 동안 술탄 압뒬하미드 2세는 이러한 공동체에서 복무하도록, 그리고 그의 지위를 열강 정치의 장에서 강화하도록 사신들을 파견했다.

우즈벡 칸들, 크림 칸들 그리고 동인도의 수마트라의 술탄을 포함한 수많은 무슬림 국가 원수들은 오스만 군주를 칼리프로 인정했다. 또한 그들은 이따금씩 오스만인들을 현세에서의 지도자로 인정했다. 예를 들어, 중앙아시아의 카슈가르 군주는 19세기에 오스만 술탄의 이름으로 동전을 발행했다고 하며, 아프간 에미르들은 오스만 술탄을 진정한 칼리프의 후계자로 인정하여 그의 이름을 금요 예배에서 낭송하기로 동의했다.

술탄이 칼리프로서의 지위로 얼마나 효과적으로 자신의 신민들을 장악했는지 알 수 없지만, 칼리프의 호소력은 궁극적으로 영국·프랑스·러시아의 지배 아래에 있는 무슬림들의 충성에 큰 영향을 미치지는 못했다. 1914년 오스만 칼리프 겸 술탄은 그의 프랑스·영국·러시아인 적들에 대항해 성전(지하드[jihad])을 선포했고, 모든 무슬림 신민들에게 반란을 일으킬 것을 호소했다. 30년에 걸쳐 선전 활동을 벌였지만 끝내 그들은 반란을 일으키지 않았다. 게다가 많은 무슬림들이 어떤 경우엔 내켜하지 않으면서도 칼리프의 적군에 복무했다.

유럽과 오스만 제국의 관계

오스만 제국과 유럽의 관계는 시간의 흐름에 따라 크게 바뀌었다. 특히 전쟁의 변화라는 특징이 눈에 띈다. 1463년경에서 1918년까지 오스만 제국은 적어도 43차례의 전쟁을 치렀는데 그 가운데 31차례가 유럽의 여러 국가들과의 전쟁이었다. 그러나 이러한 전쟁의 시대에도 협조적인 관계들이 있었으며, 그 협조관계는 가끔 당시의 이념적 분열에 가려지기도 했다. 16세기 교황과 여러 기독교 신학자들은 여전히 광역 유럽 세계가 오스만 치하의 이슬람 영토와 기독교권, 즉 기독교적 통일세계(respublica Christiana)로 나누어져 있다고 생각했다. 후자의 용어는 동방 정교회를 제외한 모든 라틴 기독교 국가들이 비록 서로 언어가 다르고 서로 다른 군주들의 치하에 있지만, 이론적으로는 하나의 통일된 공동체를 이루었다는 것을 의미한다. 이 기독교적 통일세계라는 개념은 16세기에 이미 생명력을 잃어 신학자들과 몇몇 사람들의 생각 속에서만 존재했을 뿐 점점 국가의 개념으로 대체되고 있었고, 국가에 대한 충성은 기독교적 통일성에 대한 막연한 느낌보다 훨씬 중요해졌다. 예를 들어, 16세기에 프랑스 왕은 기독교 세계 국가들의 이익에 반하여 프랑스의 국력을 키우는 정책을 추구했다. 그리하여 프랑수아 1세는 외교 정책을 오스만 외교 정책과 발맞춰 나갔지만, 공식적인 동맹관계로 진입하는 것은 매우 조심스럽게 피했다. 공동의 적 합스부르크 왕조에 대항해 오스만 제국이 전투를 벌였던 시기에 프랑수아 1세는 오스만 선단이 프랑스의 남해안, 현재의 리비에라에서 겨울을 날 수 있도록 도와주었다. 이 때문에 그는 노골적으로 비난받았으나 별로 효과가 없었다.(쉴레이만 대제가 프랑수아 1세에게 맨 처음 카피툴레이션을 수여한 일을 상기하라.) 이러한 일련의 사건을 1세기 반이 지난 뒤의 사건들과 비교해보자. 1688년 당시 프랑스 왕 루이 14세 역시 유럽 국가인 합스부르크 왕조가 오스만 제국과 싸우고 있는 와중에 합스부르크를 공격할 수 있다고 생각했다. 루이 14세는 가벼운 질책을 좀 받았으나 그의 행동은 일반적으로 정상적인 국가 운영의 하나로 인식되었다. 그의 결정은 국가 체제의 진화에서, 오스만-서유럽 관계에서, 그리고 기독교적 통일세계라는 이상의 최종적 붕괴에서 모두 전환점이 되었다. 그런 루이 14세가 정책을 갑자기 바꾼 것이다. 바로 몇 년 전 그는 오스만 세력에 대항하는 합스부르크를 돕기 위해 생 고타르의 전투(1664)에 병력을 보냈고, 크레타에서 오스만인들과 싸우던 베네치아를 돕기도 했다. 그리하여 1688년은 국가를 보호하기 위해서라면 어떤 행동도 정당화된다는 원칙, 즉 '국가 이성'(raison d' tat)의 원칙이 존재했음을, 또한 오스만인들이 유럽의 세력 균형에서 보다 두드러진 역할을 갖게 되었음을, 그리고 '기독교적 통일세계'가 사라졌음을 명확하게 보여준다.

이렇게 1699년 카를로비츠 조약과 1730년 베오그라드 평화조약에서 프랑스는 합스부르크가 너무 크게 성공하여 유럽의 세력 균형을 깨는 것을 방지하려고 오스만인들을 대표해 적극적인 중재에 나섰다. 18세기가 진행됨에 따라 서유럽-오스만 관계는 더욱더 진화했다. 오스만인들은 하나의 유럽 국가, 즉 영국과 공식적인 동맹에 조인하고 또 하나의 유럽 국가인 프랑스에 대항하여 이집트에서 적극적으로 싸웠다. 19세기 중엽에 이르러, 활발한 군사적 협조는 더 이상 낯선 장면이 아니었으며, 크림 전쟁 기간인 1853년에서 1856년 동안 오스만, 영국 그리고 프랑스가 모두 러시아에 대항하여 함께 싸웠다. 1856년 오스만 제국은 '유럽 협조 체제'에 돌입했으며, 이는 유럽 국가 체제의 적에서부터 참여자로의 변화를 공식적으로 승인하는 것이었다.

끝으로 한마디 해두자. 오스만 국가는 유럽 정치의 장에서 외교와 전쟁을 통해 여러 국가 가운데 하나로 작용했지만 그럼에도 이 국가는 독특했다. 유럽 대륙의 여러 국가들이 스스로 정의 내릴 때 그들은 차츰 오스만 제국을 일종의 이물질로, 유럽 땅에 있는 적의 진영으로 보았다. 그와 동시에 그 가운데 일부는 오스만인들과 군사상의 동맹을 맺고 있었다. 이러한 유산은 지금까지 남아 있다. 부분적으로는 이러한 이유 때문에, 유럽 연합은 오스만 제국의 튀르크적인 계승국가(터키)가 정회원이 되려고 신청한 것을 놓고 그렇게 야단법석이었던 것이리라(10장 참조).

이란과 중앙아시아와의 관계

서유럽, 중유럽, 동유럽은 비록 오스만 외교에서 중요하고도 격렬한 지역이지만, 그곳에서만 오스만 외교관들이 업무를 수행한 것은 아니었다. 적극적인 외교는 중앙아시아, 이란, 인도 그리고 서쪽으로 북아프리카 국가들 사이에서도 존재했다. 예를 들어 1700년에서 1774년 사이, 이란의 군주들은 오스만 국가에 18차례 외교 사절을 보냈다. 잦은 외교 사절을 파견하고 그 사안이 중요했음에도 이러한 관계는 오스만 역사를 다룬 학술 저서들에서 대체로 소홀히 다루어져왔다.

그 이전 시기와 마찬가지로, 오스만 술탄들은 18세기에 간헐적으로 이란과 중앙아시아의 변경에 있는 사마르칸드·부하라·발흐·히바의 군주들과 외교적 유대관계를 형성했다. 그 가운데 하나로, 즉위를 축하하기 위해서나 공동의 적——처음에는 이란이었다가 나중에는 러시아인들——에 대한 공격을 논의하기 위해서 사절단을 보냈다. 무슬림 국가들에서 오스만 조정에 보내는 사절단들의 여정에는 성지 순례가 포함되어 있기도 했다. 예를 들어, 어느 우즈벡 칸이 술탄 무스타파에게 사절단을 보냈는데, 도착해보니 그가 이미 폐위되어 칸의 신임장과 선물을 1703년 새 술탄 아흐메드 3세에게 주었다. 사절단은 순례를 떠나 1706년 고향으로 돌아갔다. 그 다음 대의 (우즈벡) 칸이 보낸 또 다른 사절이 다시 와서 칸의 즉위를 보고하고 아흐메드 3세에게 축하를 전했다. 이 사절 역시 돌아가기 전에 순례를 떠났다. 1720년대 초 우즈벡 사절단이 두 번 더 있었으나 이후 1777년까지 한 번도 없었다. 아랄 해 지역의 히바 우즈벡 칸들과의 외교 접촉은 16세기 후반부터 시작되었다. 1683년 빈에서의 대패로 원조의 가능성을 논의하기 위한 사절단이 꾸려졌으며, 1732년, 1736년, 1738년에는 다른 사절단들이 있었다. 1774년 퀴췩 카이나르자의 대이변 역시 러시아의 지속적인 확장을 두려워하고 있던 오스만과 중앙아시아 군주들 사이에 외교 돌풍을 일으켰다. 부하라의 우즈벡 칸은 1780년 두 사신을 보냈으며, 한 사람은 순례를 한 뒤에 코냐에서 죽었으나 또 한 사람은 안전하게 돌아왔다. 술탄 압뒬하미드 1세는 (페르시아어로 쓴) 신임장과 함께 귀한 선물들을 부하라의 군주에게 보냈다. 이 외교 사절단과, 여러 차례 기타 카자흐 칸들과 키르기즈인들에게 보낸 사절단은 크림 반도를 되찾는 데 지지를 얻기 위한 그의 외교 대공세의 일환이었다. 1787년 부하라의 술탄 사절단은 아프가니스탄으로 가서 1790년 오스만-아프간 군주의 관계를 재정립하기도 했다.

인도 군주들과의 관계

15세기에서 17세기 사이 인도아대륙의 여러 군주들은 그들의 즉위에 즈음하여 정기적으로 이스탄불에 사절을 보내기도 했다. 어쩌면 위작일 가능성이 높지만, 무굴 제국의 위대한 황제 휘마윤이 1548년 쉴레이만 대제에게 편지를 보냈다는 유명한 일화가 있다. 무굴을 포함한 인도의 많은 국가들은 18세기 동안 이란과의 전쟁에서 오스만 측의 협조를 얻기 위해 1716년, 1722년, 1747년에 사신을 보냈다. 말라바르 해안의 한 군주는 1777년 그의 지역에 있는 조로아스터 교도인 적들에 대항하기 위해 이스탄불에 도움을 요청했다. 그는 수에즈를 경유해 두 마리의 코끼리를 보냈으며, 한 마리는 도중에 죽고 다른 하나는 술탄에 진상되어 오스만의 수도에서 수명을 다했다. 1780년 어느 남인도 군주의 자매는 포르투갈과 영국에 맞서기 위해 오스만 측의 도움을 요청하러 왔다. 압뒬하미드 1세와 셀림 3세는 모두 남인도의 마이소르 술탄국과 여러 차례 정치적·통상적(通商的) 협약을 맺었고, 그 후 인도아대륙을 놓고 다투었던 프랑스와 영국의 싸움 한가운데로 휘말렸다. 또한 마이소르의 군주 티푸 술탄이 오스만 측의 중재를 요청하기도 했는데, 이는 오스만 제국이 당시 이집트에서 보나파르트에 대항하여 영국과 동맹을 맺고 있었기 때문이다. 이렇게 18세기 말의 한때는 오스만-영국 사이의 외교가 동지중해와 인도아대륙에서 동시에 작용하고 있었다.

북아프리카 국가들과의 관계

이스탄불과 북아프리카 서부의 국가들과의 관계는 시대의 변화에 따라 크게 바뀌었다. 16세기에 모로코의 바로 동쪽에 있었던 지역들은 곧바로 장악되었으나, 17세기에는 지역 내의 군사령관들이 권력을 잡으면서 다양한 가신국들이 되었다. 전반적으로 이 지역의 오스만 외교는 명목적인 가신들의 행동을 규제하거나 가신들 사이의 쟁패 또는 한 가신과 이웃에 있었던, 즉 현재의 모로코 지역에 있던 페즈(Fez 또는 Fas) 술탄국 사이의 분쟁을 조정하려는 것이었다. 북아프리카 국가들은 해적 활동이 중요한 수입원이었으며, 선박을 포획하여 생계를 꾸렸다. 그러나 1699년 카를로비츠 조약으로, 이스탄불 정부는 보다 적극적으로 조약 당사국들의 선박을 북아프리카 해적들의 공격으로부터 보호해야 했다. 조약 당사국들이 술탄에게 그 가신들의 이익에 위배되는 행동을 하라고 몰아붙이자, 술탄 아흐메드 3세는 1718년 알제의 데이에게 오스트리아 선박들에 대한 공격을 중지하라고 명령했다. 오스만인들은 종종 중재자로서 페즈와 알제리인들 사이의 분쟁에 개입했고, 1699년에도 그런 일이 있었다. 군수 물자와 정치적 협력을 얻기 위해 모로코의 술탄은 1761년, 1766년, 1786년 이스탄불에 선물을 보냈다. 1766년 모로코 술탄은 프랑스의 공격에 대항해 지원을 받으려고 했으면서도 1783년에는 러시아에 대항하는 오스만 측의 싸움에서 어떤 도움을 주면 좋을지 묻기도 했다. 동시에 그의 알제리인 경쟁자들도 술탄 압뒬하미드 1세에게 선물을 보냈다.

18세기 말에 서지중해에서의 오스만 외교에 아주 재미있는 상황이 벌어졌다. 1768년에서 1774년에 걸친 전쟁에서 러시아인들이 발트 해에서 출항하여 지중해와 에게 해를 거쳐 오스만 선단을 체슈메

(Çeşme, 터키 서해안의 도시로 이즈미르에 가깝다—옮긴이)에서 격파한 사건을 떠올려보라.(그들은 또한 베이루트를 불태웠다.) 예카테리나 2세와 두 번째 전쟁이 벌어졌을 때 술탄은 모로코의 군주에게 지브롤터 해협을 봉쇄하여 러시아인들이 들어오지 못하도록 부탁했고, 1787년에서 1788년에는 같은 목표를 달성하기 위해 오스만 공사가 에스파냐와 교섭을 벌이기도 했다.

6

오스만 제국의
통치 방법

세계 여러 지역의 정치 조직들과 마찬가지로, 오스만 국가는 중앙에 자리잡은 왕조로서 자체의 영속을 위해 여러 가지 전략을 사용했다. 그것은 가차 없는 강압, 정의의 보장, 잠재적인 반란 세력의 포섭, 그리고 (국가 이외에) 권력의 다른 원천들과의 끊임없는 교섭으로 이루어졌다. 이 장에서는 오스만 제국이 수세기에 걸쳐 국내에서 권력을 행사하기 위해 사용했던 확실한 기술들뿐 아니라, 미묘해서 눈에 잘 띄지 않은 기술들을 검토해보기로 한다. 이 장에서 중요한 것은 중앙 권력의 힘이 지방에서 실제로 얼마나 작용하고 있었는지를 살펴보고, 행정적 중앙집권을 강조하는 종래의 저서들이 과장되었음을 시사하고 있다는 점이다.

오스만 왕조의 계승 원칙

물론 오스만 왕조의 성공 열쇠는, 국가 구조가 수많은 변화와 근본적인 전환을 겪는 가운데도 왕실이 6세기가 넘도록 권력의 정상을 끝까지 장악해왔던 능력에 있다. 따라서 우리는 먼저 왕조 계승의 방법을, 그리고 오스만 왕조가 그 정통성을 어떻게 창조했고, 유지했으며, 고양시켰는지 살펴보아야 할 것이다.

　세계적으로 볼 때, 왕실들은 여계와 남계 상속 모두를 적용하거나 남계 상속만을 적용한다. (살리카 법〔원래는 중세 초기 프랑크 부족의 옛법으로, 이것을 재해석하여 왕위 계승에서 여성과 여계 남성 후손을 배제하는 원칙이 14세기 프랑스에서 확립되었다—옮긴이〕이 지배한) 근세와 근대 프랑스 왕정과 유사하게, 그러나 러시아나 영국과는 다르게 오스만 왕실은 남성들만이 왕위 계승권자로 인정하는 남계 상속의 원칙을 적용했다. 많은 왕조들이 이에 덧붙여 장자 상속제, 즉 통치자의 맏아들이 계승한다는 원칙을 적용했다. 그러나 오스만 왕조는 역사를 통틀어 이러한 일반적인 계승 관행들과는 큰 차이를 보인다. 14세기부터 16세기 말까지 오스만 왕조는 잔인하지만 효율적인 계승 방법, 즉 장자(長子)가 아니라 가장 유능한 왕자가 살아남는 적자 생존의 원칙을 적용했다. 일찍부터 중앙아시아적인 전통에 따라 현임 술탄은 자신의 아들들에게 행정적 경험을 쌓도록 지방으로 보냈다. 그곳에서 그들은 지방장관으로서 수행원들, 스승들과 함께 지냈다.(1537년까지 오스만 제국의 왕자들은 군 지휘관으로 복무하기도 했다.) 이 체제에서 모든 아들은 왕권 계승에서 이론적으로는 동일한 자격을 누렸다. 술탄이 사망할 때, 대개는 그의 사망에서 다음 군주가 등극할 때까지의 공위 기간에 왕자들이 서로 경쟁하고 싸우는 경향이 있었다. 권력을 잡으려고 엎치락뒤치락 싸우다가 맨 처음 수도에 도착하여 조정과 중앙군의 승인을 받은 왕자가 새 군주가 되었다. 이는 그다지 보기 좋은 방법이 아니었지만, 어쨌든 이 방법으로 경험이 많고 정보망이 뛰어나며 유능한 인물, 즉 체제의 권력 중개인들의 지지를 얻을 수 있었던 인물이 왕위에 올라섰다.

이러한 계승 방법은 술탄 셀림 2세(재위 1566~1574)가 그의 맏아들(후의 무라드 3세, 재위 1574~1595)만 서아나톨리아의 지방 행정직으로 보내자 급작스럽게 뒤바뀌고 말았다. 무라드 3세 또한 맏아들(후의 메흐메드 3세, 재위 1595~1603)만을 마니사의 지방장관으로 보냈다. 메흐메드 3세는 지방장관으로서 실제로 근무한 경험이 있는 마지막 술탄이었다.(그 후 50년 동안 가장 나이 많은 왕자가 마니사의 지방장관으로 명목상 임명되었으나 실제로 그곳에서 근무하지 않았다.) 이렇게 이들의 치세 과정에서 오스만 왕조는 사실상 장자 상속제를 따르게 되었다.

왕위 계승의 원칙으로 '적자 생존'이 적용될 동안, 형제 살해의 끔찍한 관행도 벌어졌다. 정복자 메흐메드(재위 1451~1481)는 자신의 모든 형제를 처형하도록 명했으며, 그는 형제 살해 조치를 처음으로 시행한 술탄이었다(그 이전에도 형제 살해 관행이 있었으나 메흐메드 2세가 법제화시켰다—옮긴이). (당시 기독교의 유럽과 마찬가지로) 오스만 사회와 이슬람 사회 역시 살인을 나쁘게 생각했으므로, 이러한 조치를 이해하기 위해서는 설명이 필요하다. 유럽과 중동 모두 다 마찬가지로, 보통 사람이 저질렀으면 부도덕한 짓으로 여겼을 행위가 통치자에게는 가능한 일이었다. 일반인들은 살인을 할 수 없었으나 군주는 할 수 있었다. 여기에는 분명히 국가 이성의 원칙이 작용한 측면이 있다. 술탄 메흐메드가 자신의 행위를 정당화하기 위해 펴낸 다음과 같은 법령(카눈나메〔*kanunname*〕)을 마키아벨리가 보았다면 자기 생각과 일치한다고 느꼈을 것이다.

"내 아들 중 누군가 술탄의 지위를 물려받는다면 세상의 질서를 위해 그가 그의 형제들을 죽이는 것이 마땅하다. 대부분의 울레마가 그러한 조치를 용인한다. 그러므로 이 조치를 시행하도록 하라."[1] 민간인들은 살인을 해서는 안 되었지만 이렇듯 군주는 나라의 질서와 안정을 위해 자신의 친형제까지 살해할 수 있었다. 100여 년 동안 형제 살해의 관행이 계속되었고, 1595년 메흐메드 3세가 즉위하자 그는 자신의 19명의 형제들을 모두 죽이라고 명령했다. 형제 살해의 관행이 실제로 끝난 것은 1648년이었고, 왕실의 형제 살해는 그 이후 단 한 번

---

1) A. D. 올더슨(Alderson), 『오스만 왕조의 구성(*The Structure of the Ottoman Dynasty*)』 (런던, 1956), 25쪽.

만 일어났을 뿐이다. 즉, 1808년 술탄 마흐무드 2세가 당시 왕실 내에서 유일하게 생존해 있는 왕위 계승권자인 형 무스타파 4세를 집권의 안정적 유지를 위해 살해한 일이다.

왕조에서 형제 살해를 포기하자, 적자 생존의 원칙에서 왕실의 가장 연장자인 남성의 계승으로 원칙이 바뀌었다. 이 원칙(에크베리예트 〔ekberiyet〕라고 불린다)은 1617년에 시작되어 제국의 종말에 이르기까지 적용되었다. 이에 따라 술탄의 승하시 가장 나이 많은 남성——대개의 경우 죽은 술탄의 삼촌이나 형제——이 왕위를 이었다. 이러한 관행이 진전됨에 따라, 1622년 '금빛 감옥'(카페스〔kafes〕) 체제가 시작되었다. 가장 나이 많은 남성이 술탄이 되면 왕실의 계보를 잇기 위해 나머지 남성들이 살아남는 것이 허락되었다. 이에 따라 왕자들은 흔히 알려진 것처럼 감옥에서가 아니라, 공공연히 노출되지 않으면서도 현임 술탄이 감시하고 조종할 수 있는 궁전 내부, 특히 하렘에서 살게 되었다. 이 왕자들은 행정에 대한 교육이나 경험을 거의 얻지 못했다. 항상 그런 것은 아니지만, 대개의 경우 이처럼 갇혀 지낸 시간을 후일의 통치를 준비하는 데 쏟지도 않았다. 또한 현임 술탄만이 후사를 볼 수 있었다. 술탄 메흐메드 3세는 왕자였을 때 아이의 아버지가 된 마지막 군주였다. 연장자에 의한 통치 원칙은 술탄이 되기까지 오랜 시간을 기다릴 수도 있다는 뜻이 된다. 최장 기록은 39년이었고, 19세기 군주들은 대개 15년 또는 그 이상을 기다렸다.

계승 원칙에서의 이 같은 변화——적자 생존, 형제 살해, 연장자의 통치——를 오스만 제국사의 여러 시점에서 권력의 소재가 어디에 있었는지에 대한 앞의 논의와 연결시키는 것이 중요하다. 형제 살해라는 극단적 방법은, 술탄들이 튀르크멘 유력자들과 변경의 군사 실력자들과의 긴 싸움에서 승리하여 동등한 부류들 가운데 제일인자라는 지위에서 막 벗어났을 때 등장했다. 행정 경험을 쌓도록 모든 왕자를 지방으로 보내던 것에서 장자만을 보내게 된 16세기 말의 정책 변화는, 권력이 술탄 개인의 손에서 조정으로 옮겨가는 시점에서 일어났다. 연장자 우선과 나머지 계승자들의 궁정 유폐는 권력의 중심이 왕실에서 베지르와 파샤 가문들로 이동했을 때와 시기적으로 일치한다. 그러므로 왕조 계승의 원칙은 권력의 소재가 귀족들에게서 술탄으로, 술탄의 가문으로, 또 거기에서 베지르와 파샤 가문으로 이동한 것에 따라 변했던 것이다. 술탄들은 전사이거나 행정가일 필요가 차츰 줄어들었고, 기본적으로 통치 과정 자체의 상징이자 정당화 수단으로 남았다. 이러한 과정에서 왕실 여성들은 오스만 엘리트 구조 전체에 걸쳐 협력관계의 구축과 유지에 중요한 역할을 맡았다. 어찌 보면, 그렇게 많은 수의──전체의 절반에 가까운──술탄들이 폐위되었다는 것은 별로 중요하지 않다. 사실 체제의 운용에서 그들 개인이 아니라 그들의 지위만이 필요불가결한 요소가 되었기 때문이다. 다시 말해, 그들은 군림하기 위해서 필요했을 뿐이고, 통치는 다른 사람들의 특권이 되었다.

왕조의 정통성 확보 수단

오스만 국가의 실질적·상징적 수장이었던 술탄들은 오스만 사회와 정치 구조의 장악을 유지하기 위해 크고 작은 여러 가지 정책을 펼쳤다. 그들이 스스로의 존재를 일상적으로 상기시키려고 조심스럽고도 지속적으로 보여주었던 많은 것들은, 그들의 권력이 단순히 그들이 지휘하는 군대와 관료들로부터 나온 것이 아니라 왕조와 그 신민들, 그리고 기타 유력자들 사이에서 있었던 중앙과 지방 모두에서 끊임없이 벌어진 협상 과정에서 나오기도 했음을 암시한다.

군주들이 그들의 지위를 향상시키기 위해 사용한 정통성 확보의 도구는, 왕조의 생애 주기의 각 단계를 공식적으로 축하하는 것에서부터 자선에 이르기까지 다양했다. 새 술탄이 왕위에 오를 때면, 15~16세기의 오스만 술탄들 대부분이 살았던 톱카프 궁전에서 이를 승인하는 의식이 열렸다. 새 군주는 제국의 최고 각료회의(디반[Divan])에 나아가 이 중추적인 집단에게 선물을 하사하고, 군주의 특권이었던 새 동전의 발행을 명했다. 그리고 2주 내에 제국의 수도 이스탄불의 금각만(Golden Horn)에 접해 있는 에윕 성자묘(聖者廟)에서 왕조의 시조인 오스만의 칼을 차는 의식을 거행한다. 이때 술탄은 궁을 떠나 금각만 상류로 성자묘까지 짧은 거리지만 위엄을 과시하며 배를 탄다. 이 성자묘는 674~678년 이슬람교도들이 처음으로 콘스탄티노플을 포위했을 때 성벽 앞에서 죽은, 예언자 무함마드의 교우(아랍어로 아스합[ashab]이라 한다. 예언자 무함마드와 같은 시대에 살면서 가까이 따랐던 초기 무슬림들을 지칭한다. 무슬림들은 이들이 매우 확고한 도덕적 정통성을 가졌던 것으로 여긴다—옮긴이)였던 에윕 안사리(Eyüp Ansari, 원래의 아랍어로는 Abu Ayyub al-Ansari. 메디나 출신이며 무함마드와 같은 시대의 사람으로, 콘스탄티노플 정복전 도중에 사망하여 콘스탄티노플 성벽 근처에 묻혔다고 한다—옮긴이)를 추모하는 장소이다. 1453년 정복자 술탄 메흐메드의 군대가 기적적으로 에윕의 시체를 발견했고, 술탄은 그 자리에 묘와 모스크와 부속 건물들을 짓게 했다. 이러한 성스러운 곳에서 오스만 왕조의 대관식이라고 할 수 있는 술탄이 칼을 차는 의식을 거행했으니, 이는 현임 술탄을 13세기의 선조들과 연결함과 동시에 예언자 무함마드로까지 연결시키는 것이었다.

술탄 아들들의 할례는 왕조의 생애 주기 이정표가 되는 행사였으며,

이는 왕조의 다음 세대가 성공적으로 성장했음을 보여주는 의식이었다. 수세기에 걸쳐 술탄들은 이 행사를 불꽃놀이, 행진, 어떤 경우에는 아주 비용을 많이 들인 공연으로 축하했다. 자신의 아들들을 일반 서민들의 아들들과 결합하는 의미에서 18세기 초의 아흐메드 3세나 19세기 말의 압뒬하미드 같은 군주들은 극빈층과 기타 도시 주민의 아들들의 할례 비용을 치르기도 했다. 1720년 술탄 아흐메드 3세는 아들들의 할례를 기념해 16일간의 휴일을 선포하고, 이스탄불과 제국 전역의 도시들에서 성대하게 경축 행사를 벌였다. 이스탄불에서 열린 이 행사에는 5000명의 가난한 소년들의 할례를 비롯하여 행진, 점등식, 불꽃놀이, 마상 시합, 사냥, 춤, 음악, 시 낭송, 묘기와 광대 연기의 공연 등이 펼쳐졌다.

술탄 아흐메드 3세는 1704년 첫딸이 태어나자 성대한 축제를 열어 경축했으며, 이는 왕실의 정치에서 여성의 지도적 역할을 승인하는 사건이라고 볼 수 있다.[2] 오스만 왕조는 여러 의식에서 국가의 영적·지적 엘리트들과 자신을 연결시켰다. 예를 들어, 17세기 말 어린 무스타파 2세는 중요한 아랍 알파벳의 의미와 쿠란의 일부를 암송하는 의식을 통해, 종교학자들(울레마)의 지도 아래 받는 공식 교육을 축하했다. 또한 술탄들은 최고의 종교학자들을 대상으로 낭송 대회를 개최하여 학자들의 지적 생활과 더욱 깊은 유대관계를 맺기도 했다.

그 외에도 신민들에게 일상적으로 그들 군주의 존재를 상기시키는 방법들도 있었다. 매주 금요일 한낮의 기도 시간에는 현임 술탄의 이

---

2) 튈라이 아르탄(Tülay Artan), 「인생 극장으로서의 건축: 18세기 보스포루스의 프로필(Architecture as a Theatre of Life: Profile of the Eighteenth-Century Bosphorus)」 미출간 박사논문, Massachusetts Institute of Technology, 1989, 74쪽.

름을 제국의 모든 모스크들에서, 즉 베오그라드, 소피아, 바스라, 카이로를 막론하고 큰 소리로 낭송했다. 이런 식으로 제국 전역의 신민들은 술탄을 그들의 기도에서 군주로 인정했다. 수도에서 술탄 압뒬하미드 2세(재위 1876~1909)는 그가 머물고 있는 이을드즈 궁전에서 가까운 모스크까지 (금요일마다) 공식 행차를 했고, 그의 관료들은 길을 따라 늘어선 신민들이 내미는 청원서를 거둬들였다. 오스만 제국의 동전에 군주들의 공식 서명(투라[tuğra]), 즉위년도 그리고 즉위한 해부터 따져서 몇 년째인지 등을 새겨 경축하기도 했다. 19세기에 우표가 등장하면서 술탄의 이름과 서명이 들어가는 것은 물론, 20세기 초에 이르러서는 술탄 메호메드 5세 레샤드(재위 1909~1918)의 초상까지 등장했다.

보다 앞선 시대에는 화가들이 술탄의 승전, 또는 사냥이나 궁술 경연에서의 용맹스러움을 묘사함으로써 술탄의 위용을 현창했다. 이러한 것들은 17세기까지 낯익은 주제였지만 그런 작품을 제작했던 궁전의 공방(工房)들은 자취를 감췄으니, 이는 어쩌면 이 시기의 술탄들이 덜 영웅적인 데다 더욱 궁전 안에서 제한된 삶을 살았기 때문일지도 모른다. 그 그림들은 대부분 필사본에 삽입되었고, 사실 궁전 안에 보존되어 궁내 인사들에게만 열람되었으므로 그 목적과 효과는 확실치 않다고 할 수 있다.

왕실에서는 사재를 들여 공익 목적으로 수백 개의 건물들을 지었으며, 이 또한 신민들에게 왕조의 덕행을 일깨우는 역할을 했다. 여기에서, 19세기 후반에 오스만 국가가 책임을 떠맡기 전까지 의료·교육·복지 등의 기관을 국가가 아닌 부유하고 권력 있는 개인들이 제공했다는 사실을 상기하자. 술탄들과 왕실의 가족 구성원들은 수세기 동안 일상적으로 모스크, 무료 음식 배급소, 수도 시설 등을 세우고 유지하기 위

(사진 1) 술탄 아흐메드 3세(재위 1703~1730)의 수도 시설, 이스탄불 소재(저자 개인 소장품)

한 자금을 대었다. 이는 수도인 이스탄불에 가장 많이 집중되었지만
제국의 전역에 걸친 것이기도 했다. 그들은 이에 대한 비용으로 국가
의 재원을 사용한 것이 아니라 자신들의 개인 자금을 사용했다(그러나
19세기까지 술탄의 개인 재정과 국가 재정은 서로 구별하기 어려웠다). 이러
한 활동은 경건한 동기에서 이루어졌고, 동시에 그들의 통치권을 재확
인하고 신민들로부터의 승인, 감사 그리고 복종을 유지하기 위한 것이
었다. 술탄 아흐메드 3세는 1728년 톱카프 궁전의 첫 번째 성문 밖에
큰 수도 시설(사진 1)을 만들라며 비용을 대었다. 팔레스타인 북부의
작은 도시 아크레에서 술탄 압뒬하미드 2세는 주민들을 위해 시계탑
을 세우고 그곳에 술탄의 관대함을 상기시키기 위해 자기 이름을 새
겨넣었다. 술탄들은 또한 이스탄불과 여러 도시들의 지평선 위에 우

뚝 선 대단한 모스크들을 짓도록 했고——예를 들어, 16~17세기에 지은 이스탄불의 쉴레이만 대제와 아흐메드 1세의 모스크들과 에디르네에 있는 셀림 2세의 모스크 등——그곳에 자신들의 이름을 붙였다. 이런 식으로 오스만 왕조는 오스만 무슬림 세계에서 제일가는 예배 장소와 불가분의 관계로 얽히게 되었다. 이 전통을 이어서 19세기 술탄 마흐무드 2세는 새로 지은 모스크(1826)를 예니체리 군단의 해체를 기념하기 위해 '승리'(누스레티예[*Nusretiye*])라고 이름 지었다(사진 2). 왕실의 정력과 자금은 전 제국에 걸쳐 수백 개의 다리, 수도 시설, 여행자를 위한 숙박 시설 등을 세우고 유지하는 등 여러 방면으로 사용되었다.

술탄들은 또한 시아파 무슬림 신민들의 요구 사항을 들어주기 위해 16세기 말 사파비 왕조와 경쟁적으로 (시아파 이슬람 역사의 끔찍한 사건들을 기념하는 성지인) 카르발라(Karbala)와 나자프(Najaf)의 성소들을 장식했으며, 이후에도 그러한 지원을 계속했다. 또한 오스만 왕조는 성스러운 도시 메카와 메디나에서 자신의 존재를 정력적으로 드러내어 왕조와 성지의 관련성을 모든 사람에게 일깨워주었다. 눈에 잘 띄게 새겨진 명문(銘文)들에 이미 1000년 가까이 된 구조물들을 수리하는 데 오스만 왕조가 희사한 내용이 드러났으며, 이는 오스만 왕조가 독점하려 애썼던 성지의 삶에서 확고한 지위를 갖도록 해주었다. 예를 들어, 16세기 그의 선조들이 무굴 제국의 황제들과 경쟁했던 것처럼, 19세기 말 술탄 압뒬하미드 2세는 성지를 장식하는 데 자신 이외의 모든 무슬림 통치자를 배제했다. 비슷한 맥락에서 오스만 왕조는 메카의 주민들을 위한 물자 공급을 독점하려 했다. 술탄들은 또한 신성한 의무를 다하기 위해 메카와 메디나로 가는 순례자들을 안전하게 보호하는 데 상당한 노력을 기울였다. 오스만 왕조의 군사력이 계속 약화되

〔사진 2〕 술탄 마흐무드 2세(재위 1808~1839)의 누스레티예(승리) 모스크의 내부 모습

자 오스만 정권은 전에 없이 무슬림 국가로서의 정체성을 강조했다. 5장에서 보았듯이, 18세기 후반에 이르러 칼리프의 칭호와 역할이 국제 정치의 한 도구로 등장하기 시작했다. 18세기 전반에 술탄들은 다마스쿠스에서 성스러운 도시들(메카와 메디나)로 이어지는 순례로를 보호함과 동시에 강화하려고 각별한 주의를 기울였고, 그러한 목적으로 요새들과 이를 보완하는 군사 주둔지들을 세웠다. 18세기에 아라비아의 와하비 반군들은 오스만 왕조의 정통성을 무너뜨리기 위해 고의적으로 순례 여행을 교란시켰으며 1803년에는 메카를 정복했다. 술탄 마흐무드 2세는 이집트의 무함마드 알리 파샤에게 군단을 요청해 와하비 세력을 일시적으로 제압했다. 압뒬하미드 2세는 칼리프로서의 위상을 드높이고 순례자들의 여행을 편리하게 하고 시리아-아라비아 지역을 중앙에 귀속시키기 위해 19세기 말 히자즈(Hijaz) 철도를 개설했다. 제1차 세계대전 기간 중에 영국이 메카와 메디나를 점령하고 히자즈 철도를 끊으려고 한 것은, 한 세기보다 더 전에 벌어진 와하비들의 공격처럼 전 이슬람 세계에서 오스만 왕조의 권위를 격하시키려는 데 그 목적이 있었다.

그런데도 오스만 술탄으로서 통치 기간 중에 성스러운 도시들을 순례한 술탄은 아무도 없다. 게다가 왕실의 일원으로서 순례한 사람은 대여섯 명도 채 안 된다.[3] 네 명의 왕실 여성만이 순례했고, 그들 중 몇몇은 술탄의 부인들이었다. 1517년 술탄 셀림 1세가 카이로에 있었을 때, 메카의 샤리프에게 성스러운 도시들의 열쇠를 받았을 뿐만 아니라 상당히 가까운 거리에 있었음에도 성지를 방문하지 않았다. 17세기 초 술탄 오스만 2세는 순례를 하겠다는 의지를 공표했으나 곧 암

---

3) 올더슨, 『오스만 왕조의 구성』, 125쪽.

살되고 말았다. 술탄 메흐메드 6세 바히뎃딘(Vahideddin)은 1922년 폐위된 직후 메카를 방문했는데, 아마도 그가 오스만 왕조 남성 가운데 그렇게 한 유일한 사람이었을 것이다. 그러나 그는 순례 의식은 행하지 않고 메카를 떠났다. 신체 건강하고 경제적으로 여유 있는 모든 무슬림의 기본적 의무인 순례를 오스만 왕조가 등한시했다는 이 사실을 어떻게 볼 것인가? 술탄 오스만 2세 시대에 울레마는, 술탄은 순례에 가기 위해 수도를 비우기보다는 남아서 정의를 수호해야 한다고 공식적인 종교적 의견서(페트바[fetva], 아랍어로는 파트와[fatwa]. 법률 자문역 무프티의 의견서로, 구속력은 없지만 경우에 따라 상당한 권위를 가진다―옮긴이)에서 말했다.[4] 당시 울레마는 오스만 2세의 통치에 적대적이었고, 오스만 2세가 순례를 계획하면서 비밀리에 다른 일을 꾸미는 것을 두려워했다(이때 오스만 2세가 예니체리를 폐지하고 군을 대폭 개편할 것이라는 소문이 있었다―옮긴이). 이처럼 술탄이 순례를 가지 못하도록 한 이 의견서는 상당히 특수한 것이다. 결국 오스만 왕조가 순례에서 완전히 발을 뺐다는 것은 주목할 만한 일이다.

15세기부터 19세기 말까지 술탄들이 거처했던 톱카프 궁전은 왕조가 보여주려 했던 대단히 장엄한 느낌을 뿜어내는 권력과 신비로 가득한 폐쇄된 장소였다. 그 궁전은 중국 베이징의 쯔진청(紫禁城)보다 규모가 작긴 해도 비슷한 면이 있었다. 톱카프 궁은 성격이 각기 다른 여러 겹의 구역들로 이루어졌고 안으로 들어갈수록 더욱더 구역들의 출입이 제한되었다. 일반인들은 궁의 정문으로 해서 첫 번째 뜰까지만 들어갈 수 있었다. 공적인 용무가 있는 사람들은 술탄의 각료회의에 고하기 위해 두 번째 뜰까지 들어갈 수 있었지만 그 이상은 안 되었다.

---

4) 이 점을 주목한 하칸 카라테케(Hakan Karateke)에게 감사드린다.

세 번째 뜰은 관료들만이 들어갈 수 있었고, 그 외의 부분은 술탄, 왕실 그리고 하인들과 시종들에게만 열려 있었다. 국가의 구조가 바뀌면서 궁전들도 변해갔다. 탄지마트 당시의 술탄이었던 압뒬메지드는 톱카프를 떠나서 보스포루스 해변에 세운 화려하고 개방적인 돌마바흐체 궁으로 옮겼다. 보스포루스의 좀 더 깊숙한 곳에 세워진 술탄 압뒬하미드 2세의 이을드즈 궁은 그의 비사교적인 성격을 반영한다.

톱카프 궁전 안에 지금까지도 남아 있는 성스러운 유물들의 존재로 말미암아, 그 수호자인 오스만 군주들은 대단한 권위와 명예를 누렸다. 그곳에는 1517년 카이로에서 술탄 셀림 1세가 가져온 예언자 무함마드의 망토, 그의 턱수염, 그의 발자국, 그리고 그의 활 등의 성물들이 보존되어 있다. 또한 이슬람 초창기 네 명의 정통 칼리프들의 칼들도 있다. 이와 같은 성물들이 정치 권력의 중심지인 궁 안에 있다는 것은 중요한 의미를 띠었다. 여기에서 우리는 세례 요한의 시신 일부분을 자랑스럽게 소유한 유럽 군주나 예수가 못 박혔던 '진짜 십자가'의 한 조각을 콘스탄티노플로 가지고 돌아왔던 비잔티움 황제와 똑같은 현상을 보게 된다.

오스만 행정의 여러 측면

데브시르메(*devşirme*)라는 (기독교인 집단에서) '소년 공납'으로 행정가와 군인을 충원했던 방법이 1700년에는 이미 사라진 지 오래이지만 (일부 연구에 의하면 데브시르메는 18세기 중엽에야 완전히 사라졌다―옮긴이), 오스만 역사 서술에서 너무나도 널리 퍼져 있는 고정관념을 재조명하려면 여기에서 논의할 필요가 있다. 그 고정관념이란 오스만 제국의 번영은 기독교에서 이슬람으로 개종한 사람들 때문이었다는 것이다. 대부분의 지나친 일반화와 마찬가지로, 이와 같은 고정관념 역시약간의 진실을 보여준다. 15세기와 16세기에 데브시르메 출신자들은공직자들의 중요한 원천이었고, 그 가운데 많은 사람들이 재상이나 고위 행정가가 되었다. 그러나 데브시르메는 점차 관심 밖으로 밀려났다. 술탄 오스만 2세가 그것을 1622년에 폐지하려 한 사실은 그 제도가 당시 시대에 맞지 않고 제대로 기능하지 못했음을 시사해준다. 그의 계승자인 무라드 4세는 소년 공납을 잠정적으로 중단시켰고, 이 제도는 17세기 중반에 사실상 오스만 치하에서 사라져버렸다. 따라서위에서 언급한 그 고정관념은 동시대에 정치적·군사적 세력으로서 제국이 위축되고 있었다는 사실과 우연히 시간적으로 일치한 데서 유래한다.

사실 여기에는 여러 가지 잘못된 전제가 깔려 있는데, 그 첫 번째는1600년경 이후 오스만 제국의 두드러진 약화에서 국내 정치 구조의변화가 어떤 역할을 했는지에 관한 것이다. 수년 동안 연구자들은 권력이 술탄에게서 멀어져간 국내 제도의 변화가 국제적인 세력 경쟁에서 제국을 약화시킨 '요인'이라고 생각해왔다. 그러나 역사가들은 이제, 오스만 제국의 국내 정치 구조가 16세기와 18세기 사이에 변화를겪었고, 이 변화를 오스만 제도가 새로운 형태로 진화하는 과정으로보는 것이 타당하다고 결론짓게 되었다. 이러한 새로운 형태의 제도들은 과거의 제도들과 확실히 달랐다. 즉, 술탄은 이제 군림할 뿐이고 베지르와 파샤 가문이 국가를 운영했다. 그러나 국내 제도에서의 이러한차이점들은 구조 변동을 이루었을 뿐, 16~18세기에 약화되었음을 의미하는 것은 아니다. 오스만 제국이 약화되고 쇠퇴했다는 인상은 오스만인들이 실제로 전쟁에 패배하여 영토를 잃었던 대외관계에서 유래한 것이다. 국제적으로 1750년의 오스만 체제는 물론 1600년의 체제만큼 강력하지 못했다. 제국의 상대적인 국제적 지위는 매우 급격하게 추락했다. 여기에 쇠퇴에 대한 역사의 진실이 있다. 유럽보다 점점 더 많이 뒤떨어지면서 오스만인들은 일본 이외의 비(非)서구권 세계와 운명을 같이한 것이다. 서유럽(그리고 일부 동유럽과 중유럽)의 국가들은 이루 말할 수 없을 정도로 강성해졌다. 1500년경 상당히 강력한 국가에 속했던 오스만 제국은 18세기에 이류 국가로 전락했다. 권력이 술탄의 손에서 외부로 빠져나간 것은 이러한 국제 사회에서의 지위 하락을 반영했지만 지위 하락 자체를 초래한 것은 아니었다.

두 번째의 잘못된 전제는, 오스만 국가의 힘의 원천은 그 국가를 운영했던 (개종한) 기독교인들로부터 기인한다는, 이제는 낡아버린 인식과 관련되어 있다. 데브시르메가 쇠퇴하자 국가의 힘도 퇴조했으니 그 이전과는 달리, 기독교인들이 아니라 무슬림들이 주도권을 잡았기 때문이라는 것이 그 논리였다. 이러한 주장에는 인과관계가 상당히 잘못된 형태로 도출된다. 오스만 제국의 위대함은 데브시르메에서 나왔고, 데브시르메의 포기로 오스만 제국의 쇠퇴를 촉진했다는 것이다. 이는 문화적 편견의 명백한 예이며, 여기에는 기독교인들이 본질적으로 무슬림보다 우월하며, 무슬림들은 국가를 운영할 줄 모른다는 잘못된 전제가 포함되어 있다.

데브시르메의 쇠퇴와 오스만 국가의 변모——모두 1450년에서 1650년 사이에 일어난——는 서로 다르지만 두 가지 관련된 측면에서 오스만 정치 체제의 함수로 생각하는 것이 훨씬 생산적이다. 첫 번째로, 초기 오스만 국가는 엄청난 신분 이동을 보여주었고, 인력의 충원과 승진에서 장벽이 거의 없었다. 급속하게 성장하면서 이 국가의 군사·행정 기구는 충원이 절실히 필요했고, 기본적으로 모든 희망자들에게 부와 권력을 가질 기회를 제공했다. 그러한 유동적인 과정의 일부인 데브시르메는 (이론적으로는) 군주에게 전적으로 의존하는 인력들로 충원했으며, 적어도 처음의 몇 세대에서는 그러했다. 시간이 지남에 따라 점점 증가한 군·관료 집단은 다음의 세 가지 부류로 구성되었다. 즉, 자기 당대에 데브시르메 제도로 충원된 자들, 그리고 이와 같이 데브시르메로 충원된 사람들——이들은 오스만 제국에 복무하면서 나이가 들고 가족을 이루고 자기 아들들을 군사 부문이나 관료계로 들어가도록 주선했다——의 후손들, 다른 경로로 군인이나 관료가 된 사람들이었다. 또다시 시간이 흐르자, 후자의 두 집단이 수적으로 그 중요도가 높아졌다. 즉, 정치 제도가 성숙됨에 따라 내부로부터의 인력 충원이 가능했고, 데브시르메는 불필요하게 되었다.

두 번째로, 데브시르메의 점진적 포기를 권력이 술탄 개인에서 왕실로, 그러고 나서 이스탄불의 베지르와 파샤 가문들로 옮겨가는 과정의 일부로 생각해보자. 이 과정의 각 단계는 1453~1550년, 1550~1650년, 그리고 1650년 이후에 일어났다. 술탄만이 데브시르메 제도로 선발된 자들을 활용할 수 있었으므로 그 쇠퇴는 술탄에게는 체제 내에서 일종의 권력 상실이라고 할 수도 있다. 데브시르메와 데브시르메로 선발된 자들에 대한 궁전에서의 교육이 변질되어간 것은 술탄의 개인적 권력이 정점에 달했을 때인 16세기 중반에도 이미 나타나고 있었다. 그 당시 어떤 관료는 궁정의 시종들을 자신의 사저(私邸)에서 훈련시켰다. 이들은 나중에 술탄의 궁정에 들어가 고위 지방관(산작베이〔*sancakbeyi*〕 또는 베일레르베이〔*beylerbeyi*〕)이 되었다. 17세기에는 젊은이들이 궁정에 들어가는 방법 중에 관료나 군 고위층의 후원자를 통하는 것이 보다 일반적이었다. 이로써 데브시르메와 궁정 체제는 쇠퇴했고 베지르, 파샤 그리고 고위 울레마의 가문들이 술탄의 궁정에 근접하는 조직 구조를 형성하면서 부상했다. 그러나 이들은 술탄의 특권이었던 데브시르메를 자체적으로 시행할 수는 없었다. 그 대신 이들은 젊은 노예들, 부하들의 아들들, 동맹자들, 또는 그 밖에 들어오고 싶어 하는 사람들로 충원했다. 그러한 베지르, 파샤 그리고 고위 울레마 가문들은 점차 세력을 확장했고, 행정 직무 수행을 위해서 필요한 군사, 재정, 통치 등 여러 업무에서의 다양한 경험을 가진 사람들을 공급해 주었다. 데브시르메보다 유연하고 다양한 배경을 가진 새로운 인원들을 제공하면서 이 가문들은 성공적으로 궁정과 경쟁했다. 17세기 말에 이르러, 베지르와 파샤 가문 출신자들이 중앙과 지방 행정의 주요 지위의 거의 반을 차지했다.

18, 19, 20세기 동안 내내, 권력을 유지하기 위해 술탄들은 자신들의 딸, 자매, 조카딸들을 요직에 있는 인물들에게 출가시켰다. 이러한 방식으로 그들은 동맹을 유지하면서 경쟁 가문들이 나타날 가능성을 축소시켰다. 이렇게 출가한 딸들이 성인이었던 경우도 있고, 아기이거나 어린아이였던 경우도 있다. 이 왕실 여성들은 남편이 죽으면 곧 다시 결혼했으며, 또 다른 유력자와 동맹을 맺어 계속 왕조에 도움을 주기도 했다. 결혼동맹은 제국의 종말에 이르기까지 왕조의 표준적 관행이 되었다. 1914년에는 현임 술탄의 조카딸이 당시 권세 있는 청년 튀르크 지도자 엔베르 파샤와 결혼하기도 했다.[5]

---

5) 튈라이 아르탄, 『인생 극장으로서의 건축: 18세기 보스포루스의 프로필』, 75쪽 이하.

중앙-지방 관계

이 부분에서는 18~19세기의 수도와 지방 사이의 관계에서 지리적으로 서로 다른 두 지역의 예를 들기로 한다. 첫 번째는 1708~1758년의 다마스쿠스이고, 두 번째는 1798~1840년의 팔레스타인 북부 나블루스(Nablus)이다. 비록 이 두 가지 예는 모두 아랍 지방이지만, 제국의 관료들과 지방의 관료들 사이의 끊임없는 협상에서 복잡한 과정을 보여준 점에서 제국 전체에 적용되는 예로 선택했다.

다마스쿠스의 예에 대한 배경으로, 먼저 18세기와 19세기 초 사건들의 흐름을 상기해보자. 1750년에 이르기까지 중앙 정부는 전쟁터에서 약간의 성공을 거두었고, 여기에 모레아의 수복, 표트르 대제와 베네치아인의 패배, 그리고 중요한 요새인 베오그라드의 수복 등이 있었다. 그러고 나서 재난이 잇달았으니, 그 가운데 특히 1768~1774년 오스만-러시아 전쟁에서, 또한 1820년대와 1830년대 러시아와 무함마드 알리 파샤에게 패배한 사건이 있었다. 국내 정치에서는, 18세기 초 이스탄불 정부는 지방을 좀 더 잘 통제하기 위해 활발한 정책을 펼쳤으나 끝내 1750년 이후로 지방 명사들에게 많은 권력을 넘겨주게 되었다. 이 기간 이후로 정부는 지방관들에게 보다 많은 재량권을 주었고, 점점 더 대중의 중개자로서 지방 명사들에게 의존하게 되었다. 술탄 셀림 3세와 (그보다 더 성공적이었던) 마흐무드 2세는 중앙에서 힘을 축적하고, 지방의 일상을 좀 더 확실하게 통제하려는 중앙집권적 정치 체제를 수립해나가기 시작했다.

또한 우리는 제국의 영토가 어떻게 구분되어 있었는지도 살펴보아야 한다. 초기 몇백 년 동안 오스만 영토는 단순히 두 개의 큰 행정 조직, 즉 아나톨리아(아시아 부분)의 베일레르베일릭(*beylerbeylik*, 이는 주

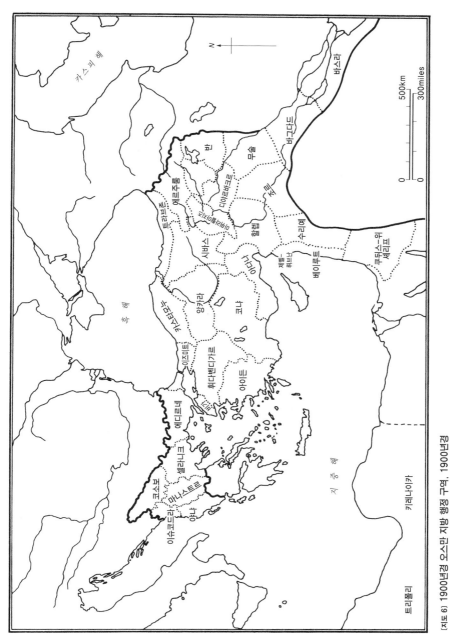

[지도 6] 1900년경 오스만 지방 행정 구역, 1900년경

할릴 이날죽과 도널드 쿼터트 편, 『오스만 제국 경제·사회사, 1300~1914』(케임브리지, 1994)의 xxxix쪽에서 인용(이 지도는 오스만 시대의 행정구역에 대한 것이므로 오스만 튀르크어 식의 발음으로 표기했다―옮긴이).

〔州〕 정도로 번역할 만한 가장 넓은 단위의 행정 구역이었다—옮긴이)과 루멜리(발칸)의 베일레르베일릭으로 나뉘었다. 이는 각각 베일레르베이의 감독 아래 있었으며, 다시 하위의 행정 단위인 산작(sancak)으로 나뉘었다. 16세기에 이르기까지, 통상적으로 말해 제국의 종말에 이르기까지 지속되었던 행정 체제였다. 주요 행정 단위는 베일레르베일릭이었고, 각각은 하부 행정 단위(산작)와 그보다 더 아래 단위 카자(kaza)로 나뉘었다. 각 단위에는 하나의 명령 계통으로서 상부에 보고하는 다양한 관료들이 최종적으로 피라미드의 꼭대기에 있는 주장관(베일레르베이〔beylerbeyi〕)과 연결되어 있었다. 일반적으로 이러한 행정적인 양식은 제국의 종말에까지 이어졌으며, 명칭은 그대로 남아 있어도 각 행정 단위의 규모는 시간이 지남에 따라 축소되었다(지도 6).

중앙과 지방의 관계: 1708~1758년의 다마스쿠스[6]

다마스쿠스는 오스만 제국에서 중요한 지방이었던 까닭에 18세기 전반기에 이스탄불의 관심이 집중된 지역이었다. 이 이야기는 1701년, 유럽 전선에서의 대패에 이어 다마스쿠스-메카 순례로에서 3만 명의 순례자들이 베두인의 습격으로 죽는, 대재난이 일어났던 사건에서 시작된다. 따라서 카를로비츠 조약과 순례 대상(隊商)의 몰살은 지방과 중앙에 대한 변화의 필요성을 대단히 충격적으로 보여주었다.

이스탄불은 당시 다마스쿠스의 행정에 활력을 다시 불어넣기 위해

---

6) 칼 바르비르(Karl K. Barbir), 『다마스쿠스에서의 오스만 통치, 1708~1758(Ottoman Rule in Damascus, 1708~1758)』(프린스턴, 1980).

여러 가지 노력을 기울였다. 첫째로, 이전에는 여러 지방 행정가들 사이에 분산시켰던 많은 권력을 다마스쿠스의 주장관에게 위임했다. 즉, 그에게 세금을 거두고, 치안을 유지하고, 반란을 예방하고, 도시 생활을 규제하는 여러 권력들을 부여한 것이다. 주장관은 오스만 체제의 조화를 회복하고, 신민들이 국가와 군사를 보다 잘 재정적으로 뒷받침할 수 있도록 신민들을 보다 잘 보호하는 것이 그 어느 때보다도 절실했다. 당시 어느 나라나 마찬가지로, 오스만 국가의 기본적인 과업은, 결국 신민들에게 의존하게 되어 있는 군대를 부양하기 위해 신민들의 번영을 확보하는 것이었다.[7] 둘째로, 수도 이스탄불에서는 1708년 새로운 주장관을 파견했는데, 그는 다마스쿠스 출신으로 강력한 현지 연계망을 갖고 있었으며, 알 아즘 가문의 일원이었다(알 아즘 가문은 현재까지도 다마스쿠스와 시리아 정치에 영향력을 유지해왔다). 그가 임명되는 순간, 그는 이스탄불의 제국 엘리트의 일원이자 다마스쿠스의 현지 엘리트의 일원으로 인정되었다. 이스탄불에 대한 그의 교섭은 매우 중요했으며, 수도에서는 알 아즘 출신의 신임 주장관을 자기 측의 도구로 생각했다. 알 아즘 가문은 그들대로 지역 내에서 이익을 추구했을 뿐만 아니라 오스만 엘리트 집단의 일부로 작용했으므로, 주장관으로서의 장악력을 유지하려면 이스탄불 측의 후원과 보호를 받아야 했다. 이러한 다마스쿠스에서 벌어진 일들은 중앙 정부가 지방을 다스릴 엘리트를 더 이상 자체적으로 양성하지 않고 지역 엘리트와 협조하면서 그들을 그들의 고향으로 보내 중앙 정부를 대표하여 다스리게 하는, 좀 더 광범위한 형태를 반영하는 것이었다. 그리하여 알 아즘 출신을 임명한 사건은 오스만 행정이 지속적으로 진화했음과, 궁정에서의 관

---

7) 앞의 책, 19~20쪽.

료 양성에 비해 지역 내의 연고가 점점 더 중요해졌음을 시사해준다.

이러한 임명은 또 다른 행정의 변화를 반영해주며, 이는 우리의 세 번째 논점과 연결된다. 1708년 이후 다마스쿠스의 주장관은 전쟁에 참가하여 휘하 병력을 전선으로 이끌지 않아도 되었다. 이와 같은 임무의 재설정은 제국이 더 이상 확장하지 않았고, 새로운 수입원을 획득하지 못했다는 18세기의 새로운 현실을 반영하는 것이었다. 그러나 이는 보다 효율적으로, 현존하는 수입원들을 점검하고 관리하는 일에 대한 새로운 필요성을 인정하는 것이었다. 군역이 사라지자 주장관은 중요한 승진 통로를 잃었다. 이제 그는 전사이기보다는 행정관으로서, 그 이전 어느 때보다도 넓은 주에 대해 보다 직접적인 통제와 권위를 가졌다. 이제 주장관은 일차적으로 지역 차원에서 법과 질서의 수호자로 임명되었고, 원정에 참여하지 말라고 확실하게 명령을 받았으므로 그는 새롭고 깊게 현지화된 인물로 변모했다. 이러한 자연스러운 결과로, 제국 내 여러 지방을 순회하는 주장관들의 순환 근무가 18세기 초에 전체적으로 급격히 감소했는데, 이는 지역 내에서의 임무를 성공적으로 수행하는 데 역점을 두었음을 보여준다.

넷째로, 새 주장관은 지역 사정에 대한 지식을 무기로 하여 지역 내에서 자율적인 구조의 성장을 막으려는 이스탄불 측의 노력의 하나였으며, 지역 내의 명사들, 예니체리 주둔부대, 베두인, 부족들 사이에 보다 효율적인 견제와 균형을 창조하려고 했다. 그는 이러한 목표를 여러 방식으로 달성했는데, 그 가운데 하나는 지역 내의 법조계를 조종하는 것이었다. 오스만 법에는 이슬람의 4대 법률학파(하나피, 샤피이, 말리키, 한발리―옮긴이)를 모두 인정했지만 그 가운데 공식적으로 하나피 학파를 채택했다. 다마스쿠스에서는 지역 안에 널리 퍼져 있던 샤피이 학파를 따르는 현지의 기성 종교계를 대신하여 하나피 학파의 울레마가 점점 더 많은 혜택을 누렸다. 사실 다마스쿠스 울레마는 약 1650년까지 샤피이·하나피·한발리 법률학파 출신이 섞여 있다가 1785년에는 거의 모두 하나피로 되었다. 이런 식으로 국가는 이스탄불에서 시행되고 있는 원칙들과 상대적으로 비슷한 균질적인 법률 행정을 펼치려고 했다.

다섯째로, 새로운 주장관은 하지(*hajj*, 성지 메카로 순례 가는 것으로, 이슬람 신도의 5대 의무 중의 하나—옮긴이) 순례자들을 위해 보다 안전한 환경을 마련했는데, 이는 과거보다 훨씬 우선순위가 높은 업무였다. 그리고 그는 더 많은 주둔부대를 두었고, 더 강력한 호위군을 양성했으며, 성스러운 도시들(메카와 메디나)로 가는 길에 더 많은 요새들을 지었다. 1708년에서 1918년까지 다마스쿠스 주장관은 공식적으로 순례의 지휘자 역할을 맡았고, 이는 지역 내의 문제 해결과 함께 종교 문제에서 국가의 위신을 세우는 제국적 과업의 일환이었다.

다마스쿠스 주에서 중앙의 통제를 보다 긴밀히 하는 이러한 계획들은 1757년까지 어느 정도 효력을 발휘했지만, 그해 베두인들의 약탈로 순례에서 돌아오는 2만 명의 순례자들이 더위, 갈증 그리고 폭력으로 사망하는 사건이 벌어졌다. 이 사건은 19세기 말의 개혁이 있을 때까지, 다마스쿠스 지역을 중앙집권화하려는 노력에 종지부를 찍었다. 그 이후 지방 명사들은 이 지역에서 보다 높은 지위를 차지했다. 유명한 예로, 북팔레스타인에서 다마스쿠스에 이르는 지역에서 자히르 울 우마르(Zahir ul Umar)가 착수하여 제자르 파샤가 확장한 소규모 '국가'가 있었다.(제자르 파샤의 아름다운 모스크와 그 근방에 그가 팔레스타인의 유럽 수출용 면화 생산을 촉진하기 위해 세운 수도교[水道橋]는 아직도 아크레에서 볼 수 있다.) 이와 비슷하게 강력한 지방 명사들이 18세기 후반에 거의 모든 곳에서 등장했다. 예를 들어, 카라오스만올루는 18세기 대부분의 기간 동안 서아나톨리아를 통치했고, 현재의 알바니아 근방에서는 테페델렌리 알리 파샤가 150만이나 되는 오스만 신민들의 생활을 지배했다.[8]

중앙과 지방의 관계: 1798~1840년의 나블루스[9]

다마스쿠스와는 달리 나블루스는 중요한 중심지가 아닌, 지역에서 약간 중요한 정도의 구릉 도시였다. 나블루스의 이야기는 두 부분으로 구성되어 있다. 첫 번째는 1800년경이며 두 번째는 1840년에 이르는 기간이다. 첫 번째 부분에서 우리는 지방 명사의 자율성이 새로운 수준에 이르렀고, 중앙 정부의 명령이 거의 느껴지지 않았던 많은 지역에서 지방 생활의 성격에 대해 풍부하게 배울 수 있다. 두 번째 부분에서 나블루스의 예는 1840년경에 시작된 19세기 개혁이 지방 생활에 침투하는 것을 반영했다. 그리하여 이러한 예는 19세기 초 정치 권력의 성격과 국가가 당시에 작동했던 방식을 보여준다. 나블루스에서 (그리고 제국 전역에서) 중앙의 국가 권력은 지방 명사들과 새로운 방식으로 결합하여 명사들의 권력을 국가 자체의 권위의 일환으로 이끌었다. 이곳에서나 다른 곳에서나 이스탄불은 지방 엘리트들을 지역 수준에서 새롭고 중앙적으로 조직된 제도 안으로 끌어들임으로써 정통성을 부여했으며, 또한 그 역도 성립되었다. 다시 말해, 중앙 정부는 (다

---

8) 3장 87~93쪽 참조.
9) 베샤라 두마니(Beshara Doumani), 『팔레스타인의 재발견: 자발 나블루스의 상인들과 농민들, 1700~1900(*Rediscovering Palestine: Merchants and Peasants in Jabal Nablus, 1700~1900*)』(버클리, 1995).

마스쿠스의 예에서도 보여주듯이) 지방 엘리트들이 중앙적으로 조직된 제도에 합류해 지역 주민들에게 이 제도들에 대해 신뢰감을 줌으로써 지역 내에서 정통성을 얻고 있었다. 따라서 여기에는 오스만 통치의 핵심에 자리잡고 있던 수도와 지방 사이의 호혜적인 합의가 있었던 것이다.

나블루스 이야기의 첫 번째 부분은, 나폴레옹 보나파르트가 이집트를 침공한 뒤 시리아를 향해 북으로 진군하여 1799년에 아크레를 공격했던 순간에서 시작된다. 술탄 셸림 3세는 지방 영토들을 방어하기 위해 지역 내의 군사력을 집결해서 침략자를 공격하라는 명령을 거듭 내렸다. 이러한 분위기 속에서 나블루스 근방의 제닌(Jenin)의 한 지방관은 그의 동료인 지역 내의 지도자들을 대상으로 보나파르트에게 저항할 것을 독려하는 시를 지었다. 그는 도시와 농촌의 권세 있는 가문들을 하나씩 열거하면서 그들의 용맹성과 군사력을 칭송했다. 그러나 24연이나 되는 시에서 그는 한 번도 오스만 술탄이나 오스만 제국의 통치를 언급하지 않았으며, "제국을 보호해야 할 필요성이나 술탄에게 봉사하는 영광과 명예 같은 것은 더더욱 논외였다."[10] 그 대신 그는 지방 엘리트들 그리고 이슬람과 여성들에 대한 위협을 언급했다. 이 지역으로 내려오는 엄청난 분량의 술탄의 칙령들에 대해서는 단지 그것들이 '멀리서' 왔다고만 잠깐 언급했다. (지방의 관점에서) 톱카프 궁전의 대단한 탑들과 성벽들이 얼마나 멀게 느껴졌을까.

오스만 국가는 이 지역에 대해 어느 정도의 통제력을 가지고 있었을까? 별로 없었던 것처럼 보인다. 그래서 팔레스타인 지역에서 세금을 걷을 때 상당히 문제가 많아 순찰 제도를 도입하게 되었다. 이 제도는

---

10) 앞의 책, 17쪽.

1708년 다마스쿠스에 임명되었던 알 아즘 출신의 주장관에서부터 비롯되었다. 따라서 금식월인 라마단의 몇 주 전에 주장관은 주민들에게 국가에 대한 납세 의무를 다시 일깨우려고 매년 몸소 물리력을 동원하여 나블루스 지역의 지정된 장소에 나타났다. 그랬어도 세금은 완전히 걷히거나 제때 걷히는 일이 드물었다.

팔레스타인 전역에서의 자율성은 지역마다 상당히 큰 차이가 있었다. 중앙 정부가 나폴레옹에 대항하기 위해 군인들을 소집했을 때 예루살렘 근처 지역의 지도자가 예루살렘 법정에 나와 일정한 수의 군대를 제공하든지 아니면 상납금을 지불하겠다고 약속했다. 그러나 보다 먼 나블루스에서는 지역 지도자들의 협조가 별로 이루어지지 않았다. 다음의 글에서 술탄 셀림 3세의 어처구니없는 좌절감을 살펴보자.

사전에 우리는 나블루스와 제닌 지역에서 2000명의 군사를 보내 승리하는 우리의 군인들과······ 성전에 합류하도록······ 〔칙령을〕······ 보냈다. 그러자 너희들은 곡물 심기와 쟁기질 때문에 2000명을 보내는 것이 불가능하다고 말하면서 스스로 변명하는 청원에 서명했다. 너희들은 1000명의 군사를 면해달라고 했고······ 우리는 자비로운 마음으로 1000명을 면제해주었다. 그러나 지금까지 나머지 1000명의 군사 중 아무도 오지 않았다. ······ 〔그러므로〕 우리는 그 대신 11만 피아스터(구루쉬의 별칭─옮긴이)의 돈을 받겠다. ······만약 너희들이 조금이라도 망설인다면〔늑장을 부린다면〕 너희들은 큰 벌을 받을 것이다.[11]

---

11) 앞의 책, 18쪽.

결과적으로 중앙 정부는 군대도 돈도 받지 못했다. 그런데 여기에서 주목해야 할 요점은, 나블루스의 지도자들은 오스만 통치에 도전하고 있었던 것이 아니라, 사실 프랑스에 대항하여 싸우고 있었다는 점이다. 어쨌든 그들은 그들의 자율성을 내놓지 않으려 했고 그들 자신의 경제적·사회적·문화적 정체성과 응집력을 수도의 간섭으로부터 지키려 했다. 이 예에서 분명히 알 수 있듯이, 1800년의 이스탄불은 나블루스의 일상적인 생활에서 강력한 힘을 발휘하지 못했다.

1840년경부터 시작된 나블루스의 생활에 대한 중앙 정책들의 영향력, 즉 우리의 두 번째 이야기를 보다 잘 이해하려면 먼저 국가의 통제를 지방으로 확장시키기 위해 제국 전역에 선포되었던 수많은 조치들을 고려해야 한다. 여기에는 지방의 군사 주둔 증대, 주민의 무장 해제 유지, 징병제 부활, 인두세 유지 등을 위한 조치들이 포함되어 있었다. 1840년대 중반 (적어도) 제국의 아나톨리아 지방에서는 조사단들이 놀라울 정도의 다양한 가축들——양, 염소, 말, 소 등——을 포함한 모든 가구의 재산을 기록했다. 보다 넓은 범위에서 오스만 국가는 1840년대 말 인구 집계를 위한 조치들을 개시했고(1858년에는 기존에 있던 토지 법률을 성문화했다), 술탄 마흐무드 2세의 치세가 끝나던 1839년에 지방 명사들은 대체로 중앙으로부터 독립적인 행동을 더 이상 하지 않았다. 사실 이스탄불 측은 예전에 자율적이었던 명사 가문의 우두머리들을 제국의 다른 지역에 임명하기도 했으며, 그 예로 서아나톨리아의 강력한 카라오스만올루를 예루살렘과 드라마(Drama, 현재 그리스 북동부의 마케도니아 지방에 있는 도시—옮긴이)의 지방관으로 보내기도 했다. 그러한 변화에 힘입어 중앙 정부는 제국의 지방 정치 곳곳에서 보다 중요한 요소가 되어갔다.

그러나 지방 명사 대부분의 사회적·경제적·정치적 힘이 비록 온전하게 남지 않았다 해도 상당한 수준으로 유지되었다. 18세기에 지역 정치와 경제를 지배했던 똑같은 지방 가문들이 20세기 초, 또는 그 후에 이르기까지 권력을 장악했다. 이전의 명사들과 그들의 후손들은 지역 내의 관료로 복무했고, 국가에서 구성한 새로운 지역 위원회에 참여하기도 했다. 그 후 행정상의 변화로 이러한 지위가 무급직이 되었을 때에도 지방 엘리트 지배의 유지가 보장되었으니, 이는 부유한 사람이 아니고는 여기 복무할 여유가 없었기 때문이다. 또한 세금청부 제도가 제국의 마지막까지 지배적이었음을 상기하자. 이는 지역 경제에서 핵심적인 역할을 유지하고 있는 지방 명사들의 영향력이 계속되도록 해주었다. 그들은 농업 부문을 다른 방식으로, 예를 들어 국가에서 자금을 댄 농업 은행을 포함하여 공식적이든 비공식적이든 모든 신용을 틀어쥐면서 영향력을 발휘했다. 지방과 중앙의 엘리트들은 이렇게 세금 징수에서 경쟁하기도 하고 협조하기도 했다. 19세기 말 오스만 제국은 이전과 마찬가지로, 경작자의 세금으로 지방 엘리트를 부양했고, 또한 이전보다 더한 정도로 중앙 정부의 엘리트들을 부양했다. 따라서 중앙과 지방의 엘리트 사이에서 협의된 타협으로, 일반 경작자의 전체 세금 부담액을 늘릴 가능성이 점점 높아져 갔다.

1840년 이스탄불 측은 지방 명사들의 호의를 얻고, 그들과 함께 그리고 그들을 통해 행정력을 발휘하기 위해 일련의 공식적인 지방 행정 조직상의 변화를 개시했다. 제국의 법률에 따라 각 윌라예트(vilayet, 19세기 중엽 행정 개혁 이후 주(州)를 빌라예트라고 부르게 되었다—옮긴이)와 산작에 위원회가 하나씩 설치되었다. 각각은 13인의 위원으로 구성되었는데 7인은 중앙 정부를 대표했고, 6인은 지방 명사들에 의해 그들 중에서 선출했다. 산작 밑의 단위 카자(kaza) 위원회에는 비무슬림을 포함한 지방 명사 출신 5인의 위원이 있었다. 가장 낮은 행정 단위인 나히예(*nahiye*) 수준의 선거인들은 제비를 뽑아 결정했다. 이 4개의 단위 각각에 대해 이스탄불 측은 감독관들을 임명했다. 이러한 조건 속에서 이스탄불은 지방 명사들에 대한 통제력을 더 많이 확보하면서도 지방 명사들이 새로운 중앙 행정 구조에 참여하는 것을 공식적으로 승인한 것이다. 이렇게 1840년의 변화들은 과거와의 단절이 아니라 중앙 통치에 지방 명사들이 개입하는 조건들을 재조정하려는 것이었다.

　나블루스에서는, 위원회에 대한 1840년의 칙령으로 중앙의 통제와 지방의 자율이라는 문제에 대한 길고도 집중적인 협상이 촉발되었으니, 이는 중앙과 지방 엘리트 사이의 오랜 줄다리기의 하나였다. 이 경우, 지방 엘리트의 구성원들은 나블루스의 고문 위원회의 위원들이었으며, 그들은 예전과 마찬가지로 중앙 정부와 협상을 벌였다. 그러나 여기에는 차이가 있었다. 중앙 정부가 예전보다 더욱 공격적이고 강제적으로 바뀌었던 것이다. 예루살렘의 지방관은 나블루스에 공문을 보내 현재의 지방위원회에서 차기 위원회에 복무할 사람들을 지명하라면서, 위원들을 무슬림과 비무슬림 집단에서 선발해야 한다고 지시했다. 지역 내의 일들을 운영하고 있던 나블루스의 무슬림 명사들은 현재의 위원회 구성이 이 지역의 자연스러운 지도자 집단이므로 변화 없이 지속되어야 한다고 주장했다. 더욱이 그들은 위원회와 그 지도자들을 지명하는 데 국가가 참여할 권리를 확실하게 거부했다. 나블루스의 명사들은 그들의 자율성을 대체로 유지했지만, 몇몇 새로운 구성원들을 포함하는 데 동의했다. 이 같은 나블루스의 예에서처럼, 위원회 구성원들은 새로운 위원회의 정통성에 문제를 제기하지는 않았다. 위원회란 그들, 다시 말해 도시의 (신흥) 상인과 제조업자들이 정치 과정에서 공식적인 목소리를 낼 수 있는 수단이었기 때문이다. 그리하여

중앙집권적인 국가는 지방의 구조 속으로 이전보다 더 교묘하게 침투
할 수 있었던 반면, 지방 엘리트들은 중앙집권 계획의 결과를 대부분
성공적으로 막아낼 수 있었다.

 1840년 나블루스에서 나타난 경향들은 오스만 시대의 남은 기간 동
안 제국 곳곳에서 가속화되었다. 그리하여 일상적 삶에서 국가의 통제
와 간섭은 19세기가 진행됨에 따라 증가했다. 중앙 관료제는 비약적
으로 성장했고, 술탄 압뒬하미드 2세 당시에는 정확히 제국의 모든 구
석구석에까지 침투해 있었다. 더욱이 이스탄불 정권과 지방 엘리트들
사이의 긴장된 관계, 즉 간혹 투쟁적이지만 공생적이고 호혜적인 관계
가 이 새로운 시대를 규정지었다.

7

오스만 경제
인구·교통·무역·농업·제조업

여기에서 다루게 될 오스만 경제의 개설은 미시적·거시적 수준의 통계들로 가득 찬 초보적 경제학이 아니다. 그보다는 오스만 제국 내의 사람들이 어떻게 생계를 꾸려나갔는지, 그리고 그 양상들이 시간이 지나면서 어떻게 변했는지를 보여주고자 한다. 이런 목표를 이루기 위해 이 장에서는 인구 규모·인구 이동·거주 구역에 대한 인구학적 정보들을 주요 경제 부문에서의 변화들과 연관시키는 복합적인 회로망을 강조할 것이다. 맨 처음 1700년경에는 그 어느 부문보다 농업이 월등히 중요한 경제 부문이었으며, 이는 세계 어디서나 거의 마찬가지였다. 농업을 살펴본 뒤에는 사람들이 종사했던 여러 경제 부문들——제조업, 무역, 운송, 광업——을 각각 살펴보기로 하는데, 그 중요도의 순서는 방금 열거한 순서와 같다. 앞으로 설명하겠지만, 비록 경제 전반이 기본적으로 농업 경제로 남아 있지만 농업의 내용 자체는 극적으로 변화했다. 게다가 오스만 제조업은 처음에는 아시아의 경쟁자, 그 후에는 유럽의 경쟁자들을 상대로 고전했지만, 놀라운 수준의 생산을 달성했다. 비록 이러한 전환이 산업혁명에 근접하는 무언가로 이어지지는 않았지만, 그 전환은 제국의 종말에 이르기까지 지속적으로 생활 수준을 개선했다.

인구

19세기 말 이전의 오스만 국가는 신민들의 부(富)를 헤아리기는 했어도 사람들 자체는 헤아리지 않았다. 인적 자원 부문에서, 오스만 국가는 세금의 납부 의무가 있는 사람들(대개 남성이었던 가구주들)과 군사적으로 쓸모 있는 사람들(젊은 남자)을 조사했다. 그리하여 1880년대에 이르기까지 한 지역 또는 제국 전체의 인구 규모는 대략적으로 추측할 수 있을 뿐이다. 그러나 사람들의 실제 수는 알 수 없어도, 인구 변화의 일반적인 양상은 알 수 있으므로 거기서부터 시작해보자.

18세기 초에 대해 확실하게 말할 수 있는 것은 오스만 총인구가 16세기 말보다 적었다는 점이다. 17세기에 인구가 전반적으로 감소했다는 것은 확실해 보이며, 이는 지중해의 전반적인 인구 침체와 맞물려 있었다. 더욱이 오스만 제국은 전 세계 인구에서 차지하는 비중이 감소하고 있었다(5장 참조). 또한 17세기에는 발칸 반도의 인구가 더 많았지만, 1800년 아나톨리아와 발칸 지방의 인구 규모는 서로 비슷하게 되었다. 끝으로, 1775년경 이후로 매우 급속한 감소를 겪었던 아랍 지역은 18세기에 인구가 감소했음이 확실한 것으로 보인다. 이와는 대조적으로, 19세기에는 발칸·아나톨리아·아랍 세 지역 모두 인구가 증가했다.

여기에 몇 가지 수치가 유용할 수도 있다. 서기 1800년에 전 오스만 인구는 약 2500만에서 3200만 가량이었으리라고 추측된다. 어떤 평가에 따르면, 오스만 영내의 인구는 유럽 지역에 1000만에서 1100만, 아시아 지역에 1100만, 그리고 북아프리카에 300만이었다고 한다. 1914년에는 좀 더 확실하게, 오스만 신민의 인구는 약 2600만이었다고 말할 수 있다. 이러한 수치들을 이해하려면 제국의 영토 크기가 300만 제곱킬로미터에서 130만 제곱킬로미터로 상당히 줄어들었음을 염두에 두어야 한다. 그러므로 비록 1800년과 1914년 사이에 전체 인구는 거의 비슷해도, 같은 수의 인구가 반밖에 안 되는 지역에 밀집하게 되었으므로 인구 밀도는 대략 2배가 된 것이다. 더욱이 제국의 인구학적 중심은 거의 마지막에 이르기까지 유럽에 있었다. 루멜리(발칸)의 인구 밀도는 아나톨리아의 2배였고, 아나톨리아의 인구 밀도는 이라크와 시리아의 3배, 아라비아 반도의 5배였다. 발칸 반도의 인구학적 중요성을 실감하려면 다음의 수치들을 생각해보자. 1850년대 루멜리는 오스만 인구의 절반을 수용하고 있었고, 1906년 오스만 영토로 남아 있던 발칸 반도의 좁은 영토들에서 오스만 인구의 4분의 1을 수용하고 있었다. 인구학적으로 발칸은 핵심적인 지역이었으며, 따라서 발칸의 상실은 오스만 경제와 국가에 대한 심각한 타격이었다.

사람들의 수명은 그다지 길지 못했다. 제국의 마지막 시기에 살았던 아나톨리아 무슬림들의 평균 수명은 27세에서 32세였다. 5세 이후까지 생존했던 사람들은 49세가 평균적인 수명이었다. 이와 비슷하게, 19세기 초 세르비아의 주민들은 평균적으로 25세까지 살았다. 오스만 신민 대부분은 조부모, 부모, 아이들, 즉 3세대로 이루어진 다중 가구로 살지 않았다. 그보다 그들은 단순 가족 또는 핵가족, 즉 부모와 자식이 함께 살았으며, 조부모가 함께 사는 경우는 드물었다. 농촌은 1가구당 5~6명이었고, 이스탄불의 가구들은 19세기 말 평균적으로 4명 이하였는데 아마도 제국 내에서 가장 가구 규모가 적었을 것이다. 알레포의 경우(어쩌면 다른 지역도 마찬가지로) 무슬림, 유대인, 기독교인의 가구 구성에는 눈에 띄게 다른 점이 없었다. 예외가 있다면 유대인과 기독교인들 사이에는 동시에 한 명 이상의 아내를 둔 일부다처제가 없었다는 점이다. 무슬림들 사이에서도 일부다처는 흔하지 않은 현상이었다. 아랍의 작은 도시였던 나블루스에서는 16퍼센트의 남성이 일부다처적 형태의 결혼관계에 있었던 데 비해, 제국의 거대한 수도였던 이스탄불에서는 2퍼센트만이 그러했다. 이혼은 허용되었으며, 오스만 무슬림들 사이에서는 보기 드물지 않은 일이었다. 상류층의 무슬림 남녀들은 정치적 유대관계 유지와 재산 보존에 대한 필요 때문에 정치적·경제적 위계질서에서 보다 낮은 위치에 있는 사람들에 비해 이혼율이 낮았다.

사망률에는 여러 가지 요인이 긍정적·부정적으로 영향을 미쳤다. 피임에 대한 지식은 널리 퍼져 있었지만 정확하게 어느 정도였는지는 여전히 확실하지 않다. 국가는 19세기 말 피임을 금지하는 법을 통과시켰지만, 이는 피임법 사용의 증가에 따른 공식적인 우려가 점점 더 커지고 있었음을 반영하는 것인지도 모른다. 18세기 알레포에서는 피임의 한 방법으로 낙태가 행해졌지만 그 빈도가 높았던 것으로는 보이지 않는다. 임신을 늦추기 위해 장기간 수유를 하는 것이 흔한 관행이었고, 19세기 말 이스탄불에서는 만혼(晩婚)이 많았다. 공중 위생의 개선은 수명을 연장하는 데 긍정적인 역할을 했으며, 부분적으로는 19세기 말에 격리 시설과 병원을 세우는 등 보다 적극성을 띤 국가의 영향 때문이기도 했다. 전염병은 대단히 큰 문제였다. 페스트는 19세기 후반에 이르기까지 오스만 사회에 여전히 중대한 사건이었다. 예를 들어, 1785년 이집트 인구의 6분의 1이 페스트로 죽었다. 질병의 관점에서 보면, 도시에 집중되어 있는 조밀한 인구 집단이 전염의 진원지였으며 주기적으로 피폐해졌다. 대부분의 지역에서 도시민은 전 인구의 10~20퍼센트 정도를 차지했고, 오스만 시대의 마케도니아의 경우 예외적으로 높아 25퍼센트에 달했다. 페스트로 초토화된 도시 인구는 농촌 인구의 이주로 다시 채워졌다. 이즈미르는 바깥세상과 항상 접촉이 있는 거대한 항구 도시였으므로 특히 평균 이상으로 고통을 받았는데, 18세기 절반 이상의 시기에 페스트가 되풀이되었다. 또 다른 항구 도시인 살로니카는 같은 세기에 12년 동안 페스트가 발생했다. 그러나 1781년에 약 2만 5000명이 페스트로 죽었다는 이야기를 어떻게 이해해야 할까? 이 숫자는 분명 잘못되었음이 틀림없다. 이 숫자는 당시 살로니카 인구의 약 50퍼센트를 차지하기 때문이다. 2만 5000명이 죽었다기보다는 단순히 많은 사람들이 죽었다는 것을 보여줄 뿐이라고 이해해야 한다. 알레포 시에는 보다 정확한 사망률이 나와 있으니, 이는 18세기 후반에 그 도시에서 살았던 유럽인 의사가 페스트로 죽은 사망자들을 조사하여 직접 기록했기 때문이다. 알레포는 대상로(隊商路)의 주요 중심지였고, 18세기에만 치명적인 페스트가 8차례 발생하여 모두 15년을 끌었으며, 다시 1802년과 1827년 사이에 4차례가 더 발생했다. 이 의사의 계산에 따르면, 1700년대 말 알레포 인구의 15~20퍼센트가 페스트로 죽었다.

기근 역시 대단한 피해를 입혔다. 기근은 단지 악천후나 해충 같은 자연적인 원인만이 아니라 식량의 배분에 영향을 주는 인위적인 요소들, 즉 정치, 운송 두절, 전쟁 등으로도 일어났다. 이집트는 1687년과 1731년 사이에 6차례의 기근을 겪었다. 그러나 19세기 동안 운송과 통신의 개선에 따라 기근은 제국의 모든 곳에서 줄어들었다. 발칸 반도의 많은 지역에서 기근이 1830년대에 거의 사라진 반면, 마지막 살인적인 기근은 그보다 40년이 지난 뒤 아나톨리아에서 일어났다. 그 후부터는 한 지역이 흉작을 겪으면 증기선, 철도, 전신에 힘입어 대개는 다른 지역에서 식량을 조달하여 메워졌다. 그러나 그 이후에도 전쟁과 기타 정치적 위기 때 또다시 기근이 발생했다. 예를 들어, 제1차 세계대전 중에 상당히 많은 사람들이 전선과 후방에서 죽었다. 18세기 전체 기간 중 55퍼센트가, 그리고 1800년에서 1918년까지의 기간 중 45퍼센트가 전쟁으로 점철되었다. 이러한 전쟁들은 단지 전투원들, 즉 다음 세대의 아버지들뿐만 아니라 다음 세대의 어머니들과 많은 민간인들을 죽음으로 몰고 갔다. 이들은 총탄만이 아니라 영양실조와 그에 따르는 수많은 질병으로도 사망했다. 마지막으로, 해외 이주도 전체 인구를 감소시켰다. 100만 명이 넘는 오스만 신민들이 1860년과 1914년 사이에 신대륙으로 이주했다. 그들 대부분인 80~85퍼센트는 기독교인들이었고, 이들 중 상당수는 1909년 오스만 기독교인들의 징집이 법제화된 뒤에 떠났다.

19세기 동안, 당시 제국에서 성장하고 있던 국제 무역과 관련된 항구 도시들의 발전에 따라 해안 지역에 인구가 그나마 밀집되었다. 항구 도시들은 전체 인구보다 훨씬 더 빠른 인구 증가를 보였다. 대개의 항구 도시들은 수심이 깊었으며, 배후지(背後地)와 긴밀하게 연결──처음에는 대상로, 나중에는 철도를 통해──되었다. 항구 도시의 인구 성장에 대한 예를 발칸 반도·아나톨리아·아랍 지역에서 각각 하나씩 세 가지만 들어도 충분할 것이다. 그리스에서는 살로니카 항구의 인구가 1800년에 5만 5000명에서 1912년에는 16만 명으로 늘었으며, 아나톨리아의 서부 에게 해 해안의 이즈미르에는 1800년에 약 10만 명의 주민이 있었는데(16세기 말 인구의 2배였다) 1914년에는 30만 명으로 늘어났다. 레바논의 베이루트는 1800년에 인구 1만 명의 소도시에서 1914년에는 15만 명에 이르는 놀라운 인구 성장을 보였다.

이와는 대조적으로, 내륙의 도시 인구는 가끔 침체되거나 줄어들었다. 때때로 인구 감소는 정치적인 원인 때문이었으며, 그러한 예로는 세르비아 국가 형성으로 귀결된 19세기 초 내전 와중에 베오그라드의 인구가 2만 5000명에서 8000명으로 3분의 2나 줄어든 것을 들 수 있다. 디야르바크르의 주민 수는, 1830년에서 1912년 사이에 그곳을 지나는 무역로의 중요성이 축소되면서 5만 4000명에서 3만1000명으로 줄어들었다. 역시 아나톨리아 내륙에 있는 앙카라는 모헤어(앙고라 염소의 털─옮긴이) 섬유·직물·방적사 제조의 중요한 중심지였다. 19세기 초 해외에서의 경쟁으로 앙카라의 독점이 무력화되었고 이러한 활동들이 사라졌다. 그러나 그 후로 앙카라는 이스탄불을 출발하는 아나톨리아 철도의 종착역으로 철도 수송의 종점이 되었으며, 다시 번영을 누리게 되었다. 그리하여 비록 중간에 인구가 급격하게 감소했지만, 1914년 앙카라의 인구는 그 이전 세기의 인구와 거의 비슷해졌다. 이처럼 단순한 인구 통계에는 특정 지역들의 인구 증감에 관한 여러 가지 속사정들이 숨어 있다.

오스만 역사 전체를 통틀어, 이주(移住)는 언제나 인구 분포에 영향을 미치는 요인이었다. 이주는 정치적·경제적인 여러 이유로 발생했다. 경제적 이주의 사례 가운데 하나로 들 수 있는 것은 항구 도시들의 성장이다. 이러한 항구 도시에 경제적인 이유로 내륙의 오스만 신민들이 이주했으며, 이즈미르의 경우에는 인접해 있는 에게 해의 섬 사람들이 들어왔다. 이즈미르, 베이루트, 알렉산드리아, 살로니카에는 오스만 내륙의 이주민들뿐만 아니라 지중해를 건너온 말타·그리스·이탈리아·프랑스 출신의 이주민들도 있었다. 그들에 힘입어 항구 도시들은 세계 시민적이고 다언어적인 '레반트적'(레반트[Levant]란 동지중해 연안 지역을 포괄하여 지칭하는 말이다—옮긴이) 문화를 형성했으며, 이는 특별히 오스만 제국의 일부분이라기보다는 대체로 지중해 세계의 일부였다. 일반적으로 도시들을 향한 경제적 이주는 오스만 사회의 정상적이고도 중요한 특징이었다. 일꾼들은 자주 엄청난 거리를 이동했고 수년이 흐른 뒤에 고향으로 돌아왔다. 그러한 예로는, 16세기 이스탄불에서 그리고 이후 거대한 모스크를 지었던 석공들과 기타 건축 관련 수공업자들을 들 수 있다. 또한 19세기 후반에 발칸·아나톨리아·아랍 지역에서 철도를 건설하는 데에도 가까운 지역만이 아니라 멀리서도 수천 명씩 일꾼들이 몰려오곤 했다. 게다가 수세기 이전에 시작되어 제국의 종말에 이르기까지 계속된 형태로, 사람들은 짐꾼이나 항만 근로자로 일하려고 동아나톨리아의 시골 마을에서부터 머나먼 이스탄불까지 몇 달씩 걸어서 이주했고, 독신 남성을 위한 공동 주거에 자리를 잡았다. 또 중부나 북부 아나톨리아의 도시들에서 온 사람들은 수도의 의류업자나 세탁업자로 일했다. 짐꾼들의 예에서처럼 그들은 수년 동안 일한 뒤에 같은 마을 출신의 다른 사람들로 교체되었다. 19세기에는 크로아티아인과 몬테네그로인들이 서북 발칸의 고향을 떠나 흑해 연안에 있는 종굴닥(Zonguldak) 탄광으로 왔다. 오랜 전통의 채굴 기술을 가지고 있던 그들 가운데 일부는 그 지역에 영구적으로 정착하기도 했다.

경제적인 이유에서 비롯된 이주와 마찬가지로, 정치적인 이유의 이주들은 극적인 성격을 띠었으며 해당 지역에 오늘날까지 여전히 영향을 미치고 있다. 17세기 말에서 18세기까지 계속된 합스부르크-오스만 전쟁의 인구학적 영향을 예로 들어보자. 전투를 피하기 위해 세르비아 정교회 신도들은 코소보(현재의 유고슬라비아[유고슬라비아라는 명칭은 2003년 이후로는 쓰이지 않으며, 코소보는 2008년 독립을 선언했다—옮긴이]의 남부) 인근의 고향을 떠나 북쪽으로 간헐적인 이주의 물결을 이루었다. 그때까지 코소보 지역은 세르비아적인 성격을 강하게 띠었으나 알바니아인들이 점차 이주해와 그 공백을 메웠다. 일부 세르비아인들은 보스니아 동부로 이주했는데, 그 결과 그곳에서 다수를 이루던 무슬림들이 기독교인들에게 상당히 중요한 비중을 내주었다. 또 어떤 세르비아인들은 계속 북쪽으로 이동하여 합스부르크 영토로, 예를 들어 1736~1739년 전쟁에서 오스만 측이 승리한 이후 그곳으로 들어갔다. 이것이 1990년대의 보스니아와 코소보 위기에 관한 오스만 시대의 배경이다.

오스만 세계의 기타 지역에 있었던 정치적으로 강제된 이주는 그 원인이 달랐고 규모면에서 훨씬 거대했다. 이 이주들은 두 가지 과정으로 촉발되었다. 첫째, 차르의 러시아가 흑해 연안 가운데 북방과 동방의 무슬림 국가들을 정복했다. 크림 칸국이 그 가운데 하나였지만 그 외에도 많았다. 둘째, 러시아와 합스부르크 국가들은 오스만 영토를 합병하거나 흑해의 서쪽 연안과 발칸 반도 전체에 독립국가의 태동을 촉진했다. 이러한 과정들이 전개되자 일부 무슬림 주민들은 새로운 지배자 치하에서 살고 싶지 않아 탈출했다. 그러나 그보다 훨씬 많은 사람들이 차르와 새롭게 독립한 나라들의 정부에 의해 강제로 추방당했다. 양자 모두에게 무슬림들은 어떤 수단을 동원해서든 제거해야 할 적이었고, 반갑지 않은 '타자(他者)'였다. 그 결과, 18세기 말부터 무슬림 난민들이 오스만 세계를 거대한 규모로 뒤덮기 시작했다. 1783년에서 1913년까지 약 500만~700만 명의 난민들——그 가운데 적어도 380만 명은 러시아 신민들이었다——이 축소되고 있는 오스만 국가로 쏟아져 들어왔다. 예를 들어, 1770년에서 1784년까지 약 20만 명의 크림 타타르들이 다뉴브 강의 삼각주 도브루자를 도망쳐 나왔다. 더 많은 인구가 제1차 세계대전을 전후하여 탈출했다. 게다가 1921년에는 10만 명의 난민들이 이스탄불을 뒤덮었는데 그들 대부분은 러시아 출신이었다. 많은 난민들은 일단 탈출한 뒤 오스만령 발칸 반도의 다른 곳에 눌러 앉았으며, 다시 그 지역이 독립하면 또 떠나야 했다. 또 다른 예로, 약 200만 명의 인구가 카프카스 지역을 떠나 오스만의 발칸 반도(불가리아의 소피아에만 1만 2000명)로, 아나톨리아로, 시리아로 향했다. 난민들은 자의로든 정부 정책에 따라서든 변방 지역 또는 새로 생긴 철도 주변의 빈터에 정착하려고 이주했다. 1878년 한 해 동안에만 적어도 2만 5000명의 체르케스(카프카스의 민족 집단—옮긴이)

인이 남시리아에, 그리고 또 2만 명이 알레포 주변에 자리를 잡았다. 아나톨리아에서는 당시 발전하고 있던 아나톨리아의 철도 주변 지역으로 정부가 장려금을 주어가면서 난민을 정착시키기도 했다. 난민들의 고통은 대단했다. 아마도 카프카스 출신의 이주민들 가운데 5분의 1 가량이 여행 중에 영양실조와 질병으로 사망했으리라 추산된다. 1860년과 1865년 사이, 주요 입국항이었던 흑해 연안의 트라브존에서는 약 5만 3000명이 사망했다.

이러한 이주는 아주 깊은 상처를 남겼고, 그 가운데 특히 터키와 불가리아 같은 현재의 국가들 사이에서 여전히 관계를 악화시킬 수 있는 추방에 대한 쓰디쓴 기억들도 있다. 이주민들의 후손들은 현재 요르단·터키·시리아의 경제와 정치 구조에서 중요한 지도적 위치를 차지하고 있다. 이주는 러시아와 발칸 반도에서 마치 원심분리기처럼 작용해서 종전까지 다양했던 인구를 단순화시켰으며, 그 지역의 경제에서 숙련공, 상인, 제조업자, 농민들을 몰아냈다. 이주민들을 받아들인 사회 또한 종족적으로 보다 복잡하고 다양해진 한편, 이주민을 내보낸 사회나 받아들인 사회는 종교적으로 더욱 동질화되었다. 그리하여 발칸인들은 (비록 일부 지역에 무슬림들이 남았지만) 이전보다 기독교적 성격이 더 강해졌고, 아나톨리아와 아랍 지역들은 보다 무슬림적 성격이 강화되었다. 그 후 제1차 세계대전 중 아나톨리아는 오스만 제국의 아르메니아인들과 그리스인들이 추방되거나 살해되고 난 뒤에 좀 더 종교적으로 동질화되었다.

1700년에서 1922년까지의 기간에는 어느 정도 도시화가 진행됐고 도시 거주 인구의 비율이 증가했다. 그 이전인 17세기와 어쩌면 18세기에도 도시 인구가 증가했다는 증거가 있는데, 부분적으로는 정치적으로 불안한 시대에 농촌보다 안전했던 도시로 피난했기 때문이다. 그리고 앞에서 살펴보았듯이, 항구 도시들은 18세기와 특히 19세기에 급격한 성장을 보였다. 더 나아가 위생과 보건의 개선으로 도시는 보다 건강한 환경이자 보다 살고 싶은 곳이 되었다.

　1700년에서 1922년 사이에 인구는 더욱더 정주화되었고 유목적 성격을 잃어갔다. 18세기 동안 유목민들은 중부와 동부 아나톨리아, 시리아, 이라크, 아라비아 반도 일부 지역의 경제와 정치를 지배했다. 때에 따라서 유목민들은 다마스쿠스와 메카 사이의 순례 대상(隊商)을 약탈하기도 했고, 대개 시리아의 중부와 동부의 초원지대와 그곳에서 동쪽과 남쪽으로 이어지는 지역들을 지배했다. 19세기 동안 국가는 이런 유목 부족들의 세력을 꺾기 위해 결정적인 조치를 취했다. 예를 들어, 국가는 동남 아나톨리아의 부족들을 강제로 정착시켰는데, 그들 가운데 수많은 사람들이 새로 정착한 곳에서 말라리아 열병으로 죽고 말았다. 다른 곳에서도 국가는 부족들에게 농사를 짓고 살게 하거나, 자율적으로 이동할 능력을 완전히 제거하여 부족들을 정주화시켰다. 더욱이 국가가 이주해온 난민들을 정착시키면서 그들을 원래의 농경 정착지와 유목민들의 지역 사이에 완충지대를 만드는 데 이용하기도 했지만, 이 때문에 유목민들은 사막으로 더 깊이 들어가게 되었다. 유목민들의 수적인 중요성이 1800년 이후 급격히 줄어들었다는 사실에는 의심의 여지가 없다(이 장의 '농업' 관련 부분도 참조하라).

운송

먼 과거와 가까운 과거를 운송의 측면에서 비교해보면 근대에 일어난 놀라운 변화들이 강렬하게 떠오른다. 증기기관이 18세기 말에 등장하기 전까지는 물을 이용한 해상 운송만이 대량의 물건들을 나르는 현실적인 단 하나의 방안이었다. 지중해 세계에서 노 젓는 갤리선을 이용한 해상 운송은 18세기로 넘어가면서 범선에게 그 자리를 내주었다. 범선을 이용한 운송은 훨씬 저렴했고 거의 언제나 육로 운송보다 빨랐다. 육로 운송은 아주 짧은 거리를 제외하고는 이용하지 못할 정도로 비쌌는데, 그 이유는 짐을 나르는 동물들이 먹는 건초가 나르는 짐보다 더 비쌌기 때문이다. 근세의 가장 작은 배조차도 가장 효율적인 형태의 육로 운송보다 200배나 무거운 짐을 나를 수 있었다. 그러나 육로 운송과는 달리 해상 운송은 변덕스런 날씨, 조류, 바람 때문에 정확하게 예측하기 어려웠다. 바다 여행에 한번 나서면 도착 시각은 물론, 어느 날짜 또는 어느 주간에 도착할지 예상할 수 있는 방법이 전혀 없었다. 18세기를 주도했던 항해 기술만으로 주요 무역항로 가운데 하나인 이스탄불과 베네치아 사이의 900마일(약 1440킬로미터─옮긴이)을 여행한다면 순풍을 만나면 15일이라는 짧은 기간에 할 수 있었다. 그러나 악조건에서는 이 같은 여행이 81일이나 걸리기도 했다. 이와 마찬가지로, 알렉산드리아에서 베네치아 사이의 1100마일(약 1760킬로미터─옮긴이)의 여행도 17일 정도로 빨리 할 수 있었지만, 이보다 5배인 89일이 걸릴 수도 있었다. 그리하여 근대 이전에는 발송일과 도착 시점이 아주 불확실했다. 더욱이 범선들은 몹시 작아 근대적 기준에서 보면 콩알만 했다. 그 당시 전형적인 상선은 50~100톤 규모였고 6명 정도의 선원이 탑승했다.

19세기 동안, 해상 운송은 조류, 파도, 바람을 헤치고 배를 추진시키는 증기기관의 도입에 힘입어 근본적인 변화를 겪게 되었다. 정확하게 예정된 출발과 도착 시간을 기입한 선박 운항 시간표가 등장할 정도로 예측 가능성이 향상되었다. 증기선은 1820년대 오스만 치하의 중동에 처음 출현했으며, 이는 서유럽에서 증기선이 발명된 지 얼마 지나지 않아서였다. 1870년대에 이르러 오스만 영해의 증기선은 1000 톤급에 이르렀고, 이는 범선 항해 시대의 일반적인 배 규모의 10~20 배가 되었다.(그러나 현대 기준에서 보면 이것들 역시 소규모였다. 타이타닉 호는 4만 6000톤에 이르렀다.)

이러한 해상 운송상의 혁명은 하루아침에 이루어진 것이 아니었다. 1860년대에는 증기선보다 4배나 많은 수의 범선들이 여전히 이스탄 불 항만에 들어왔다. 그러나 1900년에 변화가 완료되었다. 범선은 이 스탄불에 들어오는 배의 5퍼센트만을 차지했다. 그런데 놀랍게도 이 5 퍼센트는 19세기 어느 한 해에 이스탄불에 들어왔던 범선의 총수보다 더 많았으니, 이는 운송량의 대단한 증가를 보여주는 척도였다.

증기선은 강을 이용한 운송 역시 혁명적으로 변화시켰다. 증기선이 등장하기 전에 강 여행은 주로 물의 흐름을 따라 하류로 가는 일방통 행이었다. 단, 나일 강은 여기에서 큰 예외였다. 나일 강에서는 물살이 남에서 북으로 흐르는 한편, 주된 풍향이 북에서 남이었으므로 범선이 정기적으로 상행과 하행을 할 수 있었다. 이러한 상황은 중동의 수로 에서는 매우 드문 일이었다. 일반적으로 선박은 강 하류를 향해 화물 을 싣고 내려갔다. 목적지에 도착한 뒤 배들을 부수고 그 목재들을 팔 았던 것은 물살을 거슬러 상류로 올라가는 것이 거의 불가능했기 때문 이다. 따라서 다뉴브 강처럼 발칸 반도의 큰 강이나, 에디르네를 통과 하는 마리차 강처럼 약간 더 작은 강에서 이루어지는 운송은 내륙에서 흑해로 향하는 일방통행이었다. 그 비슷한 현상으로, 아랍 지역에서는 티그리스 강을 따라 디야르바크르에서 모술을 거쳐 바그다드에 이르 는 344킬로미터의 뱃길로 화물을 실어 날랐다. 이 특별한 운송은 비능 률적인 일방통행이긴 해도 가장 싼 육로 운송의 반값만 들었다. 증기의 힘으로 선박은 하류로만이 아니라 상류로도 운항하게 되었고, 이는 다뉴브와 티그리스, 유프라테스 유역의 내륙 지역들에 엄청난 영향을 주었다.

증기선은 19세기의 거대한 무역 발전을 초래했으며, 또한 19세기 무역 발전에서 유래한 것이기도 했다(다음을 보라). 이러한 발전은 운송 기술상의 혁명 없이는 불가능했으며, 그 기술 혁명은 무역의 물량을 어마어마하게 증대시키는 데 기여했다. 이러한 변화의 부가적 효과도 상당히 중요했다. 예를 들어, 유럽인들은 1914년 오스만 영해에서 활동하고 있던 상선의 거의 대부분——전체 용적 톤수로 따지면 90퍼센트——을 갖고 있었다. 이런 상선들의 등장으로 점점 커져가는 선박들을 수용할 수 있는 항구, 즉 깊고 넓은 항만을 가진 항구 도시들의 성장이 촉진되었다. 또한 증기선의 항상성과 극적으로 낮은 비용 때문에 오스만 제국에서부터 신세계로의 방대한 이주가 가능해졌다(뿐만 아니라 동부·서부·중부 유럽까지도).

증기선은 또한 1869년 수에즈 운하의 건설을 촉진시켰고, 수에즈 운하 건설로 유럽이 이집트를 점령하는 사건이 일어났다(지도 5 참조). 게다가 운하를 통과하는 물길로 운송 시간과 비용이 크게 절감되었다. 이라크는 그 지역의 상품을 운하를 통해 유럽의 소비자들에게 보내게 되자 크게 번창했다. 그러나 기타 오스만의 대소 도시들은 이 운하로 육상 무역로의 방향이 바뀌게 되어 대단한 손해를 입었다. 다마스쿠스, 알레포, 모술, 또는 베이루트와 이스탄불 모두 이라크, 아라비아, 이란의 무역이 운하로 분산되면서 고전을 면치 못했다.

육상 운송의 변화도 극적이고 광범위하다는 점에서 해상 운송의 혁명적 변화에 못지않았다. 19세기 중반에 이르기까지 동물을 이용한 운송이 육상의 화물 운송을 완전히 독점했다. 육상 운송은 상당히 힘들고 느리고 불규칙해서, 여정이 마일이나 킬로미터가 아니라 계절과 지형에 따라 걸리는 시간으로 측정되었다. 1875년 어느 여행 안내서에는 외국의 방문객들이 오스만 아나톨리아에서 여행할 만한 곳이 실려 있었는데, 이는 당시 생겨나고 있던 관광 산업의 초기적 사례이다. 트라브존에서 에르주룸에 이르는(290킬로미터 거리의) 마상 여행의 소요 시간은 58시간으로, 이는 여덟 단계로 나누어졌고 각 단계는 4시간에서 10시간이 소요되었다.

운송에서 오스만 세계는 두 부분으로 나눠져 있었으니, 즉 바퀴를 이용한 유럽 지역과 바퀴를 이용하지 않은 아나톨리아와 아랍 지역이었다. 이러한 구분은 또 다른 구분과 대략 일치했다. 발칸 반도의 운송 노선은 말이 주종이었지만, 아랍과 아나톨리아 지역은 낙타가 대세였다. 이러한 일반적인 원칙에도 예외가 있었다. 오스만 군대는 다뉴브 강 유역에서 상류를 향해 물자를 운송할 때 대단히 많은 수의 낙타를 이용했고, 타브리즈·트라브존 사이의 중요한 무역로에서는 말, 노새, 당나귀가 지배적이었다. 그러나 일반적인 원칙은 대체로 들어맞았다. 19세기 초 살로니카-빈(Wien) 사이의 여정은 말 2만 마리로 구성된 대상을 기준으로 50일이 걸렸다. 1860년대에는 한 달 동안의 여정으로 불가리아의 산악 도시인 코프리브슈티차에서부터 짐수레들의 긴 행렬이 아랍 지역에서 재판매(再販賣)하기 위해 공산품을 이스탄불까지 가져왔다. 그러나 유럽 지역을 아시아 지역에서 분리하는 해협의 동쪽에서는 낙타들이 대체로 우세했다. 운반에 이용되는 그 어떤 짐승보다 뛰어났던 낙타는 하루에 4분의 1톤의 화물을 싣고 적어도 25킬로미터를 주파할 수 있었으며, 이는 말과 노새보다 20퍼센트 더 많은 무게였고 당나귀보다 3배나 더 되었다. 그러나 노새, 당나귀, 말은 속도가 더 빨라 주로 단거리 여행에 이용되었고, 타브리즈-에르주룸-트라브존 대상로에서도 선호했다. 이 유명한 대상로에서는 매년 4만 5000마리의 동물이 이용되었으며, 평균 1년에 대상이 3차례 다녔고, 각각 1만 5000마리의 동물로 총 2만 5000톤을 운반했다. 그래도 아시아 지역의 거의 모든 곳에서 긴 낙타 행렬이 더 낯익은 장면이었다. 19세기 초 5000마리의 낙타가 28일 동안 바그다드-알레포 노선을 움직였고, 알렉산드레타-디야르바크르 사이의 약 400킬로미터는 16일이 걸렸다. 알레포-이스탄불 사이의 약 800킬로미터의 대상 노선은 40일이 걸렸고, 18세기에는 연간 4차례의 대상단이 이 노선을 여행했다. 그들의 운송력은 상대적으로 제한되어 있었으므로, 대상들은 거의 언제나 옷감이나 수공업 제품처럼 값비싸고 부피가 작은 상품들과 향료처럼 상대적으로 비싼 원료들을 운반했다. 다른 한편, 식량을 대상으로 운반하는 일은 드물었는데, 운송비가 판매 가격보다 더 비쌌기 때문이다. 예를 들어, 앙카라에서 이스탄불까지(약 346킬로미터) 곡물을 대상으로 운반하려면 가격을 3.5배 올려야 했고, 에르주룸에서 트라브존까지(약 301킬로미터) 운송하려면 가격이 3배가 되어야 했다. 이처럼 철도 이전의 현실은, 값싸게 해운을 이용할 수 없는 비옥한 땅은 주변 지역 주민의 수요만을 충족할 정도로만 경작되었고, 그 외의 땅은 휴경하거나 동물 사육으로 사용했다는 것을 의미한다.

　기존의 축력(畜力)에 기반한 육상 운송 기술에 몇 가지 미세한 변화가 일어났다. 우선, 상대적으로 중요한 운송 방식이었던 바퀴 달린 탈것들을(이는 로마 제국의 붕괴 시기에 거의 대부분 사라졌다) 아나톨리아와 아랍 지역의 체르케스 이주민들과 팔레스타인의 유럽계 유대인 정착민들이 다시 도입했다. 또한 상업이 증진되면서 이른바 '금속을 간 길'들의 일부가 약간 개선되었다. 이는 길의 너비를 가로질러 긴 금속판을 깔아 진흙을 줄이는 것이었다. 그러한 간선도로 가운데 하나가

1910년 바그다드와 알레포 사이에 생겼고 여행 시간이 28일에서 22일로 줄어들었다.

철도──육상의 증기선이라 불릴 만하다──는 육상 운송을 근본적으로 변화시켰다. 마찰이 적은 철로 위에서 다수의 차량──각 차량은 적어도 125마리의 낙타가 운반하는 만큼의 곡물을 운반할 수 있었다──을 끈다는 원칙에 입각해서, 특히 곡물처럼 부피가 큰 상품에 대해 철도는 믿을 수 없을 정도로 저렴하고 훨씬 더 규칙적인 운송을 제공해주었다. 역사상 처음으로 내륙의 비옥한 지역들──중앙 아나톨리아나 시리아의 하우란 계곡 같은──의 잠재적 역량이 마침내 실현될 수 있었다. 철도가 그러한 지역들에까지 건설되자 경쟁력 있는 가격에 농산물을 팔 수 있게 되었으므로 상업적 농업이 즉각 발달하게 되었다. 단 몇 년 만에, 새로 개간된 지역들의 경작자들이 수천 톤의 곡물을 재배하고 철도가 운송했다. 전체적으로 곡물은 철도로 운송하는 상품들 가운데 압도적인 위치를 차지했다(지도 7).

인구 밀도가 매우 낮고 자본이 부족하다는 등의 여러 가지 이유로 오스만 영토에서는 철도망의 규모가 상대적으로 작았다.(이와는 대조적으로, 이집트에서는 좁고 긴 비옥한 토지에 인구가 밀집되어 있어 1905년까지 간선과 지선으로 된 매우 조밀한 철도 체계가 등장했다.) 아나톨리아의 최초의 철도는 1860년대에 건설되었다. 그러나 이보다 엄청난 발전은 1875년 인구가 조밀했던 발칸 지역에서 일어났으며, 거기에는 1170킬로미터의 철도도 포함되었다. 1911년 오스만 영토 내의 철도는 모두 1600만 명의 승객, 260만 톤의 화물을 6450킬로미터의 선로로 실어 날랐다. 몇몇 예외를 제외하면 경제 발전을 촉진시켰던 철로들은 외국 자본으로 건설되었고, 이에 따라 외국 자본의 금융 지배가 증가되었다. 예를 들어, 아나톨리아의 철도는 독일 자본으로 자금을

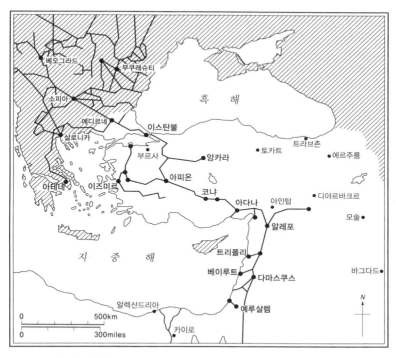

[지도 7] 오스만 제국과 유럽의 옛 오스만 영토의 철도망, 1914년경

할릴 이날즉과 도널드 쿼터트 편, 『오스만 제국 경제·사회사, 1300~1914』(케임브리지, 1994) 805쪽에서 인용.

조달했고 이는 아나톨리아 내륙에 호황을 불러왔다. 1686킬로미터의 선로를 포함한 발칸 반도의 철도는 800만 승객을 실어 날랐으며, 아나톨리아의 철도는 2380킬로미터의 선로로 700만 승객을 운반했다. 이와는 대조적으로 2380킬로미터의 아랍 지역 선로로는 90만의 승객을 날랐을 뿐인데, 이는 인구 규모가 작았음을 반영한다(사진 3, 4).

철도들은 새로운 고용의 원천을 마련해주었으며, 1911년 당시 1만 3000명 이상이 오스만 철도에서 일했다. 철도 고용과 철도 여행 모두에서 새로운 사회적 지평이 열렸다는 것도 특기할 만하다. 1600만 승객들을 싣고 실제로 오스만 신민들이 한번도 가보지 못한 곳으로 데려

〈사진 3〉 아나톨리아 철도회사의 채권, 두 번째 시리즈, 1893년(저자의 개인 소장품)

〔사진 4〕 1908년 베를린-바그다드 철도의 3등칸. 스테레오 여행사, 1908년(저자의 개인 소장품)

다 주었으며, 각 지방들 사이의 교류를 전대미문의 수준으로 증진시켰고, 도시와 농촌의 관계를 영구적으로 바꾸어놓았다. 걸어서 수개월이 걸리던 여행이 이제는 단 며칠이면 되었다.

철도는 어떤 경우에는 예전 육상 교통의 형태에 놀랍도록 커다란 영향을 주었다. 더 큰 간선과 연결되고 상대적으로 밀집된 지선의 철도망들이 베이루트나 이즈미르 같은 항구 도시의 배후지들에서 놓여졌으며, 이보다 작은 규모의 철도들이 발칸 지방에 등장했다. 그러나 이 상황들은 예외였다. 보다 일반적으로 오스만 철도는 연결되는 지선이 별로 없는 주요 간선들의 체계로 진화했다. 그 예가 이스탄불-앙카라, 이스탄불-코냐, 코냐-바그다드 철도 등이었다. 지선이 없었으므로 간선 철도까지 물건을 운반하기 위해서는 동물을 이용한 운송이 필요했다. 철도 주변 지역에는 외부에 내다 팔려는 곡물의 양이 폭증했으므로, 간선 철도로 물건을 나르는 동물의 수도 엄청나게 늘어났다. 에게해 지역에는 지역 내의 두 철도선에 물건을 대기 위해 약 1만 마리의 낙타가 동원되었다. 이스탄불에서 출발하는 철도의 종착역인 앙카라역에는 한 번에 1000마리 정도의 낙타가 철도에 실린 화물을 부리려고 대기했다. 이에 따라 비록 철도와 같은 노선으로 대상을 운영하던 사람들은 사업을 계속할 수 없었지만, 주요 철도 노선에 보조 역할을 하는 사람들은 새로운 일자리를 얻었다. 이리하여 이스탄불의 범선들처럼, 육상 운송의 전통적 형태는 증기기관 기술로 촉발된 무역의 거대한 발전에 따라 적어도 일시적이나마 활기를 띠었다.

상업

오스만 체제에서의 상업은 여러 가지 형태를 띠었지만 일반적으로는 국제 상업과 국내 상업으로, 즉 오스만 경제와 다른 경제들 사이의 무역과 제국의 국경 내의 교역으로 나눌 수 있다. 1700년에서 1922년 사이의 시기에는 국제 무역 활동이 더 두드러졌으나 교역량과 가치면에서 모두 국내 상업보다 '덜' 중요했다.

18세기와 19세기 동안 전 세계적으로 국제 무역이 엄청나게 증가했지만 오스만 영토에서는 그 정도에 미치지 못했다. 예를 들어, 19세기 동안 국제 무역이 세계적으로 64배 증가했지만 오스만 제국에서는 상대적으로 적은 10배에서 16배 증가에 그쳤다. 그리하여 1600년에는 서유럽인들에게 오스만 시장이 아주 중요한 시장이었음에 비해, 1900년경에는 전 세계 수준에서 오스만 제국의 상업적 중요성이 감소했다는 것은 더 이상 놀라운 일이 아니다. 오스만 경제는 마이너스 성장을 했던 것이 아니라 그 반대였지만, 상대적 중요성이 위축되었다. 오스만 경제가 영국, 프랑스, 독일 같은 최고의 경제 세력들과 교역하는 중요한 무역 대상국 가운데 하나로 남았다는 것 또한 사실이다.

앞에서 설명했듯이, 19세기 초에서 중반 사이에 도입된 증기선과 철도를 이용한 운송의 개선은 오스만의 상업 발전에 지대한 공헌을 했다. 철도 선로가 놓여졌고 대규모의 항만 시설과 항구가 건설되었는데, 이는 이미 오스만 제국에서 운송하는 생산물들에 대한 국제적인 수요가 있었기 때문이다. 한편, 새로운 시설들 역시 무역을 더욱더 촉진시켰다.

이 부분은 국내와 국제 상업에 모두 영향을 주었던, 보다 중요한 부가적 요소 두 가지에 관한 논의로 시작하기로 한다. 전쟁은 국경을 넘거나 국내에서 상품을 운반하는 것이 위험해지는 전시에만 무역을 교란시키는 것이 아니었다. 더 나쁜 것은 전쟁이 영토 상실을 가져왔고, 오스만 경제의 통일적인 체계를 갈가리 찢어놓았으며, 수세기 동안 지속되어온 시장 거래 관계와 양식을 약화시키고 파괴하기도 했다는 점이다. 두 가지 예를 들어보기로 한다. 첫 번째로, 러시아가 흑해 북안으로 정복해 들어왔을 때 러시아는 아나톨리아 출신의 오스만 직물 생산자들이 오랫동안 상품을 팔아온 중요한 시장 지역을 합병했다. 그 이후로 러시아와 오스만 제국 사이의 새로운 제국의 국경에 의해, 한 제국과 또 다른 제국 사이의 물자와 인적 교류가 모두 방해받거나 완전히 질식되어버렸다. 두 번째는, 오스만 제국을 멸망시킨 전쟁이자 터키 공화국과 프랑스 점령 치하의 시리아 국가를 탄생시킨 제1차 세계대전 이후의 알레포의 운명이다. 알레포는 직물의 주요 산지였고, 주로 아나톨리아, 즉 통일된 오스만 제국 체제의 한 지역에서 다른 지역으로 직물을 판매했다. 오스만 제국의 소멸과 함께 직물 생산자들은 시리아라는 나라에, 구매자들은 다른 나라인 터키에 있었다. 프랑스는 새로운 식민지 시리아를 개조하여 자국의 경제적인 부속물로 만들기 위해 직물을 외부로 보내는 것을 막아 알레포의 직물 생산 붕괴를 촉발했다.

 상업과 경제 전반에 대한 정부 정책의 역할에 대해 열띤 논쟁이 벌어지고 있다. 어떤 학자들은 정부 정책이 큰 영향을 준다고 하는데, 이런 입장은 알레포의 직물에 대해 프랑스가 취한 조치의 예로 증명된다. 다른 학자들은 단지 정책은 이미 경제 내에서 일어나고 있던 변화들을 공식화시켜줄 뿐이라고 한다. 예를 들어, 카피툴레이션들은 오스만 사회·경제·정치사에서 아주 중요한 역할을 했다고 평가된다. 그러나 정말 그랬을까? 그런 조약들이 없었다면 오스만인들이 서구에 대해 정치적·경제적 대등함을 유지할 수 있었다는 상상이 가능한가? 아니면 18세기 말 국가의 대규모 개입과 경제 침체의 시기적 일치를 생각해보라——어떤 것이 닭이고 어떤 것이 달걀인가(3장 참조)? 그 후 19세기에 국가가 취한 자유무역 지향적인 조치들에는 1826년 독점과 규제의 보호자였던 예니체리의 해체, 1838년 영국-오스만 통상조약(Anglo-Turkish Convention) 그리고 1839년과 1856년의 개혁 칙령들이 있다. 그 결과로, 오스만의 국제 교역과 국내 교역에서 가장 정책적으로 육성되어왔던 장벽들이 사라지거나 크게 축소되었다. 그러나 이러한 결정들이 오스만 상업과 또는 보다 일반적인 경제 발전에 핵심적인 역할을 했는지는 아직도 미결의 문제로 남아 있다.

 국제 무역의 중요성은 과장되기 쉬운데, 이는 자료로 잘 정리되어 있고 쉽게 측량할 수 있으며, 당장 읽을 수 있는 서구 언어의 자료에서 끊임없이 논의되기 때문이다. 국제 무역의 전반적인 형태는 상당히 명확해 보인다. 18세기 동안 국제 무역은 점점 더 중요해졌고, 1750년경 이후에 더욱 그러했다. 국제 무역은 예전보다 호전되기는 했지만 여전히 미미한 수준에 있다가 나폴레옹 전쟁이 끝난 뒤 19세기 초에 그 중요성이 급격하게 상승했다. 무역 수지——수출과 수입의 관계——는 가끔 단기간에 기복이 있었지만 장기적으로는 오스만인들에게 불리했다. 교역되는 상품의 가치와 성격 역시 전반적으로 대단히 많이 변화했다. 교역은 18세기 초에는 매우 한정되어 있었다. 오스만 경제는 주로 더 동쪽에 있는 나라들에서 들여온 비단 등 값나가는 사치품을 재수출했고, 앙고라 모직과 나중에는 면사 같은 자체의 여러 상품을 수출했다. 18세기가 지나는 과정에서 오스만 제국의 수출은 곡물, 담배, 양모, 가죽과 면화 등 가공되지 않은 원료 중심으로 바뀌어갔다. 이와 동시에 오스만인들은 서유럽의 신대륙과 동아시아에 있는 식민지에서 수입을 점점 많이 하게 되었다. 이러한 '식민지 상품'——노예 노동으로 생산되어 가격이 훨씬 낮은 설탕, 염료, 커피——등은 지중해에서 생산되는 설탕, 아라비아의 모카(Mocha, 예멘의 무하[Mukha]를 지칭－옮긴이)에서 생산되는 커피, 그리고 인도에서 생산되는 염료 등에 타격을 주었다. 오스만 소비자들은 주로 인도에서, 그리고 부차적으로 유럽에서 많은 물량의 직물을 수입했다. 일부 학자들에 따르면 18세기 말에도 무역의 균형은 여전히 오스만 쪽에 유리했다고 한다.

앞에서 살펴본 것처럼 국제 무역량은 1840년에서 1914년 사이에 비록 10배에서 16배 증가했지만, 수출 양상은 그 이전 18세기에 이루어진 것 그대로였다. 오스만인들은 일반적으로 밀, 보리, 면화, 담배, 아편을 포함한 여러 가지 식량과 원료를 수출했다. 1850년 이후 카펫과 생사 같은 약간의 공산품도 등장하게 되었다. 수출품의 품목 구성은 상대적으로 고정되어 있었지만, 그 가운데 특정 상품의 상대적 중요성이 18~19세기 동안 상당히 변화했다. 예를 들어 면화 수출을 살펴보자. 면화는 18세기 동안 활기를 띠었다가 폭락했고, 또 미국 남북전쟁 당시 활기를 띠다가 그 후에 다시 폭락했으며, 20세기 초에 급등했다. 수입 품목을 보면 식민지 상품들이 목록 가운데 높은 순위를 차지했으나 특히 직물, 철물, 유리 같은 완제품이 18세기에 비해 훨씬 더 중요해졌다.

국내 교역은 비록 자료가 제대로 남아 있지는 않지만 사실 교역량과 총액에서 1700~1922년 사이의 기간을 통틀어 국제 무역을 크게 능가했다. 국내 지역들 내부에서의 상품 유통은 매우 가치 있는 부분이기는 하지만 직접적으로 그 규모를 헤아리는 것은 아주 드문 경우 외에는 불가능하다. 다음의 단편적인 사실들을 오스만 제국의 국내 교역의 중요성을 시사해주는 것으로 생각해보자. 먼저, 1759년 프랑스의 대사가 오스만 제국의 직물 수입량으로는 한 해에 80만 명 밖에는 옷을 입지 못할 것이라고 추정했는데, 당시 오스만 인구는 2000만이 넘었다. 둘째로, 1914년에는 농업 총생산량의 25퍼센트 이하만이 수출되고 있었으며, 나머지 75퍼센트는 국내 교역으로 거래되었다. 셋째로, 1860년대 초 다마스쿠스 지역에서 오스만 국내 생산품의 교역이 외국산 물품 거래액을 5배로 넘어섰다. 네 번째이자 마지막으로, 국내 교역에 관련된 희귀한 통계 가운데 1890년대 오스만 제국의 세 도시, 즉 디야르바크르, 모술, 하르푸트의 국내 무역에 대한 통계가 있다. 이 세 도시 모두 앞서가는 경제 중심지는 아니지만, 1890년대 이들의 지역 간 교역 총액(100만 파운드)은 당시 오스만 제국의 국제 수출 무역의 약 5퍼센트에 맞먹었다. 그 밖에 오스만 도시와 소도시, 그리고 마을들의 국내 교역 통계를 알 수만 있다면, 과연 전체 액수는 얼마가 되겠는가? 이스탄불, 에디르네, 살로니카, 베이루트, 다마스쿠스, 알레포 같은 상업 중심지의 국내 교역은 위의 세 도시의 총합보다 훨씬 더 컸다. 또한 문자 그대로, 수십 개의 중간급 도시들의 국내 교역 역시 합산되지 않았다는 점도 고려하자. 이와 마찬가지로, 수천 개의 마을과 소도시들의 국내 교역에 대해서도 알려져 있지 않다. 말하자면, 국내 교역은 국제 교역보다 압도적으로 더 중요한 위치를 차지했다.

점증하는 국제 교역은 오스만 상인 집단의 구성에 강력한 영향을 끼쳤다. 주요 상인 집단인 오스만 무슬림들은 18세기에 폭증하는 국제 교역에서 외국인들과 오스만 비무슬림들이 주도권을 잡게 되자 힘을 잃었다. 처음 국제 교역은 상품을 가져온 서유럽인들이 배타적으로 장악했다. 18세기에 이르자 서유럽 상인들은 현지 협력자를 갖게 되었으며, 점점 늘어나는 비무슬림 상인들에게 그들은 외국 상인들이 누리고 있던 카피툴레이션의 특권, 즉 낮은 세금과 그에 따른 낮은 비용을 누릴 수 있는 허가증서(베라트)를 얻도록 도와주었다. 1793년 알레포에서만도 약 1500장의 허가증서가 비무슬림에게 발행되었다. 비록 1800년경에도 외국인들이 제국의 국제 무역을 장악하고 있었지만, 19세기가 흘러가면서 점차 그들의 비무슬림 오스만인 협력자들이 그 자리를 대체했다. 이러한 비무슬림 오스만 상인 계층의 새로운 성장을 가장 잘 보여주는 것은 20세기 초 이스탄불에 등록된 1000명의 상인 명단이다. 오스만 국제 무역의 반 이상을 프랑스, 영국 또는 독일이 장악했음에도 상인들의 3퍼센트만이 그 국적을 가졌고, 나머지의 대부분은 비무슬림들이었다. 그래도 여전히 무슬림 상인들은 내륙 도시들의 교역과 내륙과 해안의 항구 도시들 사이의 교역을 주도했다. 즉, 국제 상인들의 구성이 아무리 변화해도 오스만 무슬림들이 국내 교역의 대부분을 장악했고, 외국에서 일단 오스만 경제로 들어온 국제 상품들의 교역 대부분도 무슬림들이 통제했던 것으로 보인다.

농업

오스만 제국은 역사 전체를 통틀어 압도적으로 농업 경제였지만, 토지가 풍부한 대신 노동력이 부족하고 자본이 빈약했다. 인구의 대부분, 즉 보통 80~90퍼센트는 농토에서 살면서 경작으로 생계를 유지했는데, 그들은 거의 언제나 가족 소유의 농지에서 농사를 지었을 뿐, 대농장인 경우는 거의 없었다. 비록 20세기가 다가오는 시기까지도 통계자료의 부족으로 의미 있는 측량을 할 수 없지만, 농업은 오스만 경제에서 많은 부를 창출했다. 이 부문의 전체적인 경제의 중요성을 보여주는 지표의 하나는 바로 오스만 국가가 농업에서 거둬들이는 조세 수입이다. 19세기 중반, 두 가지 농업 관련 세목——10분의 1세와 토지세——만으로도 제국 내에서 징수되는 모든 조세 수입의 약 40퍼센트가 되었다. 농업은 여러 간접적인 방법으로도 제국의 국고에 보탬이 되었다. 예를 들어, 18세기와 19세기에 수출품에 부과한 관세 수입이 있었는데 당시 수출품은 주로 농산물이었다.

그런 까닭에 대부분의 오스만 신민들은 경작자들이었다. 이들의 절대 다수는 생계형 농민이었고, 직접적인 노동의 대가에 의존하여 살아갔다. 그들은 전체적으로 좁은 면적의 토지를 경작했고 자신들이 먹을 여러 작물들, 주로 곡물, 과일, 올리브, 야채를 심었다. 그들은 유제품과 털을 얻으려고 약간의 가축을 키우기도 했다. 대부분의 농가는 매우 검소한 식생활을 했으며, 물이나 일종의 액상 요구르트를 마시고 여러 종류의 빵 또는 죽과 야채를 약간 먹었지만 고기는 거의 먹지 못했다. 동물들은 운송용으로 사용되었고, 동물들의 털로 여자들이 실을 자아 집안에서 쓸 옷감을 장만했다. 오스만 제국의 유럽과 아시아 여러 지역에서 농가 구성원들은 집에서 만든 물건이나 상인들에게 물건을 받아 행상으로 나서기도 했다. 앞으로 보게 되겠지만, 어떤 농촌 가정에서는 다른 사람들에게 팔 물건들을 제조하기도 했다. 발칸 반도의 농촌 사람들은 모직물을 팔기 위해 아나톨리아와 시리아를 수개월씩 여행했고, 아나톨리아의 남녀들은 도시의 직조업자들의 하청을 받아 실을 자았다. 어떤 지역에서는 앞서 말한 것처럼, 농촌 남성들은 이스탄불과 기타 멀리 떨어진 도시로 일하러 갔다. 요컨대, 농업 가구는 단지 작물을 키우기만 한 것이 아니라 다양하고도 복합적인 경제 활동의 형태로 생계를 유지했다.

위에서 제시한 현상은 대체로 1700년에 적용되지만 1900년에도 유효했다. 경제는 농업 중심이었고, 대부분의 경작자들은 소규모의 농지를 소유하면서 여러 가지 일을 했고, 작물과 축산물은 주로 가족의 소비를 위한 것이었다. 그러나 시간이 지남에 따라 거대한 변화가 농업 부문을 지배하게 되었다.

우선 첫째로, 종전의 유목 인구들이 오스만 농업에서 점차 높은 비중을 차지하게 된 것을 들 수 있다. 농촌에는 정주 경작자만이 아니라 유목민들도 있었다. 유목민들은 경제에서 복합적으로 중요한 역할, 즉 축산물, 직물, 운송 같은 상품과 서비스를 제공했다. 완전히 목축에 의존하는 유목민들이 있는가 하면, 작물을 키우는 유목민들도 있었는데, 이들은 간혹 작물의 씨를 뿌릴 뿐 돌보지 않고 여러 계절 동안 떠났다가 수확기에 돌아오기도 했다. 그리고 그들이 가끔 무역과 농경을 교란시켰던 것도 사실이다. 국가에서 보면 이 유목민들은 통제하기가 어렵고 정치적으로 골칫거리였지만, 오래도록 취해왔던 국가의 안정화 정책은 19세기에 새로운 힘을 얻었다. 위에서 본 것처럼 이 정주화 사업은 난민의 거대한 유입과 동시에 일어났는데, 이러한 우연의 일치로 유목민들이 자유롭게 움직일 땅이 줄어들게 되었다. 전체적으로, 부족들의 목축이 감소하는 대신 그들이 경작하는 토지가 증가했던 것이다.

두 번째로 중요한 일련의 변화는 농업의 상업화——다른 사람에게 판매하기 위한 상품 생산——의 부상과 관련이 있다. 시간이 지남에 따라 점점 더 많은 사람들이 국내 또는 국외의 소비자들에게 팔기 위해 점점 더 많은 농산물을 생산하게 되었고, 이러한 흐름은 18세기에 시작되어 그 후로 놀랍게 증가했다. 적어도 세 가지 주요 원동력들로 시장 지향의 농업 생산이 증가했는데, 그 첫 번째는 국내와 국제 수요의 증가였다. 외국에서, 특히 1840년 이후 많은 유럽인들의 생활 수준과 구매력의 수준이 상당히 개선되었고, 이 때문에 그들은 더 많은 선택지에서 더 많은 물량의 상품을 구입했다. 개인 소비의 증가와 도시화의 증가에 따라 성장하고 있던 제국 내의 시장도 중요했다(다음을 보라). 새로 개설한 철도로 연결된 지역들에서 국내의 밀과 기타 곡물들을 이스탄불, 살로니카, 이즈미르, 베이루트로 유입시켰다. 철도는 이제 이러한 도시들에서 새롭게 팽창하는 시장들로 접근하는 것을 가능하게 해주어 과일과 채소를 키워 수송할 수 있는 이른바 원교(遠郊) 농업인들을 유인했다.

농업 생산의 견인 역할을 했던 두 번째의 원동력은 경작자가 세금을 곡물 대신 점점 현금으로 납부하게 되었다는 것이다. 어떤 학자들은 시장 지향적 농업으로의 전환이 증가한 것은 개인당 세금 부담의 증가와, 국가에서 현물 납부가 아닌 현금 납부를 더 우선시했기 때문이라고 본다. 이러한 주장에 따르면, 그와 같은 정부의 결정으로 경작자들이 세금을 내기 위해 작물을 팔게 되었다는 것이다. 따라서 경작자의 생계형 농업에서 시장 지향적 농업으로의 전환에 영향을 주는 가장 중요한 요소는 바로 국가 정책이라고 본다. 이와 같은 맥락에서 혹자는 오스만 기독교인들에 대한 국가의 현금세 요구가 오스만 역사에서 핵심적인 역할을 했다고 주장한다. 즉, 오스만 기독교인들과 유대인들은 수백 년 동안 특별한 세금(지즈예[*cizye*])을 현금으로 내야 했으며, 그 대신 그들의 종교 활동의 보호를 국가가 보장해주었다. 이 현금세 때문에 오스만 기독교인들은 오스만 무슬림들보다 상업 활동에 더 많이 참여하게 되었다는 것이다. 이러한 주장은, 똑같은 세금을 냈던 오스만 유대인들의 상업 활동은 왜 활발하지 않았는가를 설명해주지 못한다. 경제적 성공을 설명해주는 가장 중요한 변수는 현금세가 아니라, 오스만 기독교인들은 누렸으되 유대인들은 누리지 못한 열강의 보호였다. 이러한 보호로 오스만 기독교인들은 통상조약에 준하는 혜택, 세금 면제 그리고 사업수행 비용이 감소하는 등의 이득을 누렸고, 이는 그들의 경제적 부상을 설명하는 데 도움이 된다.

경작자의 시장 활동은 단순히 국가의 현금 납부 요구에 대한 반응만은 아니었다. 다른 요인들도 작용했다. 농업 생산의 증가를 견인한 세 번째 원동력이 있었으니, 그것은 경작자들 자신이 소비재를 원했기 때문이다. 오스만 소비자들 취향의 잦은 변화와 값싼 수입품들의 대량 보급으로 상품의 소비 증가가 촉진되었다. 이러한 소비 증가의 형태는 튤립의 시대(1718~1730)의 도시에서 나타났던 현상처럼 18세기에 시작되었고, 그 후 더욱 가속되었다. 보다 많은 소비재를 원할수록 경작자들은 현금이 더 많이 필요하게 되었다. 그리하여 농촌 가정들은 예전보다도 더 열심히 일했고, 이는 단지 현금으로 내는 세금 때문만이 아니라 그들이 더 많은 소비재를 원했기 때문이다. 그러한 상황에서 여가 시간은 줄어든 반면, 현금 수입은 늘어났고 소비재의 농촌 유입이 가속화되었다.

농업 생산의 증가는 경작지의 거대한 증가와 더불어 촉진되었다. 18세기 초, 그리고 제국의 종말에 이르기까지 경작되지 않거나 거의 비어 있는 넓은 토지가 곳곳에 남아 있었다. 이러한 공간들이 점점 채워지기 시작했고, 제국의 옛 영토들에는 1950년대에 이르러서야 이러한 과정이 끝났다. 여기에는 많은 요인들이 관련되어 있었다. 대부분의 경우, 농가에서는 노동 시간을 늘렸고 이미 그들이 장악하고 있었던 휴경지도 경작했다. 게다가 다른 사람들의 토지를 경작하여 소출의 일부를 납부하는 소작도 했다. 동물을 키우는 초지를 이제는 작물 생산에 활용하기도 했다. 몰다비아와 왈라키아의 대단히 비옥한 땅들은 18세기 오스만 제국에서 가장 인구 밀도가 낮은 지역이었다. 그곳에서는 아주 드물고 아마도 유례를 찾기 힘든 현상이 일어났으니, 지방 명사들이 경작지를 늘려 지역 내 거주민들에게 더 많은 노동을 하도록 강요했던 것이다. 다른 지역에서는 수백만의 난민들이 경작되지 않던 엄청난 땅을 일구었다. 일부 난민들은 주민들이 거주하고 있는 지역에 정착하여 긴장을 불러일으키기도 했지만, 대다수가 비어 있는 지역으로 가서 (수세기 만에) 처음으로 그곳의 토지를 경작했다. 이미 살펴보았듯이, 비어 있던 중앙 아나톨리아 분지와 시리아의 사막과 해안 사이의 스텝 지역은 난민들이 주로 정착하려 했던 목적지였다. 그런 곳에서는 정부 관계자가 나와 토지를 소단위로 똑같이 나누어주었다.

전체적으로, 상업적 농업은 우선 수운(水運)에 쉽게 접근할 수 있는 지역에 집중되었는데, 예를 들어 다뉴브 강 지역, 불가리아의 몇몇 강주변과 마케도니아의 해안 지역, 그리고 서에게 해의 아나톨리아 해안과 그곳으로 들어가는 강줄기들이었다. 19세기 동안 그러한 지역들에서 상업적 농업의 팽창이 계속되었고 내륙 지역으로 확산되었다.

많은 신개간지들이 대농장으로 바뀌고 이런 일들이 점차 늘어났지만, 1700~1922년 사이에는 경작지 가운데 차지하는 비중이 낮았다. 상대적으로 비어 있는 땅은, 자신들의 권리를 지키려는 경작자들이 없거나 드물었기 때문에 대농장으로 만드는 것이 쉬웠다. 그러한 과정은 18세기 불가리아, 몰다비아, 왈라키아에서, 그리고 동남 아나톨리아의 광대한 추쿠로바 평원에서 처음 경작이 시작되면서 촉발되었다. 1900년에 이르러 추쿠로바 평원은 대규모로 농기계를 투입하는 거대한 농장들의 특수 지역이 되었다. 더 동쪽과 남쪽으로는 시리아의 하마 지역 또한 대토지 소유 형태를 갖췄다. 그러나 제국의 대부분 지역에서 심각한 노동 부족과 자본의 결핍이 대농장의 형성을 방해했고, 그런 까닭에 대농장은 여전히 드물었다. 오스만 제국의 거의 모든 지역에서는 소규모 토지 소유가 일반적이었다.

생산성——단위 토지에서 생산되는 양——은 어느 정도 향상되었다. 일부 지역에서 집중적인 농경의 한 형태인 관개사업이 이루어졌다. 이와 더불어 좀 더 중요했던 것은 19세기 동안 근대적 농업 도구들의 사용이 증가했다는 점이다. 1900년에 이르러, 수만 대의 경운기, 수천 대의 수확기, 그리고 기타 콤바인 같은 선진 농업 기술의 표본들이 발칸·아나톨리아·아랍의 농촌에 산재해 있었다. 그러나 더욱 집중적으로 기존의 자원을 이용한다는 것은 여전히 상대적으로 일반적이지 못했고, 대부분의 생산 증가는 경작에 새로운 토지를 끌어들이면서 이루어졌다.

판매를 위한 농업 생산의 증가는 농촌의 노동관계에서도 중요한 변화를 가져왔다. 상업적 대농장이 있는 일부 지역에서 임금 노동이 등장했다. 이런 식으로, 서아나톨리아와 동남 아나톨리아에서 이주 노동자 집단이 현금으로 임금을 받고 작물을 수확했다. 그러나 대농장에서는 임금 노동보다는 소작이 더 흔했다. 몰다비아와 왈라키아에서는 앞서 말한 것처럼, 소작이 거의 농노제 같은 상태에 이르렀고 제국 내에서 가장 열악한 조건에 속했다. 그곳에서는 18세기 시장의 가능성들 때문에 대토지 소유자들은 땅을 농민에게 임대해주었고 농민들은 점점 더 많은 임대료·세금·노동의 부담을 떠안게 되었다. 초기에는 농민들이 연간 12일의 노동을 할 의무가 있었지만, 19세기 중반에는 연간 24~50일을 일했다. 이는 이웃의 합스부르크나 로마노프 제국보다 더 끔찍한 환경이었다. 오스만 치하의 일부 지역에서는 모든 사람이 일하고 소출을 나눠 갖는 공동체적인 토지 이용이 지배적인 곳도 있었다. 예를 들어, 팔레스타인과 이라크의 몇몇 지역들에서는 수익의 분배를 감독하는 셰이흐(sheikh)라는 촌장의 지도 아래 공동의 토지를, 공동으로 경작하기도 했다.

끝으로, 외국인들의 토지 소유는 오스만 제국이 정치적 약화를 겪고 있는 상황에서도 상당히 드물었다. 1867년 이후 법적으로 비록 허가되었지만 외국인들은 오스만 사회의 여러 집단의 반대로 야기된 어려움을 극복할 수 없었으며, 그 어려움 중에는 자기 특권을 독점적으로 유지하려는 지방 명사 집단이 건재했다는 점, 그리고 지속되는 노동력 부족이 포함되었다.

제조업

19세기 말에 기계화가 비록 가시적으로 증대되었지만, 오스만 제국 대부분의 공산품은 계속 수공으로 만들어졌다. 점점 더 여성의 노동에 의존하는 농촌의 제조업이 더 중요해진 반면, 도시에 기반을 둔 남성 위주의 길드 조직의 생산은 덜 중요해졌다. 더욱이 세계 속에서 오스만 제조업의 지위는 떨어졌다. 대부분의 국제 시장은 고갈되었고, 여전히 거대하지만 대단히 경쟁이 심한 국내 시장에 집중하는 생산이 이루어졌다. 그러나 해외 수출을 겨냥한 몇몇 제조업 부문들은 생산이 증대되었다.

기계화된 상품 생산은 비록 제조업 생산 전체에서 차지하는 비중이 낮았지만, 최대치에 이르렀을 때에도 여전히 성장하고 있었다. 1875년경 이후로 소수의 공장들이 등장했는데, 주로 오스만 유럽, 이스탄불, 서아나톨리아에서였고, 이에 더하여 동남 아나톨리아의 목화밭 가운데 (면사 방적을 위한) 공장 단지들 그리고 여러 양잠 지역들 가운데 특히 부르사와 레바논에서는 견사 방적을 위한 공장 단지들이 세워졌다. 살로니카, 이즈미르, 베이루트, 이스탄불 같은 큰 항구 도시들에는 기계화된 공장들이 가장 집중되어 있었다. 대부분의 오스만 공장들은 식품을 가공했고, 실을 자았으며, 간혹 직물을 짜기도 했다. 1911년 통계를 보면, 기계화된 공장들의 생산량은 제국 내에서 소비되는 모든 면사의 25퍼센트를 차지했고, 모든 면직물의 1퍼센트를 차지했다. 농업과 마찬가지로, 자본의 부족은 생산의 기계화에 장애물이 되었다.

산업혁명에 즈음하여 유럽에서 기술의 발전과 노동의 강도 높은 착취로 값싸고 잘 만들어진 상품이 대량 생산되었던 시대에 살아남기 위해 분투하면서 오스만 제조업은 기계화가 크게 진전되지 못했음에도 수많은 중요한 변화를 성공적으로 견뎌냈다. 18세기 말까지 오스만 제국에서 수공으로 만든 상품들은 주변 제국들과 국가들에서 상당히 인기가 있었다. 그러나 18세기에 고급 직물, 수공으로 짠 실과 가죽은 점차 외국 시장을 잃었으며, 19세기 초에는 오스만 수출의 특징을 이루었던 고품질 상품들이 거의 대부분 사라졌다. 그러나 이후 약 반세기의 공백 뒤인 1850년경에 비단실의 일종인 생사와 그보다 좀 더 비중 있는 오리엔탈 카펫이 국제 수출 품목으로 재등장했다. 증기 동력을 이용해 비단실을 짜는 공장들이 살로니카, 에디르네, 서아나톨리아,

레바논에 세워졌다. 특히 서아나톨리아와 중부 아나톨리아에서는 공장에서 만든 실과 염료, 그리고 수공업 노동이 결합되어 유럽과 미국의 구매자들을 위해 기가 막힐 정도로 수많은 카펫을 생산했다. 1914년경이 두 가지 산업 분야에 약 10만 명이 고용되었고, 그 가운데 3분의 2가 카펫 제조업에 종사했다. 근로자의 대부분이 부인과 소녀였으며, 그들은 오스만 제조업 전 부문에서 가장 낮은 임금을 받았다.

생산자의 압도적인 다수는, 제국 내에서 제조업자들과 같은 지역이거나 가까운 지역에, 간혹 먼 지역에서 살고 있는 2600만 소비자를 보유한 오스만 국내 시장에 집중되었다. 국내 시장을 위한 생산에 대해서는 검토하거나 추적하기가 어려울 뿐만 아니라, 이들 제조업자들은 역사가의 연구에 잘 포착되지 않는데, 이는 그들이 대개 기록을 남기는 조직이나 회사에 속하지 않았기 때문이다. 그런 조직에 속하기는커녕, 이들은 도시 지역이나 농촌에 널리 분산되어 혼자 또는 가정이나 소규모 공방에 자리잡은 매우 작은 집단에서 기계화되지 않은 형태의 생산을 하고 있었다. 예를 들어, 직물 산업의 주요 부분인 면사(綿絲)와 모사(毛絲)의 생산은 아주 많은 장소에서 이루어졌다(그 가운데 일부는 지도 8에 표시했다). 이즈미르, 살로니카, 아다나 같은 곳에 방적 공장이 있었지만, 표시된 지역 대부분은 수공으로 실을 자았다.

1700년에서 1922년 기간 동안 상품 제조에서 길드의 중요성은 눈에 띄게 감소했다. 그러나 그 당시는 길드(터키어로는 에스나프[esnaf] 또는 타이페[taife])의 진화·성격·역할에 대해서는 잘 이해되지 않았을 뿐더러, 그들의 중요성도 마찬가지였다. 18세기 말의 경제 위기는, 계속되는 파괴적 인플레이션과 함께 생산자들의 자기 보호 행위로서 형식적인 길드 조직을 더욱 가속화시켰을지도 모른다. 노동자들은 집단적으로 생산 도구를 마련하기 위해 단결했지만, 불가리아 남부에서처

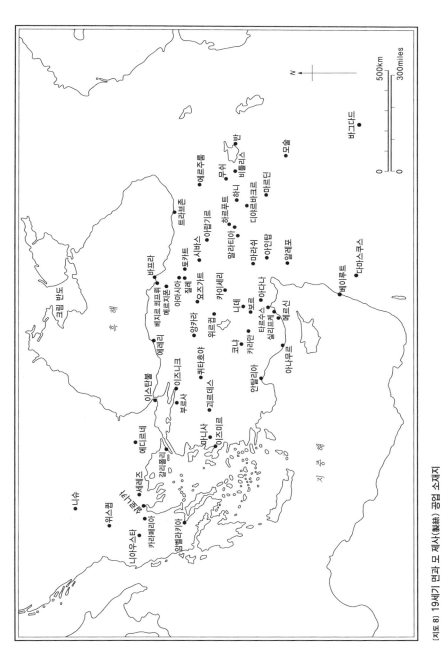

(지도 8) 19세기 면과 모 제사(製絲) 공업 소재지

도널드 쿼터트, 『산업혁명 시대의 오스만 제조업(Ottoman Manufacturing in the Age of the Industrial Revolution)』(케임브리지, 1994) 28쪽에서 인용.

지도 내 지명:

바그다드
모술
반
비틀리스
에르주룸
무시
무서
에르잔잔
트라브존
하니
하르푸트
디야르바크르
마르딘
아랑기르
말라티아
마라서
아인탑
알레포
다마스쿠스
베이루트
베지르 코프뤼
메르지푼
바프라
아마시아
질레
토카트
시바스
요즈가트
카이세리
앙카라
위르귑
나데
보르
타르수스
아다나
메르신
코냐
카라만
실리프케
안탈리아
아나무르
이스탄불
에게리
부르사
괴르데스
마니사
이즈미르
이즈니크
쿠타흐야
에디르네
길리볼리
살레즈
살로니카
나우스타
베리아
카라페리아
암벨라키아
위쇼큄
나슈

크림 반도
흑 해
지 중 해

500km
300miles
N

럼 위기를 상대적으로 잘 넘길 수 있는 부유한 장인들의 통제 아래 들어가기도 했다.[1] 그리하여 역설적으로, 오스만 제조업이 유럽 산업혁명과의 경쟁에 직면했을 때 노동 조직이 길드화(化)하는 새로운 국면으로 진화했을 수도 있다.

길드는 일반적으로 구성원들의 생계를 보호하고 생산을 규제하며 품질과 가격을 통제하기 위한 활동을 펼쳤다. 길드가 통제했던 높은 생산 비용은 구성원들의 생계를 보호하기 위해 치른 대가이기도 했다.(그러나 어떤 역사가들은 길드는 일차적으로 국가에 의한 통제 도구로 작용했다고 주장한다.) 그러한 사안들에 대해 합의에 이르고 나면, 길드 지도부는 지역의 법정에 가서 새로운 가격을 등록하고 그러한 변화에 대해 공식적인 승인을 받았다. 길드의 우두머리가 있다는 것은 길드의 존재를 보여주는 징표이다. 적어도 몇몇 길드는 병든 구성원들을 지원하고, 또 장례 비용을 대거나 고인의 아내와 아이들을 도와주기 위한 공동의 기금을 마련해놓기도 했다(사진 5).

수도 이스탄불의 길드는 매우 잘 발달되어 있었으며, 어쩌면 제국의 나머지 지역에 견줄 만한 길드가 없었을 것이다. 그들은 살로니카, 베오그라드, 알레포, 다마스쿠스 같은 여러 대도시에도 존재했다. 아마시아(Amasya) 같은 소규모의 도시에도 길드가 있었지만 그들의 전체적인 지배력·형태·기능에 대해선 아직도 불확실하다. 길드가 형성될 개연성 에는 도시의 규모와 상호 관련성이 있는 것으로 보인다. 그러나 모든 도시들에 길드가 있는 것은 아니었다.

1826년까지 예니체리들은 길드의 존재에 아주 중요한 역할을 했다. 18세기 이전과 18세기 전체를 통틀어 제국의 모든 지방과 수도에서

---

1) 이 내용은 현재 길드의 진화를 연구하고 있는 수라이야 파로키(Suraiya Faroqhi)의 결론이다.

〈사진 5〉 19세기 이마시아의 길드(*esnaf*) 행진

레이먼드 H. 케보키안(Raymond H. Kevorkian)과 폴 B. 파붓지안(Paul B. Paboudjian) 편, 『학살 전야의 오스만 아르메니아인들(*Les Arméniens dans l'empire ottomane à la veille du génocide*)』, 파리, 1992)

거의 모든 무슬림 길드 구성원들은 예니체리였다. 이는 이스탄불뿐만 아니라 오스만 치하의 불가리아, 세르비아, 보스니아, 마케도니아에서 그러했다. 어떤 도시들에서는 예니체리들은 제조업에 종사하는 길드 구성원이었지만, 알레포나 이스탄불 같은 도시들에서는 소상공인(小商工人)의 마피아적인 보호자라는 역할을 맡기도 했다. 이스탄불과 몇몇 대도시들의 예니체리들이 건설과 운송업을 지배했다. 여러 차례, 수도를 제외한 많은 도시들에서 예니체리들은 길드 구성원으로서 또는 그들과 협동하여 서민의 이익을 지키기 위해 집결하기도 했다. 지방관들을 공포에 떨게 하고 대재상과 술탄들을 폐위시킨 그들은, 이러한 서민적인 연대로 가격과 통제적 관행들을 유지하면서 길드의 특권과 보호를 위해 싸웠다. 예를 들어, 불가리아에서는 예니체리들이 그들의 생업을 위협하는 농촌의 제조업에 대항하여 도시의 길드를 지키려고 했다.[2]

그리하여 1826년 술탄 마흐무드 2세의 예니체리 폐지는 길드에 아주 심각한 타격을 주었다. 이는 나폴레옹 전쟁의 여파 속에서 국제 경쟁이 점점 심해지던 바로 그때 가해진 타격이었다. 그들 자신의 규제적 관행에서 비용을 너무 높게 유지하고 있던 때에 보호자들(예니체리를 지칭한다—옮긴이)을 잃고 나자 길드들이 사라지기 시작했다. 그들은 (구성원들의 이익을 위해 높은 가격을 추구하는 통제적 조직이라는) 본질 때문에 사라질 수밖에 없었다. 다마스쿠스에서는 장인들이 1830년대에

2) 도널드 쿼터트, 「예니체리들, 수공업자들, 그리고 오스만 제국의 쇠퇴 문제, 1730~1826 (Janissaries, Artisasn, and the Question of Ottoman Decline, 1730~1826)」, 도널드 쿼터트 편, 『오스만 제국의 근로자, 농민, 그리고 경제의 변화, 1730~1914(Workers, peasants and economic change in the Ottoman Empire, 1730~1914)』(이스탄불, 1993), 197~203쪽.

서 1870년대까지 상급 도제들의 임금을 지속적으로 삭감했기 때문에 도제들은 자신의 가게를 열 만큼 충분한 자산을 축적하지 못했다. 그 이전에 어느 정도 중요성이 있었든, 오스만 제조업을 이루는 한 단위로서 길드의 역할은 19세기 동안 줄어들었다. 불가리아와 알레포 같은 일부 지역에서 길드는 오스만 시대의 아주 늦은 시기까지 살아남았다. 그러나 그들의 형태는 독점적 생산지에서부터, 단지 지역 내 제조업자들의 이름만 기록할 뿐인 상공회의소 같은 것으로 진화해가기도 했다. 이렇듯 제조업 길드는 쇠퇴했어도 오스만 제조업은 쇠퇴하지 않았다. 그 대신 생산은 아주 빈번하게 길드에 속하지 않는 점포들과 농촌과 도시 지역의 가정으로 옮겨갔다.

임금을 낮춰 비용을 줄이기 위해 농촌 지역으로 옮기는 작업이 18세기에 여러 지역에서 진행 중이었다. 예를 들어, 18세기 후반에는 생산자들이 제조업의 주요 중심지인 북아나톨리아의 도시 토카트에서 빠져나와 근처의 작은 도시와 마을에 사업체를 차리기 시작했다. 이와 비슷한 형태가 불가리아와 알레포처럼 서로 다른 지역들에도 기록되어 있었다. 놀랍게도 무슬림, 기독교인, 유대인을 막론하고 부인들과 소녀들이 전에 없이 중요한 역할을 하게 되었다. 노동 인구에 그들의 참여는 18~19세기에는 별로 새로운 일이 아니었지만, 그들의 노동 참여 정도는 눈에 띄게 증가했다. 많은 도시와 농촌 가정에서 여성들은 품목 하나하나에 대해 임금을 지불하는 상인들을 위해서 옷감을 짜고 실을 잣고 뜨개질을 했다. 오스만 세계의 여성들은 세계 모든 곳과 마찬가지로, 남성들과 똑같은 일을 해도 임금을 더 적게 받았다. 따라서 오스만 제조업 이야기의 일부는, 도시의 길드에 기반한 남성의 생산이 조직화되지 않은 농촌과 도시 여성의 노동으로의 전환을 중심으로 전개되었다.

8

오스만 사회와
민간 문화

이 장은 사회 조직, 민간 문화, 사교(社交)의 형태들을 살펴보기 위해 일련의 특수한 문헌들을 이용했다. 이 장에서는 여러 형태의 의미에 대한 문화적인 탐구를 펼칠 것이다. 오스만 사회처럼 복합적인 사회는 단지 행정적인 칙령, 관료적인 합리화, 군사 원정, 경제적 생산성 같은 기준으로만 이해해서는 안 된다. 이러한 사회는 사람들이 삶과 죽음, 경조사와 같은 공통의 문제를 생각하는 공간들이 구축되어 있었다. 그 공간들은 가끔 양성(兩性)을 엄격하게 분리했고, 그렇지 않을 때에는 일정한 부류의 남녀들을 한데 모으기도 했다.

집단 사이의 사회적 관계 일반

오스만 사회를 포함한 모든 사회는 개인과 개인의 집합 사이에 일련의 복잡한 관계들로 이루어져 있다. 그러한 관계들은 어떤 때는 겹치기도 하고 맞물리기도 하는 한편, 그렇지 않을 때는 서로 구별되고 분리되어 있다. 사람들은 확연히 다른 여러 집단 속에 자발적으로 모여들곤 한다. 똑같은 사람들이, 스스로 또는 다른 사람들에 의해 특정 집단에 속한다고 규정 짓기도 하다가 경우에 따라 또 다른 정체성이 전면에 부각되기도 한다. 오스만 제국의 세계는 아주 일반적인 수준에서 지배층과 피지배층이 있었고, 순니 무슬림이니, 아르메니아 가톨릭 교인이니 하는 종교적 구분도 가지고 있었다. 또한 여성, 농민, 부족 같은 거대한 집단과 함께, 우리가 길드(에스나프 또는 타이페)라고 부르는 집합적인 조직으로서 항상은 아니더라도 간혹 조직된 동업 집단들이 있었다. 모든 경우에 각각의 사회 집단은 동질적인 경우는 거의 없었고, 부와 지위 면에서 커다란 편차가 있었다.

우리는 오스만 사회의 개인이나 집단을 어떤 고정된 정체성에 지나치게 묶으려 하지 말고, 그러한 개인과 집단 간 경계의 애매모호함과 상호 침투의 가능성을 인정해야 한다. 어떤 경우에는, 여성이라는 특정한 정체성의 표현이 전면에 부각될 수 있지만, 또 어떤 경우에는 직조공이라거나 유대인이 여성이라는 정체성에 우선하는 것으로 나타날 수도 있다. 구별하는 것이 꼭 나쁜 것은 아니다. 차이는 개인과 집단을 구별하는 데 중요한 지표이지만, 단지 차이가 존재한다고 해서 그것이 반드시 부정적이거나 갈등의 근원이 된다고 생각할 필요는 없다. 또 다른 예를 들면, 종교는 여러 구별 방법들 가운데 하나일 뿐, 단 한 가지 방법은 아니라는 점이다. 종교 하나만이 아니라 여러 형태의 정체성이 조합되어 지위가 형성되는 것이다.

중동 관련 저서들에서 너무도 광범위하게 퍼져 있는, 무슬림들이 단지 그들의 종교적 소속 때문에 비무슬림에 비해 법적으로 우월한 지위를 갖는다는 주장을 검토해보자. 역사적 기록을 보면, 상당히 많은 수의 오스만 기독교인과 유대인들이 무슬림들보다 사회적 위계 질서에서 높은 위치를 차지했고, 더 많은 부를 누렸으며 정치적 권력에 더 가까웠다. 예를 들어, 많은 경우에 부유한 기독교인 상인은 지역 내에서 빈곤한 무슬림 군인보다 더 많은 권위와 영향력을 갖고 있었다. 다시 말해 무슬림이나 기독교인이라는 범주는 한 사람의 사회적·경제적·정치적 실태를 다 포괄할 수 없고, 단지 한 개인의 정체성을 구성하는 여러 속성 가운데 하나였다.

정체성이 여러 구성 요소로 이루어져 있다는 예를 하나 더 들면, 특수한 사회적 범주에 속한다고 생각되어온 울레마, 즉 종교학자들을 생각해보자. 이 경우 '울레마'라는 정체성의 꼬리표를 아주 이질적인 개인들에게 똑같이 붙이는 것이 무슨 의미가 있겠는가. 울레마의 일부는 카이로의 알 아즈하르나 이스탄불의 쉴레이마니예처럼 권위 있고 명망 있는 교육 기관에서 수십 년 동안 스승들에게 훈련받은 사람들이었다. 하지만 일부는 거의 문자 해독도 못하는 수준이었다. 17~18세기 이스탄불에서는 부유하고 권세 있는 울레마 가문들이 서로 결혼을 통해 특수한 상류층 집단을 형성했다. 그러나 동시에, 하층 울레마는 가난한 동네나 농촌 지역에서 복무했다. 이처럼 빈곤하거나 농촌에 거주하는 종교학자는 비록 어떤 의미에서는 울레마라는 이스탄불의 엘리트와 같은 범주에 속했지만, 지체 높은 고위층 울레마보다는 이웃의 수공업자나 농민들과 사회적·문화적·경제적으로 더 많은 공통점이 있었다. 따라서 '울레마'라는 것이 유용한 개념이긴 해도 그것 하나만으로는 오스만 사회에서의 개인의 위치를 묘사할 수는 없다.

사회 이동의 변화와 복장 규제법

이제 이 시기의 여러 집단과 집단 사이에서의 대단한 움직임이었던 사회 이동(social mobility, 개인 또는 집단이 어떤 사회적 위치에서 다른 사회적 위치로 이동하는 것—옮긴이)이라는 구체적인 문제로 들어가보자. 18세기에 이르기까지는 주로 국가 기구를 통한 사회 이동이 논의된다. 16세기 말에 이르기까지 제국의 확장은 신분 상승의 엄청난 기회를 제공했다. 데브시르메는 훈련이 끝난 뒤 관료와 예니체리로 성장했으므로, 수천 명의 기독교인 농민의 아들들이 군사와 정치 권력의 높은 지위에 올랐고 부와 사회적 권위를 거머쥐게 되었다. 이와 비슷하게 가난한 튀르크인 유목민들은 군사령관과 지방관이 되거나 좀 더 낮은 수준에서는 군부대의 지휘관이 되어 그에 따르는 사회적·경제적 혜택을 누렸다. 그러나 영토 확장이 더뎌지면서 군사적 경로를 통한 사회 이동이 줄어들었다. 또한 앞에서 살펴보았듯이, 간혹 울레마처럼 정치 엘리트에 새로 진입한 민간인들은 부의 출처를 국가 기구 외에서, 예를 들어 종교 자선기금에서 찾아냈다.

일찍부터 국가와 신민들 모두 인정했던 복장 규제법은 사회 이동의 중요한 지표로 작용했고, 관료들 사이 또는 관료와 신민 사이, 그리고 신민 계층들 사이의 차이를 표시해주었다. 각각의 특정한 위계에 있는 사람들의 특정 모자와 겉옷이 법으로 규정되었고, 그 가운데 모자가 특히 강조되었지만 옷, 구두, 허리띠 등등의 색과 유형으로도 구별했다. 이러한 법은, 특정 복장으로 사람들을 각각 분리된 집단으로 나누고, 그런 특정 복장에 따라 모두 자기 분수를 알고 명사들에게 존경을 표하도록 하는 의도를 띠었다(사진 6~8 참조). 어떤 경우에는 국가가 복장 규제법과 그 시행을 주도했다. 그러나 어떤 경우에는 신민들이 발의하기도 했다. 즉, 자신의 지위가 사회에서 위축되는 것이 두려워 조치를 취해줄 것을 국가에 요청한 것이다. 복장 규제법은 '전근대' 세계의 수많은 지역에서 나타났고, 역사가들은 의복과 유행의 변화 그리고 사회 구조의 변화 사이의 상관관계에 주목했다. 오스만 제국이 엄청난 사회 이동과 유연성의 시대를 마감하던 시점에 쉴레이만 대제(재위 1520~1566)가 의복과 관련된 행동을 다스리는 방대한 분량의 법규들을 제정하였다는 것은 매우 중요해 보인다. 그 후 복장 규제법은 150년 동안, 즉 대략 1720년까지 기본적으로 변하지 않았다. 이 기간 동안 유행의 변화는 상대적으로 적었고 사회 이동도 비교적 드물었다. 그러나 이후 18세기 초부터 일련의 복장 규제법이 꾸준히 반포되었다.

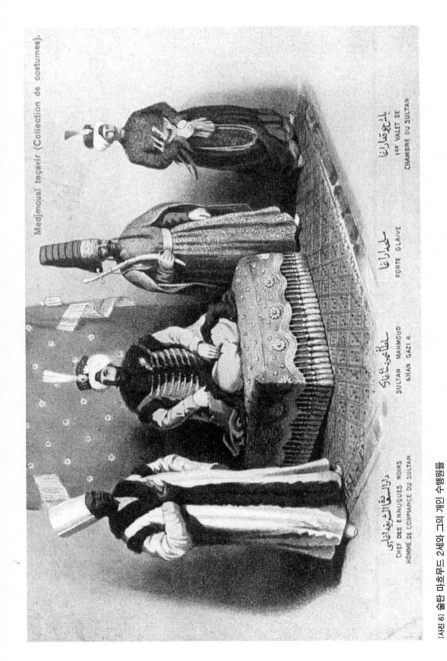

Medjmouaⁱ teçavir (Collection de costumes).

درابالسلطان باشغذیرباشی
CHEF DES ENNUQUES NOIRS
HOMME DE CONFIANCE DU SULTAN

سلطان محمود ثانی
SULTAN MAHMOUD
KHAN GAZI II.

سلاحدار
PORTE GLAIVE

باشچوخدار
1er VALET DE
CHAMBRE DU SULTAN

(사진 6) 술탄 마흐무드 2세와 그의 개인 수행원들

『메즈무아이 테자비르(Mecmua-ı Tecavir)』(『근친(近親) 선화』 정도의 뜻에 들어 있는 19세기 초의 우편엽서.
저자의 개인 소장품.

228

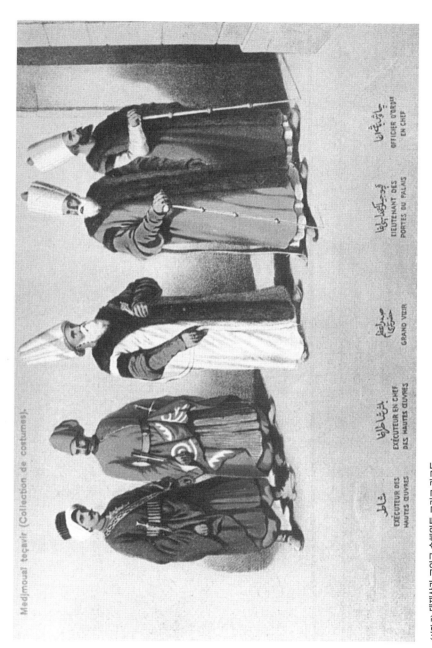

Medjmoua' teçavir (Collection de costumes).

EXÉCUTEUR DES
HAUTES ŒUVRES

EXÉCUTEUR EN CHEF
DES HAUTES ŒUVRES

GRAND VIZIR

LIEUTENANT DES
PORTES DU PALAIS

OFFICIER D'ORQUE
EN CHEF

〈사진 7〉 대재상과 고위급 수행원들 그리고 관료들

『메즈무아 이 테자비르』에 들어 있는 19세기 초의 우편엽서. 저자의 개인 소장품.

Medjmouaï teçavir (Collection de costumes).

باش منفذان
CHEF DU DÉTACHEMENT
DES HOMMES CHARGÉS
D'INFLIGER LES PEINES CORPORELLES

سالاريه ضابطاسى
COMMISSAIRE
DE
POLICE

وزراى ضابطاسى
CHEF DE LA POLICE
DES VIZIRS

قولاوغلن
خفيه
HOMME APPARTENANT
À LA POLICE SECRÈTE

باش چوقه دار
GUIDE OUVRANT LA MARCHE
DANS LES
CÉRÉMONIES

〈사진 8〉 경찰, 군인, 기타 공직자들

『메즈무아이 으 타자뷔르』에 들어 있는 19세기 초의 우편엽서. 저자의 개인 소장품.

이때, 세계의 모든 곳——유럽, 아메리카, 동아시아, 오스만 제국——
에서 지배 왕조와 그 지지자들의 경제적·사회적·정치적 권력에 도전
장을 내미는 새로운 집단들이 등장했다. 오스만 세계에서는 많은 부를
통해 차지한 지위와, 관직을 통해 차지한 지위가 점점 더 경쟁하게 되
었고, 이는 1650년경 종교 자선기금에 기반을 둔 베지르와 파샤 가문
의 등장과 함께 시작되었다. 18세기 초 새로운 두 집단이 나타나기 시
작했다. 첫 번째로, 점증하는 국제 무역과 전반적인 상품 유통의 증가
에 힘입어 새로운 무슬림과 비무슬림 상인 집단이 형성되었다. 두 번
째로, 1690년대 등장하기 시작한 종신 세금청부업자(말리카네지
〔malikaneci〕)들이 정치 권력의 강력한 새 원천이 되었으며, 이들은
국가의 부와 결부되어 국가 기구 안에서 움직였다.

　이미 1718~1730년의 튤립의 시대에서부터 새로운 부(富)가 눈에
띄었고, 조정은 이러한 새로운 경쟁 집단을 누르기 위해 소비의 경쟁
적인 과시를 활용했다. 따라서 술탄과 대재상은 궁전 건축과 축제 그
리고 연회의 경쟁을 부추겼고, 또한 튤립 품종개발 같은 소비의 과시
를 후원했다. 이 당시에는 국제 무역이 중요해지기 시작한 정도였으므
로, 그들의 주요 경쟁자들은 아마도 주로 종신 세금청부업자들이었을
것이다.

　튤립의 시대에서 시작되어 18세기의 나머지 기간 동안, 예를 들어
1720년대, 1750년대, 1790년대에 복장 규제법이 반포되었다. 이러한
법들은 도덕·사회 기강·질서의 측면에서 너무나도 유지하기 힘들었던
기존 상태를 지속하라고 훈계했으며, 너무 착 달라붙거나, 너무 점잖
지 못하거나, 너무 부유한 티가 나거나, 너무 사치스럽거나 색깔이 부
적절한 여러 가지 여성과 남성의 의복에 대해 비난했다. 1760년대 법
에서는 술탄과 그의 장관들만이 입을 수 있는 모피를 상인들과 수공업

자들이 입으면 죄라고 비난했다. 1792년 여성 겉옷들이 너무 얇아 속이 다 비칠 정도였다고 하여 한동안 금지되었고, 바로 그 몇 해 전에는 비무슬림들이 노란 구두를 신었다고 하는데, 노란색은 무슬림들에게만 허락된 색이었다. 사회적 변화와 신분 상승이 활발하게 일어나자 국가와 특권적 지위를 위협받고 있던 사회 집단은 매우 언짢아했다. 그리하여 그 집단은 이에 대해 뭔가 조치를 '취해달라고' 국가에 요구했다. 국가의 정통성을 유지하기 위해, 그리고 도전받고 있는 집단——오래된 상인 집단이거나 군대와 관료들——의 충성을 유지하기 위해 국가는 일련의 법들을 발효했다.

사회적 변화와 신분 상승은 너무나도 극단적이고 너무나도 국가의 통제력에서 벗어난 부분이라 1829년 술탄 마흐무드 2세는 하루아침에 완전히 두 손 들었고, 복장에 기반한 오래된 사회적 소속의 표지(標識)들을 폐지해버렸다. 그 대신 새로운 규정들을 내세워, 모든 관료들은 페즈(Fez, 위가 평평하고 챙이 없는 모자—옮긴이)를 똑같이 쓰라고 명령했다. 이러한 조치와 함께 모든 관료가 완전히 똑같아 보였다. 각기 다른 다양한 터번과 명예로운 예복들이 모두 사라졌다. 특별히 종교 계층은 이 법에서 예외였다. 오스만 여성들은 이 법의 적용에서 간단히 무시되었다. 더욱이 술탄은 공직자 이외의 계층도 페즈를 쓰라고 명하여 오스만 신민들을 차이 없이 똑같이 만들고자 했다. 1829년 법은 그 이전에 복장 규제법들이 차이를 조장하거나 유지하려고 했던 관행을 뒤집었으며, 그 대신 모든 남성 국가 공무원과 신민들에게 시각적인 통일성을 부여하고자 했다.

신발 수리공을 은 세공업자로부터, 상인을 수공업자로부터, 그리고 무슬림들을 비무슬림으로부터 차별화하는 게 목적이었던 오래된 법규들이 하루아침에 사라졌다. 그 이후 페즈를 씀으로써 정부 관료들과

[사진 9] 술탄 압뒬하미드 2세 당시 톱카프 궁에서 어느 의식에 도열한 궁정 관료들

카니 E. S. 개빈(Carney E. S. Gavin) 등, 「제국의 자화상: 술탄 압뒬하미드의 사진첩에 나타난 오스만 제국 (Imperial Self-Portrait; the Ottoman Empire as Revealed in the Sultan Abdul Hamid's Photograph Albums)」『튀르크학 저널(*Journal of Turkish Studies*)』, 특별호(1998), 98쪽. 출판사의 양해를 얻어 다시 실었다.

그 이외의 남성 사회는 (종교인들을 제외하고) 군주 앞에서, 그리고 서로의 눈에 똑같이 보이게 되었다. 직업, 지위, 종교를 표시해주는 의복도 없어졌다. 1829년의 법은 종교나 기타 집단 정체성과 상관 없이 모든 오스만 신민들의 평등을 이루려 했던 1839년과 1856년의 탄지마트 칙령의 선구가 되었다.

상당수의 사람들이 점점 증대하는 사회 변화에 직면하여, 왜곡되고 결국 무너져버린 케케묵은 복식상의 표지가 마침내 사라진 것을 환영했다(사진 9와 17). 페즈, 프록코트, 서양식 바지는 관료계층의 새로운 '제복'이 되었다. 이제는 법적인 제약이 없어졌으므로 주로 비무슬림

〔사진 10〕 19세기 말 노동자들의 모자와 의복의 예
케밥 장수 외에 여러 사람들의 모습이 보인다. 이스탄불로 추정. 세바(Sébah)와 조에이예(Joailler)의
사진 작품으로 저자의 개인 소장품.

들이었던 수많은 부유한 상인들은 의복의 차이로 간혹 벌어졌던 차별
을 피하기 위해 곧바로 새로운 의복을 받아들였다. 그러나 다른 오스
만 신민들은 통일된 복장으로 새로운 사회적 표상을 세우려는 노력을
거부했다. 사회적 위계에서 가장 끝부분에 있었던 노동자들은 무슬림
이든 비무슬림이든 페즈를 거부하곤 했다. 이는 무슬림과 비무슬림의
평등에 반대하는 반동적인 수단은 아니었다. 그보다는 노동자들이 계
층적 차이를 유지하고 싶어 했으며, 길드의 특권을 공격하면서 그들의
보호자였던 예니체리를 없애버리고 또한 오래도록 길드에 속한 노동
자들에게 특혜와 보호를 제공해준 경제 정책들을 해체하고 있던 국가
에 반발하는 연대를 유지하고자 했던 것이다. 전부는 아니었지만 많은
무슬림과 비무슬림 노동자들은, 그들을 특별 집단으로 표시해주었던
모자를 계속 쓸 것을 고집했다. 어떤 노동자들은 페즈를 쓰고 어떤 사

〔사진 11〕 19세기 말 노동자들의 모자와 의복의 예. 1900년경 우르파의 직조공

레이먼드 H. 케보키안과 폴 B. 파붓지안 편, 『학살 전야의 오스만 아르메니아인들』(파리, 1992).
인용 허가를 받았다.

람들은 특별한 모자를 계속 썼음을 보여주는 사진 5, 10, 11을 보자.
사회적 위계 질서에서 좀 더 높은 층에서는 부유한 무슬림과 비무슬림
들이 최신 유행에 따라 사치스럽게 옷을 입음으로써 새로운 부, 권력,
사회적 지위를 과시했다. 그러한 과정에서 그들은 통일성, 검소함, 단
순함을 강제하려 했던 1829년의 입법을 우스꽝스럽게 만들었다.

　19세기에 크게 증가했던 복장의 다양성은 이처럼 사회적 유동성의
증가와 여러 직업, 종교 집단과 사회적 지위 간의 경계가 지속적으로
붕괴되고 있음을 반영하는 것이었다. 대단하고 가속화되던 복장의 변
화들이 오스만 여성들 사이에서도 나타나고 있었으니, 이 역시
18~19세기 오스만 사회의 변화를 반영하는 것이었다.

〔사진 12〕 **1890년경 여성의 외출복. 이스탄불로 추정**

에드윈 A. 그로스베너(Edwin A. Grosvenor), 『콘스탄티노플(*Constantinople*)』(보스턴, 1895).

사생활의 공간

오스만 세계에서 가정은 사회적 혁신의 실험장이었다. 여성들은 패션의 유행을 먼저 집에서 시험해보고 나서 공공장소에 선보였다. 이러한 과정은 아마도 오스만 사회에만 독특한 것이 아니겠지만, 그렇다고 전세계적으로 통용되었던 원칙도 아니었다. 예를 들어, 19세기 일본에서는 서구식 옷을 공공장소에서 입었지만 집에서는 전통 복장이 지배적이었다. 18세기와 19세기 초 오스만 여성들은 집에서는 실내복으로 펑퍼짐한 바지(샬바르〔shalvar〕)와 흐르는 듯한 3중 치마를 입었다. 그러나 19세기가 점점 지나면서 도시 엘리트 여성들은 집에서 부푼 치마, 코르셋, 허리가 잘록한 윤곽선, 그리고 시뇽 머리 스타일(chignon, 목 뒤가 드러나게 머리를 올린 스타일─옮긴이) 같은 새로운 패션을 시도했다. 그 후 그들은 공공장소에서 새로운 스타일을 입었으며, 온 몸을 가리는 긴 치마형 베일로 새로운 스타일을 보이지 않게 하려고 조심했다. 시간이 지남에 따라 이러한 긴 치마형 베일은 유럽 여성의 코트와 비슷한 것으로 변형되었고 베일은 점점 더 투명해져 갔다(사진 12). 그 후 1910년경에는 플래퍼 룩(flapper look, 짧은 치마에 단발머리─옮긴이)이 등장했다.

패션뿐만 아니라 다른 새로운 풍속 역시 가정에서 시작되었다. 예를 들어, 오스만 사회에서 지배적이었던 남녀 유별의 관행은 가정에서 시작되었고, 역시 가정에서 깨어졌다. 19세기에 이스탄불과 항구 도시들의 엘리트 가문들 사이에 처음으로 시작되어 다른 곳에서도 부부 동반의 상호 방문이 시작되었으며, 여성이 여성을 방문하고 남성이 남성을 방문하는 관행은 줄어들었다.

전문가들은 오스만 사회의 남녀들이 입었던 서구식 의복의 의미에

〔사진 13〕 여성의 실내복. 사진가 알리 사미의 딸 무흘리세, 이스탄불, 1907년
엥긴 치즈겐(Engin Çizgen)의 컬렉션에서 인용.

대해 논쟁을 벌였다. 어떤 학자들은 서구식 복장과 기타 문화적 양식을 도입한 것은 서구화를 반영한다, 또는 서구의 일부가 되려는 욕구를 반영한다고 보았다. 이 관점은 지속되기 어려워 보인다. 만일 그 관점이 옳다면, 우리가 오스만인들이 19세기 초 인도의 직물들을 널리 사용했다는 사실을 어떻게 이해해야 할까? 오스만인들이 인도 사람이 되려고 했던 것일까? 또 다른 학자들은 서양 패션의 수용을 좀 더 복합적인 현상으로 보면서, 서구 사회에 통합되려는 노력이 아니라 19세기 동안에 일어난 보다 큰 범위의 '문명화 과정'(civilizing process)의 일부로 보았다. 파리 최신 유행의 레이스 달린 드레스나 남성 예복을 입음으로써 사람들은 자신의 사회적 차별성과 근대성을 표시하고자 했다. 즉, 그들은 구식이 아닌 신식에 속하며, 그런 옷을 입지 않은 사람들보다 우월하다는 것을 보여주려는 것이었다(사진 13).

가정의 구조

우리는 베오그라드에서 이스탄불, 아인탑(현재의 가지안텝—옮긴이), 다마스쿠스, 베이루트로 이어지는 오스만 세계가 상당히 다양했음을 기억해야 한다. 여기에서 우리의 목표는 모든 가정에 대해 단정적으로 옳은 명제를 세우려는 것이 아니라, 1700년에서 1922년 사이의 도시와 농촌의 가정 생활에 대한 인상을 보여주려는 것이다. 이 점을 염두에 두고 시작해보자.

　19세기 이전, 도시 가정의 공간적 설계는 농촌 가정보다 양성의 분리에 공헌했다. 많은 도시 가정의 내부 구조는 주도적인 남성들이 거주하는 셀람륵(selamlık)과, 별도로 분리된 여성의 공간인 하렘릭

(*baremlik*)으로 나눠져 있었다. 하렘릭은 주로 도시 상류층의 가정에서 볼 수 있었다. 도시의 가정의 중앙에 위치한 셀람릭 방은 가장 나이 많은 남자가 그곳에 대한 우선권이 있었으며, 그곳에서부터 서로 연결해주는 복도가 없는 개별적인 방들이 있었다. 남성들과 여성들은 별도의 공간에서 사교 생활을 했다. 19세기 이전에는 도시의 모든 엘리트와 비엘리트 가정에서의 가구는 벽을 에둘러 앉을 만한 높이의 단 위에 쿠션들을 올려놓은 것이었다. 사람들은 카펫이나 깔개를 깐 바닥에 방석을 깔고 앉았다. 식사할 때 그들은 대체로 바닥에서 30센티미터 정도 높이에 놓여 있는 커다란 쟁반(작은 상 위에 놓았다는 뜻으로 이해된다—옮긴이) 주변에 모여서 공동의 접시에 담긴 음식을 손으로 먹었다. 부유한 사람들은 미리 작게 잘라 요리한 고기를 먹기도 했다. 방은 다용도로 쓰였으며, 남성 공간과 여성 공간의 응접실이 밤에는 침실로 변했다. 가구들은 대체로 수수했다. 예를 들어, 1780년대 시리아의 부유한 도시 가정에는 카펫, 깔개, 쿠션, 약간의 면직물 옷, 구리와 나무 접시들, 냄비, 절구, 휴대용 커피 가는 기계, 약간의 도자기와 양철 접시가 있었다.

19세기 초 실내 장식에 커다란 변화가 일어났다. 이즈미르 항구의 부유한 상인들의 집에는 파리와 런던에서 들여온 물건들, 즉 식사용 칼, 포크, 탁자, 의자, 영국 석탄을 때는 영국식 벽난로 등으로 가득 찼다. 19세기 말에는 의자, 탁자, 침대, 침대 프레임 같은 것이 이스탄불과 항구 도시들의 엘리트 가정에서 상대적으로 흔한 물건이 되었고, 내륙의 도시들로 퍼져나갔다. 새로운 가구들이 들어옴에 따라 오스만 가정 공간의 기능도 변했다. 지난날 다용도로 쓰이던 방이 이제 하나의 용도로만 쓰이게 되었다. 별도의 침실, 거실, 식당이 등장했고, 각각의 방은 그 방을 다른 용도로 쓰기 위해 치우거나 쌓아놓을 수 없는 특화된 가구들로 채워졌다.

이제 농촌 가정으로 시선을 돌리면, 우리는 많은 농가의 집들이 단순히 3개의 방으로 나눠져 있었음을 볼 수 있다. 하나는 자는 공간이고 다른 방들은 요리나 저장 공간 또는 거실 공간이었다. 이곳들은 성(性)에 따른 공간 분화가 사실상 없는, 아주 작은 공간이었다. 다음은 19세기 트라브존 근처 흑해 연안 지역의 농촌 가정들에 대한 묘사이다.

집은 상당히 깨끗하고 특히 거주자가 무슬림이라면 더욱 그러하며, 도시 수공업자의 집보다 훨씬 더 넓다. 일반적으로 집은 세 개의 방이 있는데, 하나는 자는 방이고, 하나는 거실, 또 하나는 요리를 위한 방이다. ……유리는 찾아볼 수 없다. 해안 지역에서는 나무로, 내륙 지역에서는 흙으로 만든 지붕널로 덮은 지붕은 물샐 틈 없는 것과는 거리가 멀었고, 벽은 여기저기서 비바람이 들이쳤다…….

농민의 음식은 주로 채소였고 대체로 자신의 땅에서 거둔 소출이다. 해안 지역에서는 옥수수 빵이, 내륙 지역에서 호밀과 보리가 많이 섞인 갈색 빵이 비록 거칠지만 몸에 나쁘지는 않은 식사의 90퍼센트를 차지했다. 여기에 우유, 응유(curd, 치즈가 만들어지기 전 단계의 물질—옮긴이), 치즈, 달걀 등으로 간혹 변화를 주었으며, 소와 가금류를 기르는 농가라면 그러한 변화가 더 잦았다. 건조한 고기와 생선은 드물었지만, 귀하게 여기는 사치품이었다. 음료수라고는 오로지 물이었다.[1]

---

1) 트라브존의 영국 영사 팔그레이브의 글이며, 셰브켓 파묵(Şevket Pamuk), 『오스만 제국과 유럽의 자본주의, 1820~1913(*The Ottoman Empire and European Capitalism, 1820~1913*)』(케임브리지, 1987), 188쪽.

위의 글과 비교하기 위해 19세기 불가리아 지역의 또 다른 묘사를 살펴보자.

잘사는 농부들의 집들은 돌로 튼튼하게 지어졌고 상당히 아늑했다. 넉넉지 못한 농민들의 집은 가장 원시적인 방식의 건축이었다. 여러 개의 장대로 건축물의 범위를 표시하고, 그 사이의 공간은 고리버들의 윗가지들로 채우고, 여기에 짚을 섞은 진흙과 소똥으로 안팎에서 두텁게 발랐다. ……보통 오두막의 내부는 3개의 방으로 나뉘어 있었으니, 공동으로 쓰는 거실, 가족 침실, 저장실이었다. 흙을 두드려 단단하게 다진 바닥에는 조잡한 매트와 집에서 만든 두꺼운 깔개가 덮여 있었다. 가구는 주로 두텁게 짠 직물들을 씌운 쿠션이었으며, 이는 또한 가족의 침대 기능도 했다. ……터키(오스만 제국)의 모든 농부들과 마찬가지로 불가리아인들은 습관적으로 상당히 절약했고 검소했다. 그들은 아주 적은 것으로 만족했으며, 호밀 빵과 옥수수 죽 또는 식초와 후추로 간을 한 콩을 주로 먹으며 살았고 낙농제품을 약간 곁들였다.[2]

유목민의 집은 정주 농민의 집보다 훨씬 더 간단했다. 18세기 말 시리아의 베두인들은 텐트에서 살았고, 그 안에는 무기, 파이프, 휴대용 커피 가는 기계, 냄비, 가죽 부대, 커피 볶는 도구, 깔개, 옷, 검은 모직 망토와 몇몇 유리 제품과 은 제품이 있었다.

1870년대 에르주룸-디야르바크르 지역의 75만 유목민들은 다음과 같이 살았다.

---

2) 루시 M. J. 가넷(Lucy M.J. Garnett), 『발칸 반도의 가정 생활(Balkan home life)』(뉴욕, 1917), 180쪽. 그러나 불가리아가 오스만 제국에 속해 있을 때 쓴 글이다.

겨울 동안 그들은 돌로 적당히 쌓은 작은 오두막에서 살았는데, 이들은 낮은 계곡에 있는 오두막들보다 훨씬 더 비참했다. 다른 마을들에서 이미 본 것처럼, 거주하는 방과 통하는 보다 큰 건물 안에 양떼와 말들을 가두고 묶어놓았다. 봄과 여름에 그들은 자신들이 사는 지역 또는 이웃 지역의 산지로 옮겨서 염소 털이나 양모로 짠 넓은 텐트에서 지냈다. 그들의 음식은 농민들의 음식과 같았다. ……그들의 경우에도 중요한 손님이 집을 방문하지 않는 한 고기를 먹는 것이 드물었다. ……그들의 가구는 다른 집단의 가구보다 더 괜찮은 편인데, 그 가정의 여성들이 좋은 펠트 천 외에도 좋은 카펫—모든 가정에 좋은 카펫이 있었다—을 생산했기 때문이다.[3]

새로운 공공장소

오스만 사회의 의복과 사적 공간의 변화에 투영된 경제·사회·정치적 변화들은 농촌보다는 도시에서 훨씬 더 두드러졌고, 또한 19세기의 새로운 공공장소에서도 나타났다. 공공장소의 통제는 정치적 권위와 사회적 지위를 둘러싼 투쟁의 연속으로 이해되어야 한다. 안타깝게도, 여기에 제시된 모든 증거들은 단지 수도 이스탄불에 관련된 것이다. 제국의 다른 지역들보다 이스탄불과 항구 도시들에서 먼저, 다음에 서술하는 변화가 느껴졌는데 이는 그러한 곳들에서 경제적 변화가 가장 뚜렷했기 때문이다.

길거리가 일반적으로 좁고 구불구불하고 진창이기도 했던 전근대

---

3) 에르주룸의 영국 영사 윌킨슨의 글, 셰브켓 파묵(Şevket Pamuk), 『오스만 제국과 유럽의 자본주의, 1820~1913』 (케임브리지, 1987), 186쪽.

도시들에서는 사람들이 산책하러 나와 그들의 아름다운 의복과 장식품을 과시했던 공공적 과시의 장은 사교적으로 중요한 장소들이었다. 이스탄불에서 수세기 동안 상당히 중요했던 장소는 근교의 금각만 안쪽에 있는 '유럽의 맑은 물'(터키어로 타틀르 술라르[Tatlı Sular], 즉 단물, 마셔도 되는 물이라는 뜻—옮긴이)이라 불리는 두 계곡과 보스포루스 해협 건너편의 '아시아의 맑은 물'이었다. 그곳에 제국의 수도에서 부유하고 힘 있는 사람들이 모임을 가졌고, 소풍을 나왔으며, 그들의 부와 권력을 과시했다. 19세기 초 "수레나 작은 배(caique, 터키어로 카이윽[kayık])를 탈 수 없는 가난한 사람들은 그 나름대로 축제를 즐기기 위해 작렬하는 태양 아래 도성에서부터 기꺼이 걸어왔다"(사진 14와 15 참조).[4] 19세기 동안 주요 종교 집단들이 같은 공간들을 지속적으로 공유했으니, 금요일에는 무슬림 인파가 몰려들었고, 일요일에는 기독교인들이 같은 장소들을 넘겨받았다.

그러나 19세기가 흘러가면서, 대중은 공공연한 과시의 장소였던 이곳을 떠나 새로운 장소들을 선호하게 되었다. '맑은 물' 같은 장소들과는 달리, 새로운 공공장소들은 부유한 비무슬림들이 장악했으며, 패션의 경향을 결정짓기도 했다. 이러한 새로운 공공장소들은—프랑스어로 '큰 공동묘지'(Grand Champs du Morts)와 '작은 공동묘지'(Petit Champs du Morts)로 각각 이름이 붙은—공동묘지와 인접한 탁 트인 공간이었고, 주로 유럽인들과 오스만 기독교인들이 살았던 이스탄불의 페라(Pera) 지구에 있었다. 앞에서 언급한 맑은 물가가 아니라, 이 새로운 장소로 패션을 이끌어가는 사람들, 멋쟁이들, 유행을 결정하는

---

4) 줄리아 파도(Julia Pardoe), 『보스포루스의 아름다움(Beauties of the Bosphorus)』(런던, 1839, 1840), 8쪽.

Edit. Bon Marché

34 - Constantinople - Eaux-douces d'Europe

(사진 14) 유럽의 맑은 물, 1900년경
저자의 개인 소장품.

Les eaux douces d'Asie, Bosphore, Constantinople.

Photogr. Sebah & Joaillier.

1624. Editeur: Max Fruchtermann, Constantinople.

(사진 15) 아시아의 맑은 물, 1900년경
저자의 개인 소장품.

사람들, 그리고 최신 유행이 무엇인지 알고 싶은 사람들이 점점 더 모여들었다. 그리하여 비무슬림들은 유행의 선도자로서 무슬림들을 대체하게 되었다. 사회적 지위는 공공장소에서 옷 잘 입기 경쟁으로부터 도전을 받았다. 페즈와 프록코트가 공직자 계층의 표준 의복이 되었던 반면, 비무슬림들은 우아하고 비싸고 파리에서 최신 유행하는 패션을 입는 데에 선도적이었다.

중요한 것은 비무슬림들은 집단으로서 패션을 주도하고, 경제를 선도했을 뿐 정치를 이끌어가는 사람들이 아니었다는 점이다. 점차 늘어나는 그들의 경제적 부와 사회적·복장의 측면에서 그들의 선도적인 역할과, 정치적으로 종속적인 그들의 지위 사이에 긴장이 존재했으며, 국가는 이 문제를 1829년의 복장 규제법과 1839년과 1856년의 개혁 칙령으로 해결하려고 했다.

커피점(coffee house)과 목욕탕

그 무엇보다도 더없이 훌륭한 남성의 공공장소인 커피점은 이스탄불에서 커피와 함께 1555년에 등장했다. 커피는 맨 처음 커피 공급지였던 아라비아의 모카(Mocha)에서 알레포와 다마스쿠스를 거쳐 들어왔다. 그리고 얼마 지나지 않아 1609년 무렵에 담배가 들어왔다. 그 이후 커피와 담배의 조합은 오스만과 중동 문화의 상징처럼 되었고, 손님 접대와 사교에서 떼어낼 수 없는 필수적인 것이 되었다. 이 두 가지는 곧바로 오스만 세계에서 최초로 확실하게 대량 소비되는 상품들이 되었다. 이것들이 도입되면서부터 20세기 후반에 이르기까지 커피점은 오스만 세계와 오스만 이후 세계에 남성들의 사회 생활의 중심지가 되었다.(텔레비전의 보급과 함께 중동 대부분의 지역에서 지금은 커피점이 세력을 잃고 있다.) 커피점은 곳곳에 있었다. 예를 들어, 19세기 초 이스탄불에서는 아마도 도시 상점 중 5분의 1을 차지했던 것 같다.[5] 그러므로 오스만 세계에서 남성만의 공공장소가 거대하게 확산되었던 것은 17세기에 시작된 (그리고 18세기와 19세기에 가속화된 의복 패션의 변화와 함께 새로운 형태를 띠었던) 소비자 혁명과 밀접하게 관련되어 있었다. 이러한 커피점에서 남자들은 마시고, 담배를 피우고, 만담(漫談), 음악, 카드놀이, 백개먼(backgammon, 터키어로 타블라[tavla]라는 일종의 주사위놀이―옮긴이), 기타 등등의 오락을 즐겼으며, 그런 여흥은 간혹 커피점 앞의 야외에서 즐기기도 했다.

양성이 분리된 목욕탕은 여성의 (그리고 남성의 경우에도) 사교를 위한 공공장소였다. 옛날에는 실내 배관이 있기는 했지만 매우 예외적이었다. 대부분의 사람들은 집안에 수원지(水源池)가 없었기 때문에 공중목욕탕에 의존했다. 목욕탕에 대한 위생적 필요와 더불어 이슬람과 무슬림 세계가 개인의 청결을 대단히 강조한(이슬람교에서는 기도 전에 몸을 청결히 하는 등의 일상 생활에서 의례적 정화(淨化)가 중요하다―옮긴이) 결과로 목욕탕은 오스만 도시들에서 일상적으로 존재했다. 큰 목욕탕에는 여성과 남성을 위한 별도의 목욕 공간들이 있었고, 작은 목욕탕에는 여성만 받는 시간과 남성만 받는 시간이 따로 정해져 있었다. 목욕탕은 여성들에게 집 밖에서 사교를 할 수 있는 결정적인 공간들을 마련해주었다. 그들은 이곳에서 친구들을 만났을 뿐 아니라, 결혼 동맹에 대한 협상과 사업상의 접촉을 벌이기도 했다.

---

5) 젱기즈 크를르(Cengiz Kırlı), 「공간을 둘러싼 싸움: 오스만 시대 이스탄불의 커피점들, 1780~1845(The Struggle over Space: Coffeehouses of Ottoman Istanbul, 1780-1845)」, 박사논문, 빙엄턴 대학, 2000.

교제의 여러 형태와 장소들

19세기 말까지 외식을 할 수 있는 장소는 매우 제한되어 있었다. 그러나 시장은 중요한 공공장소였으며, 남성과 여성 모두 일상적으로 시장을 둘러보았다. 그곳에서 여성들은 공공장소에서 입는 복장을 하고 정기적으로 상인들을 만나 거래를 하곤 했다. 이와 비슷하게, 신앙의 장소들——모스크, 교회, 시나고그——앞에는 대화, 오락, 사업상 협상 공간이 마련되어 있었다.

그러한 장소들에서 오스만 대중은 직업적인 만담꾼들에게서 이야기를 듣기도 했는데, 그 가운데 호메로스의 서사시처럼 술탄과 영웅들의 위대한 업적에 대한 이야기도 있었다. 또 다른 만담꾼들은 시적인 형태로, 어떤 경우에는 상당히 노골적으로 인생, 사랑, 감정에 대해 이야기하기도 했다. 후대에까지 매우 인기 높았던 17세기 어느 대중 시인의 작품에서 이와 같은 예를 살펴보자.

> ……그들에게 내가 죽었다고 하시오.
> 그들에게 내 영혼을 위해 기도하게 하고,
> 그들에게 나를 길가에 묻게 하고,
> 젊은 아가씨들이 지나다가 내 무덤가에 멈추게 하시오.

이런 것도 있다.

> 신이여, 나를 구원해주소서.
> 나의 눈은 그녀의 풍만한 가슴을 보았으니.
> 내가 얼마나 그녀의 복숭아들을 모으고

그녀 뺨의 솜털에 입맞춤하기를 원하는지.[6]

그리스에서 인도네시아에 이르기까지 지금도 사랑받는 그림자 인형극장(카라괴즈[*Karagöz*])은 아마도 오스만 시대에 가장 인기 있는 오락이었을 것이다. 청중은 투명한 스크린 앞에 모여들었다. 스크린 뒤에서는 한 명 또는 그 이상의 인형 조종사들이 짧은 막대를 이용해 종이처럼 얇고 채색된 그림자 인형들을 스크린을 배경으로 하여 극본에 따라서 움직였다. 이러한 그림자 인형들은 동물 가죽을 벗겨내어 자르고 여러 색을 칠해서 만들어졌다. 스크린의 옆부분에는 같은 물질로 만든 고정된 무대받침(괴스테르멜릭[*göstermelik*])이 있었다. 사랑, 정치, 어리석음, 현명함을 주제로 한, 연극을 보는 청중들에게 익히 알려진 수십 가지 고정된 이야기들이 있었는데, 민간의 지혜를 담고 있는 이 이야기들의 등장인물들은 보통사람들의 목소리를 대변했다. 이에 덧붙여, 공연자들은 현재의 정치 상황을 반영하는 즉흥적인 줄거리들도 준비했다. 예를 들어, 알레포의 카라괴즈 공연자들은 1768년의 오스만-러시아 전쟁에서 패배하고 돌아온 예니체리들을 조롱했다. 그림자 인형극장은 사회적인 논평의 장이었고, 동시대의 사건들, 국가 그리고 엘리트들을 비판할 수 있는 안전한 장소였다.

19세기에는 이에 경쟁하는 새로운 오락들이 서유럽에서부터 들어오기 시작했다. 많은 외국의 공연단들이 1830년대 말 이스탄불에서 오페라를 공연했고, 1840년에는 역시 순회 공연단을 통해 서구의 연극이 들어왔다. 수십 년 사이에 공연은 외국인이 아닌 오스만인들로

---

6) 세이피 카라바쉬(Seyfi Karabaş)와 주디스 야르날(Judith Yarnall), 『카라자올란의 시: 어느 튀르크 방랑시인(*Poems by Karacaoğlan : A Turkish Bard*)』(블루밍턴, 1996).

이루어졌고, 지방의 일부 소도시들까지도 극단이 있었다. 1897년에 영화가 이스탄불에 들어왔으며, 이는 프랑스에서 뤼미에르 형제가 처음 영화를 발명한 지 2년 뒤의 일이었다.

오스만 스포츠의 세계에서 레슬링은 매우 인기 있었으며, 특히 발칸 반도에서 그러했다. 또한 엘리트 사이에서는 궁술과 매를 이용한 사냥을 즐기기도 했다. 19세기 말, 수많은 경쟁 스포츠들이 외국으로부터 이스탄불과 살로니카 같은 항구 도시들에 들어왔다. 그 가운데 축구, 테니스, 자전거, 수영, 비행, 체조, 크로케(croquet, 잔디에서 하는 일종의 공놀이—옮긴이), 권투 등이 있었다. 1890년 이즈미르에서 축구와 럭비 클럽이 생겨났다. 축구는 웬만큼 유행했지만, 다른 스포츠들은 별로 유행하지 않았다. 예를 들어, 이스탄불에서 테니스는 (마치 당시의 중국에서처럼) 궁정의 뜰 안에만 머물렀다.

수피 교단과 수피 회관

수피 교단과 그 회관은 남성과 여성 모두에게 오스만 사회의 사교 생활에서 중심적인 역할을 했으며, 집 밖의 사교 생활에서 또 하나의 중요한 장소였다. 이 경우, 그 공간은 무슬림들만을 위한 것이었고 그 안에는 남성과 여성의 공간이 따로 존재했으며, 이는 교단의 추종자들뿐만 아니라 방문자들을 위한 것이기도 했다. 일부 교단은 중동에 튀르크인들이 침략하면서 생겨났으며, 14세기에 오스만 제국의 성장을 돕기도 했다. 그리하여 많은 교단이 아나톨리아와 일부 발칸 지역처럼 튀르크 종족이 정착한 지역에 자리잡고 있었다. 그 후 그들은 아랍 지역 전역에 걸쳐 그 어디든 존재했다. 도처에서 이러한 교단들은 종교의 영역과 사회적 기능에서 결정적인 중요성을 띠었다. 비록 모스크가 기도와 의식, 교육에서 오스만 무슬림들의 종교 생활의 중심이었지만, 수피 교단의 종교적 중요성은 상당히 강조할 만하다. 수피 교단의 신앙과 실천은 많은 남녀들에게 생명력 있고 개인적으로 와닿는 종교적 경험들을 제공해주었으며, 그런 것들은 모스크의 경험과 결합되거나 그 경험을 능가했다. 또한 수피 교단은 오스만 사회 무슬림 남녀들의 가장 중요한 사교의 장이었으니, 이곳에서 회원들은 사회적으로, 상업적으로, 간혹 정치적으로 중요한 관계들을 많이 맺었다. 19세기에 수도 이스탄불과 많은 주요 도시들의 주민들 대부분은 어느 교단의 회원이거나 교단에 소속되어 있었다.

수피 교단은 일반적으로 성인(聖人)으로 숭앙받는 교단 창립자 세이흐 개인에 대한 충성을 중심으로 형성되었다. 이러한 성스러운 사람들은 그들의 모범과 가르침에 따라 종교적 진실과 신비적 체험으로 이르는 특별한 길을 닦아놓았다. 각 교단의 가르침은 다양했지만, 신과의 심오한 만남으로 개인의 평화를 찾으려는 공동의 노력을 함께했다. 회원들은 회관(테케[tekke])에 모여서 공동으로 기도(자크르[zikr], 구체적으로는 신을 기억한다는 뜻—옮긴이)하고 특유의 신앙 행위들을 수행했다. 메블레비(Mevlevi) 교단은 신비한 환상을 보기 위해 빙빙 돌았고, 다른 교단에서는 특정한 말을 되풀이해서 읊조리기도 했다. 회원들의 헌금으로 유지되는 회관들은, 19세기 이스탄불에서는 주로 평범한 건물이었고, 보통 생존해 있는 지도자 세이흐의 집이었다. 그러나 도서관, 여행자 숙박소, 묘지, 세이흐와 남녀를 모두 포함한 제자들을 위한 방, 그리고 교실, 부엌, 공중목욕탕, 화장실이 있는 복합 건물군인 회관들이 많았다. 게다가 '대회관'(아시타네[asitane])은 도서관, 기도실, 부엌 이외에도 가족들, 독신자들, 남녀 방문객들을 위한 거주용

장소가 마련되어 있었다. 오스만 시대 말기에 이스탄불에만도 약 20개의 교단에서 300개의 회관을 보유하고 있었다.(17세기에 약 500개가 있었던 것과는 대조를 이룬다.) 19세기 이스탄불에서는 57개의 회관을 보유한 카디리(Kadiri)와 56개의 회관을 보유한 낙슈반디(Nakshibandi) 교단이 매우 인기가 있었다. 할베티(Halveti), 젤베티(Celveti), 사디(Sa'di), 루파이(Rufai) 또한 중요했으며, 그 뒤를 이어 10개가 안 되는 수의 회관을 보유한 메블레비 교단이 있었다. 교단에는 간혹 특정 사회 집단에서 회원들이 충원되었다. 예를 들어, 메블레비는 비록 규모는 작지만 회원들 가운데 상류층에 속하고 국가 지도자급이 많았기 때문에 정치적 힘이 있었다. 이와는 대조적으로 벡타시(Bektashi) 교단은 수공업자와 하층민들을 끌어들였다. 그들은 예니체리의 군종 성직자들이었고, 결국 1826년에 탄압받았다.

성자묘(聖者廟)

오스만 세계에서 성스러운 남녀 성인들이 높이 숭앙받는 현상은 수피 교단과 주로 긴밀하게 연관되어 있었다. 그들의 묘지 방문은 널리 행해졌고, 그곳에서 기도하는 사람들이 가족 단위나 회관 회원들처럼 집단으로 찾아오기도 했다. 방문객들은 성인들의 도움을 청하려고 그 묘지에서 기도를 했으며, 촛불을 밝히고 묘지 안이나 묘지 근처에서 잠을 잤다. 일반적인 질환에 대해서는 몇 시간 동안 기도했지만 중병이나 정신적인 문제에 대해서는 40일까지 기도하기도 했다. 여성들은 임신을 하기 위해서나 임신 기간에 아무 탈이 없도록 기도하는 경우가 많았다. 성인의 축복을 얻으려고 기도하는 사람들은 근처 관목들이나 묘지 구조물의 쇠창살에 리본을 묶기도 하고, 물을 바치거나 웃옷이나 기타 의류를 묘에 바쳤다.

기독교 시대부터 종교적으로 중요한 장소들(이 장소들은 기독교 이전 시대부터 중요했다)에 많은 무슬림 성지들이 생겨났다. 발칸 반도에서는 적어도 10개의 묘지들이 무슬림 성자 사르 살툭——그는 성 게오르기우스의 속성들을 갖고 있다——에게 봉헌되었고, 그 묘지들 가운데 알바니아에 있는 묘지는 그 성자가 머리가 7개 달린 용을 죽였다는 동굴 안에 있다. 성인들을 기리는 성소들은 이따금씩 기독교인과 무슬림들을 모두 대상으로 했으니, 알바니아의 토모르 산에 있는 벡타시 성소는 성모 마리아에게 봉헌된 곳이기도 했다. 중부 아나톨리아에 있는 성소 안에는 한쪽 끝에 기독교인 교회가, 그리고 다른 쪽 끝에 모스크가 있었고, 살로니카 시의 성 디미트리오스의 교회는 모스크로 변했으나 성 디미트리오스의 묘지는 기독교인들에게 개방되었다. 많은 지역의 기독교인과 무슬림들이 같은 성인의 축일을 같은 날, 같은 장소에서 거행하면서 서로 다른 이름으로 부르는 것도 드물지 않은 일이었다. 발칸 반도의 델리 오르만에서는 무슬림 데미르 바바와 기독교의 성 엘리야의 축일 모두 8월 1일이었다. 코소보 근처에는 색다른 성소가 있었으니, 그곳에는 1389년 전쟁터에서 죽고 난 뒤 장례를 위해 부르사로 옮긴 술탄 무라드 1세의 몸에서 흘러나온 피가 보관되어 있다.

경축일

경축일은 가장 좋은 옷을 입고 산책에 나서는가 하면, 독특한 오락을 즐기는 특별한 날들이었다. 거의 모든 오스만 경축일들은 종교적인 사건을 기념하는 날이었으며, 여러 종교적 전통과 달력에서 유래했다. 19세기 말 공식 달력들에는 기독교인들을 위해 율리우스력에 따라 날짜를 표시한 달력, 무슬림들을 위해 (예언자 무함마드의 생애 가운데 한 사건에서 유래하는) 히즈라력(예언자 무함마드와 그의 추종자들이 메디나로 이주하여 이슬람 공동체를 탄생시킨 사건을 기념하여 만든 이슬람 달력—옮긴이) 날짜를 표시한 달력과 또한 재정(財政) 달력이 있었다. 종교적 축일 외에 눈에 띄는 예외는 왕실의 생활과 관련된 부분으로, 결혼과 할례의 경축이 있었고, 적어도 19세기 말에는 제국 전역에서 술탄의 생일을 경축했다. 종교적이지 않은 축일의 예를 또 하나 들면, 20세기 초 흑해의 석탄 광산 지역에서 광부들과 공무원들이 모여 술탄의 즉위 기념일을 축하하는 의식을 가졌는데, 이 기념식은 경영자들과 근로자들의 충성심, 보다 넓은 정체성 의식, 그리고 어쩌면 공동체 의식을 함양하기 위한 것이었을지도 모른다. 보다 이른 시기에는 군사적 승리를 축하하는 경축일도 있었다. 18세기에는 군사적 승전이 드문 대신, 매년 선단이 지중해 순항을 떠나기 전에 연회를 베풀기도 했다(사진 16).

어떤 종교적 축일은 특정 종교를 초월하기도 했다. 무슬림의 라마단은 부분적으로는 모든 사람들의 축일이었다(다음을 보라). 무슬림 어선들에의 축복은 기독교 축일인 예수 공현 축일(Epiphany)의 첫째 날에 이루어졌다. 오스만 기독교인들 사이에는 7월의 성 요한의 날과 8월의 성모 승천일이 중요한 축일이었다. 그날은 그리스인 여성들 모두, 가장 지위가 낮은 어부의 아내들까지 우아한 비단이나 벨벳 드레스를 입었고 비싼 모피로 테두리를 두른 겉옷을 입었다. 예언자 무함마드의 탄생이나 그의 승천을 기념하는 수많은 무슬림 축일들도 있었다.

그러나 무엇보다도 라마단이 가장 중요한 경축일이었고 오스만 세계의 사회 생활에서 가장 중요한 때라는 것을 쉽게 느낄 수 있다.[7] 무

(사진 16) 1900년대 흑해 연안의 경축일 기념식(저자 개인 소장품)

슬림 경축일 가운데 가장 큰 명절인 이 시기는 히즈라 달력의 아홉 번째 달이었다. 라마단 달의 '권능의 밤'(Leyl ul-qadir)에 쿠란이 계시되었다. 라마단은 그 달에 후세인의 생일, 알리와 하디자의 죽음이 모두 일어났기 때문에 이중 삼중으로 중요했다. 이들은 이슬람의 역사와 종교에서 대단히 중요한 인물들이었다. 게다가 라마단에는 예언자 무함마드의 첫 번째 중요한 승전이었던 바드르 전투의 기념일이 포함되어 있었다. 이러한 사건들을 기념하기 위해, 특히 권능의 밤을 기념하기 위해 무슬림들은 단식의 달 라마단을 철저하게 지켰다. 일출에서 일몰

---

7) 라마단에 대한 자료는 프랑수아 조르종(François Georgeon), 「이스탄불에서의 라마단(Le ramadan à Istanbul)」, F. 조르종, P. 뒤몽(P. Dumont) 편, 『오스만 제국에서의 삶: 종교 집단 사이의 친화성과 관계들(17~20세기)〔Vivre dans l'empire Ottoman. Sociabilités et relations intercommunautaires(xviie-xxe siècles)〕』(파리, 1997), 31~113쪽.

에 이르기까지 그들은 먹거나 (물조차도) 마시거나 담배를 피우거나 성행위를 하지 말도록 지시받았다. 이 단식월은 이슬람 달력의 두 가지 큰 경축일 가운데 하나인 셰케르 바이라므(Şeker Bayramı, 원래는 경축일을 나타내는 '바이람'이지만, 이 경우에는 설탕·사탕을 의미하는 '셰케르'와 연결되었기 때문에 복합어를 나타내는 어미가 붙어 '바이라므'가 되었다. 아랍어로는 'idu'l-fıtr-옮긴이)로 끝났다.

라마단은 집중적인 사교의 시간이었기에 일상 생활의 리듬이 바뀌었다. 이스탄불과 다른 도시들은 공사를 막론하고 모든 곳이 사실상 낮에는 닫혀 있었다. 이와는 달리, 가게와 커피점들은 밤새도록 문을 열고 램프로 불을 밝혔다. 오직 라마단 동안에만 밤의 유흥 생활이 활발하게 이루어졌다. 라마단이 되기 전 여러 주일 동안 집들을 청소하고, 해충을 제거하고, 쿠션들 속을 다시 채우고, 많은 특별한 음식들을 장만하기 시작했다. 매일 저녁마다 단식을 풀 때에는 이프타르(iftar)라는 축하하는 의미의 만찬이 마련되었고 여기에는 이때를 위해 특별히 준비한 음식과 빵들이 나왔다. 이처럼 집중적으로 사교를 하는 라마단에 중심이 되는 사회적 행사인 이프타르 만찬은 날마다 방문과 환대의 기회를 마련해주었다. 높은 사람들은 만찬을 준비하여 낯모르는 사람들——가난한 사람들, 거지들——이 와서 식사를 하도록 개방했고, 이들이 떠날 때는 가끔 현금을 선물로 주었다. 18세기에는 대재상이 이프타르에서 고위 인사들에게 통례적으로 선물——금, 모피, 직물, 보석 등——을 주었다. 여러 교단에 속하는 셰이흐들은 특별한 대접을 받았으며, 모피로 테두리를 한 코트를 받기도 했다. 그러나 관료들 사이에 행해졌던 의전적인 자택 방문은 사실상 1840년대에 금지되었다. 그 이후 공식적인 방문들은 관청에서만 이루어졌다. 사회적 위계 질서의 좀 더 아래쪽에서는 장인(匠人)들이 하인들이나 자신들의 협력자, 예를 들어 상인, 경비원, 소방수(툴룸바즈[*tulumbacı*]) 들에게 선물을 주었다. 19세기 중반에는 술탄 압뒬메지드의 궁전 앞에서 술탄의 보좌관들이 가난한 사람들에게 선물을 나눠주었다.(이는 탄지마트 개혁 이전에는 일반적인 관행이었으나 그 이후에는 라마단 동안의 이프타르에 한정되었다.) 적어도 18세기와 19세기 초까지 술탄은 라마단의 15일에 예언자 무함마드의 성스러운 망토가 보관되어 있는 톱카프 궁전을 방문했으며, 예니체리들에게 바클라바(*baklava*, 달고 기름진 일종의 후식—옮긴이)를 나눠주었다. 1826년 이후에도 술탄은 군부대에 경의를 표하면서 특별한 라마단 빵을 하사했다. 술탄 압뒬하미드 2세의 치세 동안에는 이을드즈 궁전에서 매일 저녁 각각의 군부대가 식사를 하고 선물을 받았다.

라마단은 서로의 집을 방문하는 것뿐만이 아니라 공공장소에서 독특한 오락거리가 많은 기분 전환의 달이었다. 라마단은 카라괴즈 그림자 인형극장의 시즌이었고, 공연자들은 바이람(*bayram*, 여기서는 라마단이 끝나는 셰케르 바이라므를 지칭—옮긴이) 당일까지 매일 밤 새로운 이야기를 공연하려고 28가지의 줄거리들을 암기했다. 이와 비슷하게, 19세기 말 극장이 발전함에 따라 라마단은 극장의 시즌이 되었고, 20세기 초에 이르러 라마단에는 특별 공연을 하는 것이 관행이 되었다. 영화가 도입된 지 10년 만에 이스탄불에서는 특별히 라마단을 위해 영화가 상영되었다. 18세기에는 사회적인 행사들, 즉 행진, 카라괴즈 그리고 커피점의 오락 등으로 이프타르가 활기를 띠었으며, 19세기에 이르러 여기에 새로운 오락 형태인 연극과 영화가 포함되었다. 라마단은 어떻게 보면, 유럽에서의 카니발처럼 규범의 적용이 일시 중지되고 사회적 장벽들이 무너지는 축제의 달이었다. 그리하여 19세기 초 오스만 국가는 남녀가 공공장소에 동반 외출하는 것을 일반적으로 금지

258

했지만 셰케르 바이라므에는 허용하는 칙령을 내렸다.

또한 이 달은 종교적 감수성과 종교 활동이 고조되는 시기이기도 했다. 제국 전역에 걸쳐 울레마는 도시의 모스크들에서 셰케르 바이라므의 전날까지 계속 쿠란을 낭송했다. 라마단 동안에는 많은 사람들이 이스탄불의 에윕 성자묘를 포함하여 성스러운 명소들과 성인들의 묘지와 친척들의 묘들을 방문했으며, 텐트를 치고 밤새 그곳에서 지냈다. 셰케르 바이라므 기도 후에 가족들은 부모와 가까운 친척의 무덤들에 모였다. 또한 지위 높은 울레마들은 술탄 앞에서 쿠란을 낭송하고 특별 강연을 했다. 종교 관료계의 취업을 준비하는 학생들은 라마단 동안에 학교를 떠나 농촌으로 다니면서 설교를 하고, 농촌 사람들에게서 돈과 물건을 받았다. 어쩌면 18세기 초 튤립 시대 이래의 관행일지도 모르지만, 이스탄불에서는 모스크와 첨탑인 미나렛들이 불빛으로 수놓아졌고 어떤 때는 글자나 상징의 모양으로 불빛을 만들었다 (이를 마흐야[mahya]라고 부른다). 1860년대 가로등이 도입되기 전에는 그러한 불빛의 효과가 대단했음에 틀림없다. 사람들이 가지고 돌아다니는 등불 외에는 온통 어둠에 휩싸인, 인구가 거의 100만이나 되던 이 도시에서 불빛으로 이루어진 글귀와 상징들의 영향력이 어떠했을지 상상해보라.

라마단은 또한 종교 집단 간의 관계도 증진시켰다. 많은 비무슬림들이 술탄 궁전에서 단식 후의 만찬을 함께 하도록 초대받았고, 이는 일반 사회에서의 행동 기준을 마련해주었을 뿐만 아니라 (사회적 관행을) 반영한 것이었다. 많은 무슬림들은 자신들의 가정을 비무슬림 이웃들과 친구들에게 단식 후의 저녁식사 때 개방했다. 이렇게 이 축제는 무슬림으로서의 자의식을 고조시키면서도 무슬림과 비무슬림의 사회적 관계를 증진시켰다.

[사진 17] 하르푸트의 국립대학 졸업반, 1909~1910
레이먼드 H. 케보키안, 폴 B. 파붓지안 편, 『학살 전야의 오스만 아르메니아인들』(파리, 1992).
허락을 받고 인용하였다.

　단식을 실제로 실행하는 것은 장소, 시간, 개인에 따라 크게 달랐다. 전반적으로 일반 대중은 단식을 지켰고, 개인적으로 단식을 하지 못하는 경우도 있었지만 그렇다고 해서 큰 문제가 생기지는 않았다. 18세기 이스탄불에서는 동네 이웃들이 사회적 압력을 행사했지만, 지역의 이맘이나 공적인 명예의 수호자로 행동하는 사람(카바다이으[kabadayı], 물리적 또는 사회적 힘으로 민간을 통제하는 사람, 즉 협객―옮긴이)이 공식적으로 비난하는 것 이상의 처벌은 없었다. 19세기 동안 이 부분이 변화하기 시작했다. 공공장소에서의 행동을 규제하는 과거의 규칙이 힘을 잃게 되자 이스탄불에서 단식이 공공질서의 문제로 대두되었다. 술탄 마흐무드 2세의 복장 개혁으로 가시적인 구별이 덜 명확해져, 무슬림들이 도시의 비무슬림 구역으로 숨어들어가 먹고 마시는 것이 훨씬 쉬워졌다. 그 밖에 공공장소에서의 행동 규제에 대한 정부의 태도 역

(사진 18) 술탄 압뒬하미드 2세 시기 이스탄불 에미르간의 여자 중등학교 학생들

카니 E. S. 개빈 등, 「제국의 자화상: 술탄 압뒬하미드의 사진첩에서 나타난 오스만 제국」, 『튀르크학 저널』, 특별호(1998). 출판사의 특별 허가를 받고 인용하였다.

시 변화했다. 정부의 관료 가운데 하나인 뮈흐테십(*mühtesib*)이 시장의 감독과 지역의 질서 유지를 맡아왔다. 그러나 이 관직은 1854년에 폐지되었고, 그 기능은 법과 질서를 유지하는 경찰과 헌병에게 분할되어 위임되었다. 이러한 변화는 새로운 법이 제정됨과 동시에 공공장소에서의 행동을 규제하는 데 혼란을 가져왔다. 울레마들은 자신들의 지위를 불안하게 느껴 단식을 지킬 것을 더욱더 강력하게 요구했고, 새로운 근거들을 찾으려 했다——한때는 단식이 건강에 좋다고 내세우기도 했다. 민정 당국자들도 이와 비슷하게 확신이 없었다. 수도 이스탄불의 일부 지역에서는 경찰이 라마단 기간 중에 공공장소에서 먹고 마신 사람을 태형으로 다스렸다. 그러나 우리는 이러한 공개적인 처벌이 얼마나 일반적으로 이루어졌는지 모른다.

19세기 말, 국가는 명령 계통의 최고 수준에서마저도 라마단을 지

[사진 19] 1890년경 제국 의과대학 학생들

출탄 암틸하미드 2세의 사진첩 중에서. 저자의 개인 소장품.

키는 것에 대해 혼란스러운 신호를 보냈다. 스스로 칼리프의 역할을 힘주어 강조했고 무슬림 신도들의 지도자임을 자임한 술탄 압뒬하미 드 2세를 떠올려보라. 그의 이을드즈 궁전의 관료들이 라마단 동안 내내 먹고 마시고 담배를 피웠다는 사실을 접하면 처음에는 당황스러울 것이다. 그러한 행위는, 19세기 동안 국가가 새로운 규율을 입안하고 사람들을 직장에서 계속 일하게 하려고 노력하는 와중에 도출되었다. 따라서 단식이 근대 문명과 양립 불가능하다는 규정들이 반포되었다. 직장 생활은 평소대로 계속해야 했고 관청의 정상적인 근무 시간은 유지되어야 했다. 그러나 국가는 19세기 후반의 학교들에 대해서는 다른 조치를 취했다. 무슬림 종교 학교인 메드레세에서는 과거와 마찬가지로 라마단은 휴일로 유지되었다. 그리고 국가가 여러 등급——초등, 중등, 의학, 군사 등등——의 학교를 수백 개 세웠을 때, 역시 라마단을 학교의 휴일로 유지했다.

독서와 지식

오래 유지해오고 광범위하게 남아 있는 오스만 구술문화(口述文化)에서는, 아주 적은 소수만이 읽을 수 있었다. 1752년 알레포 시에서 가장 큰 도서관은 겨우 3000권의 책을 소장하고 있었을 뿐이다. 동시에 알레포에는 모두 합쳐, 수백 명의 학생을 가르칠 수 있는 31개의 무슬림 메드레세(학교)가 있었다. 여성들 가운데는 남성들에 비해 훨씬 낮은 비율의 극소수만이 읽을 수 있었다. 19세기에는 오스만 기독교인들과 훨씬 적은 수의 유대인들이 세운 사립학교들이 늘어나고, 이와 더불어 국가가 지원하는 교육 체계의 등장에 힘입어 식자율(識字率)이 크게 증가했다. 일반 무슬림들의 식자율은 19세기 초 약 2~3퍼센트였으며, 아마도 19세기 말에는 15퍼센트 가량으로 추정되고 있다. 유대인 인구가 많았던 19세기 말 살로니카에서는 50개의 유대인 사립학교에 연간 9000명의 학생들이 입학했다. 19세기 말 오스만 제국의 그 밖의 지역에서는 거의 5000개의 국립 초등학교들에서 65만 이상의 학생들을 수용했다. 이들 가운데 여학생은 10퍼센트 미만이었다(사진 17~19 참조).

식자율을 측정하는 또 다른 척도는 출간된 책의 종수와 신문의 발행부수를 집계해보는 것이다. 1840년 이전에는 연간 11종의 책이 이스탄불에서 출간되었고, 1908년에는 99개의 출판사에서 285종을 출간하여 그 숫자가 늘어났다. 검열이 지배하던 술탄 압뒬하미드 2세의 치세 동안 이스탄불의 두 유력 신문은 매일 각각 1만 5000부와 1만 2000부를 찍었다. 청년 튀르크 혁명과 그에 따른 자유로운 언론매체의 등장 이후 발행 부수는 각각 6만 부와 4만 부로 늘어났다.[8]

---

8) 로베르 망트랑(Robert Mantran), 『오스만 제국사(*Histoire de l'Empire ottoman*)』(파리, 1989), 556~557쪽.

9

종교 집단 간의
협동과 갈등

이 장은 정체성에 대한 가변적인 견해들의 근원에서 매우 민감하고도 어려운 주제를 탐구한다. 민족주의는 강력한 국민적 정체성을 표방한다. 예를 들어, 터키 공화국은 튀르크적 정체성에 입각해 있다고 한다. 그러나 오스만 제국은 역사의 대부분에서 여러 종족·종교 집단을 결합시켜왔다. 그들의 상호작용은 때로는 협동적이었고 조화로웠지만, '근대 민족주의'의 압력에서는 종족적이고 종교적인 관계들이 자칫 적대감이나 더 나쁘게는 대량 학살로 악화되었으며, 이러한 관계들은 기억 속에 국가적 손익 계산이라는 어려운 주제로 남아 있다. 예를 들어, 이 문제는 팔레스타인인들과 이스라엘인들뿐만 아니라 근대 튀르크인, 아르메니아인, 그리스인, 쿠르드인 사이의 상호관계에서 특히 첨예하다.

종교 집단 간의 관계: 개관

오스만 제국에서의 역사적 집단 간의 관계라는 주제는 오스만 제국이 한때 점령했던 영토들에서 문제가 된 여러 갈등들 때문에 더 크고 중요하게 보인다. 팔레스타인-이스라엘 분쟁, 쿠르드족 문제, 아르메니아 문제, 그리고 보스니아와 코소보에서 일어났던 끔찍한 일들을 떠올려보라. 모두가 한때 오스만 영토였던 곳에서 일어난 사건들이다. 그렇다면 오늘날의 이러한 분쟁들과 과거 오스만 시대 집단 간의 경험 사이에 과연 어떤 관련이 있을까?

　이런 분쟁들은 결코 필연적인 것이 아니었다. 모든 분쟁들은 역사적인 상황에 따라 좌우된 것이었다. 역사적으로 다른 결과들이 나올 수도 있었지만, 사건들의 전개가 특수했기에 그런 결과들이 벌어지지 않았던 것이다. 이러한 분쟁들 가운데 수천 년 묵은 증오를 반영한 것은 그 어느 것도 없었다. 그렇다기보다는 각각의 문제들은 19~20세기와 관련지어, 인종적 적대감보다는 특정 사건들의 전개에 따라 설명할 수 있을 것이다. 그러나 이와 같은 동시대의 분쟁들이 너무 광범위하게 보일 뿐만 아니라, 우리가 오늘날의 대립이 최근에 비롯된 구체적인 원인이라기보다는 예로부터 비롯된 일반적인 원인이라고 가정하기 때문에 오스만 제국의 집단 간 관계의 기록에 대한 우리의 이해는 대단히 무지몽매하다.

온갖 부정적인 고정관념과 선입견 속에서도 오스만 역사의 대부분에 걸쳐 집단 간의 관계는 당시의 기준으로 보면 상당히 좋은 편이었다. 수세기 동안 오스만 영토에서 소수자의 지위에 있는 사람들은 프랑스 왕국의 땅이나 합스부르크 제국 영토에 있는 소수자들보다 온전한 권리와 더 많은 법적 보호를 누렸다. 오스만 제국에서 18~19세기에 집단 간의 관계가 악화된 것은 사실이다. 전체적으로 이 장에서는 그러한 관계 악화가 서구 자본, 오스만 제국에 대한 열강의 내정 간섭, 그리고 좀 더 넓은 범위의 정치적 권리를 확립하려는 오스만 정치 조직의 과도기적 성격이 폭발적으로 혼합되었던 것에서 직접적으로 기인한다는 점을 주장한다. 이러한 평가는 결점이 전혀 없지 않았던 오스만 제국의 집단 간의 관계를 이상화하거나 오스만 신민들에게 가해졌던 대단한 불의와 잔혹 행위들을 적당히 설명하기 위한 것이 '아니다.'

그렇지만 여기에서의 목표는 오스만 공동체인 여러 종교와 종족들 사이의 관계에 대해 너무나 오랫동안 지배해왔던 고정관념을 바꾸려는 데에 있다. 무슬림, 기독교인, 유대인이라는 식으로 어떤 사람이 어떤 종교를 따르는가는 오스만 세계에서 중요한 구별의 수단이었다. 게다가 종족의 이름은 혼란스럽게도 종교적 차이를 실제로 묘사하기도 했다. 발칸과 아나톨리아의 오스만 기독교인들이 비공식적으로 '튀르크인'이라고 말할 때는 사실 무슬림을 의미했다. '튀르크인'은 쿠르드인이든 튀르크인이든 알바니아인이든 (단, 아랍인은 제외하고) 온갖 종류의 무슬림을 의미하는 일종의 간단한 약칭이었다. 오늘날 보스니아의 무슬림들은 실제로 슬라브족에 속하지만 세르비아의 기독교인들은 그들을 튀르크인이라고 부른다. 아랍 세계에서는 무슬림 아랍인들이 간혹 외지에서 온 알바니아나 체르케스계 무슬림을 일컬어 '튀르크인'이라고 불렀다.

지금까지 정형화된 인식은, 오스만 신민들이 15세기 이래로 명확하게 구분되고 서로 침투 불가능한 '밀렛'이라는 종교 집단들로 나뉘어 서로 분리되어 살아간다는 인상을 준다. 이런 부정확한 관점에 따르면, 각각의 집단들은 서로 인접해 있으면서도 분리되어 고립적으로 살았다. 그리고 마음속 깊이 맺힌 증오가 널리 퍼져 있었다. 무슬림들은 유대인들을 미워하는 기독교인들을 미워하고, 그 유대인들은 무슬림들을 미워하는 기독교인들을 미워했다. 최근 학술 연구에서는 이러한 관점이 거의 모든 면에서 근본적으로 잘못되었음을 보여준다. 우선, 오스만의 비무슬림들을 '밀렛'이라고 부른 것은 먼 옛날이 아니라 19세기 초 마흐무드 2세의 치세 당시부터였다. 그 이전에 밀렛은 사실 제국 내의 무슬림들이나 제국 '바깥'의 기독교인들을 의미했다.

이제 집단 간의 관계에 대한 이 같은 탐구를 1700년에서 1922년 동안 오스만 불가리아의 과거에 관한 서로 다른 두 가지 서술로 계속해보자. 첫 번째 서술에서 우리는 파이시 사제(Father Paissiy〔1722~1773〕, 불가리

아 정교회 성직자이자 역사가로, 불가리아 민족문화 부흥의 선구자—옮긴이)
와 S. 브라찬스키(Sofroniy Vrachanski[1739~1813], 불가리아 정교회 성
직자로, 토착 불가리아어 문학을 개척했으며 '러시아-터키 전쟁'[1806~
1812] 중에 러시아 측과 비밀리에 접촉했던 인물—옮긴이)가 오스만 지배자
들을 '사납고 미개한 불신자들', '이스마엘의 후예들', '불신자의 자식
들', '들짐승들', '혐오스러운 야만인들'로 부르는 목소리를 듣는다. 이
보다 좀 더 나중에 또 다른 불가리아 기독교인 작가 흐리스토 보툐프
(Khristo Botev, 1848~1876)는 오스만 통치에 대해 다음과 같이 썼다.

> 그리고 폭군은 성을 내어
> 우리가 살던 고향을 유린한다.
> 창으로 꿰뚫고, 교수형에 처하고, 채찍질하고, 저주하고
> 그렇게 노예화된 사람들에게 벌금을 물린다.

첫 번째 인용문에는 불가리아 국가를 창립하여 오스만 지배에서 벗
어나려는 불가리아 망명 지식인의 염원이 담겨 있다.[1] 이처럼 분리를
정당화하기 위해 그들은, 오스만인들이 중세 불가리아의 르네상스에
갑작스런 종말을 가져왔으며, 서구와의 유대관계를 파괴했을 뿐만 아
니라 불가리아가 서구 문명에 참여하고 공헌하는 것을 방해했다는 새
로운 과거를 고안해냈다.

그러나 불가리아의 무슬림들에 대해 이야기한 또 다른 두 명의 불가
리아 기독교인들의 목소리를 들어보기로 하자. 첫 번째는 1908년 공

---

1) 위의 인용문은 빙엄턴 대학의 바바라 리브즈-엘링턴(Barbara Reeves-Ellington)이 불가리
아에서 했던 인터뷰에서 따온 것이다.

식적인 독립 직전이고, 그 다음은 그보다 몇 년 뒤이다.

튀르크인들과 불가리아인들은 같이 살았고 좋은 이웃이었다. 명절이면 그
들은 선물을 주고받았다. 우리는 부활절이면 튀르크인들에게 코주낙
(kozunak, 단맛이 나는 빵—옮긴이)과 붉은 달걀을 주었고, 튀르크인들은
바이람이 되면 우리에게 바클라바(baklava, 달고 기름진 후식의 일종—옮긴
이)를 보내왔다. 그리고 이런 명절 때마다 우리는 서로의 집을 방문했다.[2]

하스코보(Khaskovo)에 살 때, 우리 이웃들은 튀르크인들이었다. 그들은
좋은 이웃이었다. 그들은 서로 사이좋게 지냈다. 그들은 심지어 각자의 마
당 사이에 작은 문을 만들기까지 했다. 나의 부모 모두 튀르크어를 잘했다.
나의 아버지는 [발칸 전쟁 당시] 전투에 나가고 없었다. 어머니는 혼자서
네 명의 아이들을 키웠다. 이웃들은 이렇게 말했다. "당신은 다른 데 가지
말고 우리와 같이 있어요……." 그래서 어머니는 튀르크인들과 함께 지냈
다. 내가 말하려는 것은 우리는 이 사람들과 잘 지냈다는 것이다.[3]

'타자'의 개념은 역사 속에 헤아릴 수 없이 많다. 고대 그리스인들
은 세계를 문명화된 그리스인의 세계와 야만인(barbarian)인 타자의
세계로 구분했다. 야만인들은 용감하고 대담했지만 문명을 갖지 못했
다. 유대인들에게는, 어떤 특성이 부족했기 때문에 선택받은 유대인
공동체로부터 끊임없이 배제되는 '고임'(goyim)——비유대인, 타자

2) 시메온 라데프(Simeon Radev, 1879~1967)와의 인터뷰로, 1900년 이전의 그의 어린 시
   절을 회고하는 내용이다. 바바라 리브즈-엘링턴이 제공했다.
3) 1995년 1월 19일 소피아에서 인터뷰한 이베타 고스포다로바의 개인적 술회이다. 바바라 리
   브즈-엘링턴이 제공했다.

――이 있었다. 무슬림들에게, '딤미'(*dhimmi*)라는 개념은 차이에 대해 말하는 또 하나의 방식이었다. 이 경우 무슬림들은 기독교인과 유대인을 무함마드 이전에 신의 계시를 받았던 까닭에 불완전한 '경전의 사람들'(즉, 딤미)로 생각했다. 그나마 딤미는 종교, 문명, 신의 계시를 가지고 있다. 그러나 그들이 신의 계시를 일부만 받았기 때문에 그들은 무슬림들과는 본질적으로 다르고 무슬림들보다 열등했다.

오스만 세계의 사람들은 무슬림과 비무슬림 사이의 차이를 민감하게 의식하고 있었다. 무슬림이라는 것만으로도 무슬림들은 이미 오스만 왕조와 오스만 국가 기구를 이루는 대부분의 성원과 종교적 믿음을 공유했다. 국가 자체에 여러 가지 속성을 갖고 있으면서도 이슬람 국가라고 일컬었고, 많은 술탄들은 그들의 칭호 가운데 '가지', 즉 이슬람 신앙을 위해 싸우는 전사라는 내용을 포함시켰다. 앞에서 살펴보았듯이, 그들은 이슬람 초창기부터 깊이 뿌리 내린 칼리프 칭호도 부활시켰다. 더 나아가, 수세기 동안 군 복무는 근본적으로 무슬림의 의무로 수행되었다. 비록 1840년대 기독교인 그리스인들이 해군에서 선원으로 봉사한 것처럼 군에 복무했던 비무슬림들이 언제나 있었지만, 실제로 병역 의무는 무슬림의 의무가 되었다. 1856년 제정된 법에 따라 오스만 기독교인에게 병역 의무를 규정했지만, 곧바로 병역 면제를 취득하기 위한 비용이 특정 세금으로 제도화되었다. 1909년 제정된 법에서 이러한 허점을 없애버리자 수십만의 오스만 기독교인이 병역보다는 제국에서 빠져나가는 것을 선택했다. 이처럼 오스만 신민들은, 무슬림들은 전쟁에 나가 싸워야 하지만 비무슬림들은 그럴 필요가 없다고 생각했다.

오스만 사회는 여러 가지 장치로 차이와 구별을 유지해나갔다. 앞에서 살펴보았듯이, 복장 규제법으로 다양한 종교 집단들을 구별하여 그

모습만 보고도 거리에 지나가는 사람들의 종교적 소속을 알 수 있었다. 그러한 복장 규제법들은 단순히 규율을 잡는 도구로서만이 아니라 내부인과 외부인을 즉각적으로 구분해주고, 집단 간의 영역을 표시해주는 유용한 수단으로서 차이의 지속을 보장해주었다. 의복은 특정 집단의 성원들에게 집단적 정체성을 부여했다.

19세기에 이르기까지 법률 체계는 종교의 차이에 따라 결정되었다. 각각의 종교 집단은 같은 종교의 신자들을 위한 자체 법정, 재판관 그리고 법률상의 원칙들을 보유하고 있었다. 무슬림들은 신학적으로 우월하다고 여겼으므로, 원칙적으로 그들의 법정 체계 또한 우월했다. 그래서 무슬림 법정에서는 무슬림과 비무슬림 사이에 벌어진 소송 사건을 다룰 수도 있었다. 비무슬림들은 법률적으로 필요한 권위(벨라예트[velayet])를 갖지 못했기에 거의 예외 없이 무슬림에게 불리한 증언을 할 수 없었다. 국가는 여러 종교의 권위자와 법정을 칙령과 세금을 공표하는 데에 이용했고, 보다 일반적으로 제국 차원의 통제 수단으로 활용했다. 예를 들어, 지역의 가장 높은 관료인 주장관이 술탄의 명령을 받고 다양한 종교 권위자들을 소환했다. 권위자들은 그들의 종교 집단에 그 내용을 알려주었고, 그 집단에서는 명령의 시행이나 부과된 세금의 배분을 놓고 서로 협의했다.

무슬림 법정에서는 기독교인들과 유대인들에게 그들의 법정에서는 얻을 수 없었던 권리를 제공해주기도 했다. 따라서 비무슬림들은 아무런 강제가 없는 상황에서도 일상적으로 무슬림 법정을 찾아갔다. 그들이 일단 이슬람 법정 앞에 나서면 이슬람 법정의 결정을 따라야 했다. 그들은 친척들——딸, 아버지, 삼촌, 자매 등——에게 상속 지분을 절대적으로 보증했던 이슬람 상속법의 규정을 적용받으려고 무슬림 법정에 호소하기도 했다. 그러므로 유언에 따라 상속 지분을 못 받거나 적은 지분밖에 받지 못하리라 우려한 기독교인과 유대인들이 이슬람 법에 자발적으로 호소하게 되었다. 기독교인 과부들은 이슬람 법정이 교회법보다 많은 지분을 그녀들에게 주었기 때문에 빈번히 이슬람 법정에 나타나기도 했다. 또는 기독교인이나 유대인의 동족들에게 중매 결혼을 강요받은 '딤미' 소녀의 경우를 보자. 이슬람 법에는 혼인 계약에서 당사자인 여성의 동의가 있어야 한다고 규정했기 때문에 이런 문제에 봉착한 젊은 여성은 자기편을 들어주는 무슬림 법정에 가서 원치 않는 중매 결혼을 막을 수 있었다.

탄지마트 개혁과 함께 예전 방식의 구별과 차이, 그리고 무슬림의 법적 우월성이 공식적으로 사라졌다. 신분이 동등하다는 것은 모든 사람에게 의무와 병역이 똑같이 적용된다는 것을 의미했다. 복장 규제법은 사라졌고, 종교 법정들이 남아 있기는 해도 그 기능 중 상당 부분이 사라졌다. 새로운 법정들이 등장했다. 이른바 혼합 법정으로, 처음에는 상거래, 형사 재판을 담당했으며, 그러고 나서 종교적 소속이 서로 다른 사람들의 민사 사건을 다루게 되었다. 그 이후 1869년부터 세속 법정(니자미예[nizamiye])에서 무슬림과 비무슬림들에 관련된 민사와 형사 사건을 담당하게 되었다. 이러한 변화들이 개인——기독교인, 유대인, 무슬림——의 권리와 지위를 자동적으로, 그리고 언제나 향상시켰는지에 대해서는 지금도 학자들 사이에 논란의 대상이 되고 있다. 예를 들어, 몇몇 사람들은 이슬람 법이 세속법으로 대체되면서 전체적으로 여성의 법적 권리가 격하되었다고 하지만, 또 다른 사람들은 이에 동의하지 않는다.

그렇다면 과연 오스만 신민들이 얼마나 동등했고, 비무슬림들은 얼마나 대우를 잘 받았을까? 순전히 임의대로, 나는 1893년 『세계 유대인 동맹 회보(Bulletin de l'Alliance Israélite Universelle)』의 「터키의 유대인 연감」에 실린 오스만 살로니카의 유대인 집단의 증언을 이야기하고자 한다. 프랑스 유대인들은 유대인 해방과 전 세계에서의 차별에 대한 투쟁을 위해 복무하려고 1860년에 세계 유대인 동맹(Alliance Isra lite Universelle)을 조직했다. 이 조직은 해방의 도구로서 학교와 교육을 대단히 중시했고, 1867년 오스만 제국에 처음으로 학교를 설립한 후 10년 이내에 50개교를 더 세웠다. 이 조직은 파리에서 『세계 유대인 동맹 회보』를 발행했으며, 전 세계의 유대인들이 이곳으로 자기 지역의 상황을 보고하는 편지를 보냈다. 다음은 1893년 살로니카의 유대인 집단이 『세계 유대인 동맹 회보』에 보낸 내용이다.

상당히 계몽되고 대단히 문명화되었다는 몇몇 나라들 가운데 터키(즉, 오스만 제국)보다 유대인들이 완전한 평등권을 누리고 있는 나라는 드물다. 술탄과 정부는 유대인들에게 가장 큰 관용과 자유주의 정신을 보여준다.[4]

이 글의 전후 관계를 살펴보려면 여러 가지 문제를 고려해야 한다. 첫째, 이 문장은 제국에 배포하기 위해 준비된 것이 아니기 때문에 액면 그대로 읽어도 좋을 것이다. 둘째, 오스만 유대인-무슬림 관계는 무슬림-기독교인(또는 유대인-기독교인) 관계보다 좋았다. 또한 이 문장은 18~19세기 동안 기독교인과 유대인을 막론하고 오스만 비무슬림 신민들의 정서를 대표한 것일 수도 있다.

---

4) 폴 뒤몽(Paul Dumont), 「세계 유대인 동맹의 문서들에 비추어 본 19세기 말 터키의 유대인 집단들(Jewish communities in Turkey during the Last Decades of the Nineteenth Century in the Light of the Archives of the Alliance Isra lite Universelle)」, 벤저민 브로드(Benjamin Braude), 버나드 루이스(Bernard Lewis) 편, 『오스만 제국의 기독교인들과 유대인들(Christians and Jews in the Ottoman empire)』(런던, 1982), vol. 1, 221쪽.

거주의 양태와 집단 간의 관계

거주의 양태——다른 집단에 속하는 사람들이 서로 분리되어 살았는지——가 집단 간의 관계를 이해하는 데 중요한 단서를 제공한다는 것은 당연하다. 19세기 중반 살로니카의 예를 언뜻 보면, 종교 집단에 따른 분리의 양태를 시사하는 듯하다. 당시 살로니카의 도시 지도에는 유대인·무슬림·그리스 정교 신도들의 거주 구역이 각각 표시되어 있고, 게다가 각각의 구역들이 일반적으로 한데 모여 있음을 보여준다. 43개의 무슬림 거주 구역들 가운데 38개는 도시의 북쪽 지역에 몰려 있었고, 12개의 그리스인 구역들 가운데 8개는 도시의 중앙과 남동쪽 구석에 있었으며, 16개의 유대인 구역들은 모두 남쪽에서 중앙에 이르는 위치에 있었다. 그러나 이 세 집단의 거주 구역들이 다 같이 모여 있었던 것은 아니었으며, 어떤 경우에는 다른 집단의 거주 구역 한가운데 위치하기도 했다. 그리스 정교 거주 구역은 유대인들의 거주 구역 중간에 있기도 하고, 또 다른 그리스 정교 거주 구역은 무슬림 거주 구역들 사이에 묻혀 있기도 했다. 또한 유대인, 그리스 정교, 또는 무슬림 거주 구역이라고 되어 있는 곳에 다른 종교를 믿는 사람들이 있었는지는 불확실하다. 즉, 우리는 상당수의 기독교인이나 무슬림이 살로니카의 '유대인' 구역에 살았는지 알지 못하지만, 제국의 다른 지역에서는 종교적으로 혼합된 거주 구역들이 있었음은 알고 있다.

전체적으로, 집단에 따른 거주의 배타성은 1700~1922년 시기에 일반적인 현상이 아니었다. 유럽 지역을 보면, 레센(Resen, 마케도니아의 도시—옮긴이)이라는 도시에서 무슬림들은 도시 안에 분리된 거주 구역에 살지 않았다(비록 오흐리드[Ohrid, 역시 마케도니아에 있는 도시—옮긴이]에서는 분리되어 거주했지만 말이다). 여러 지역에서는 간혹 서로 다른 종교 집단에 속하는 가구들이 재산의 정도에 따라 모여 살았다. 이러한 양태는 부유층이 궁전 근처에 모여 살았던 19세기 이스탄불에도 적용되었다. 그러나 이스탄불에 있는 다른 구역의 많은 거주지에서는 경제적으로 차이가 나는 계층들이 함께 살았다. 성격이 매우 다른 도시였던 19세기 앙카라의 일부 거주 구역에서는 수세기 동안 무슬림과 비무슬림이 함께 거주해왔다. 18세기 중엽의 알레포는 종교가 아닌 재산 정도에 따른 거주 양태를 매우 명확하게 보여주는 사례이며, 이는 사료에 의해 잘 증명되어 있다. 알레포에 대해서는 각 거주 구역별로 누가 살았고 한 거주 구역 내의 어느 특정 가옥에 누가 살았는지의 두 가지 패턴을 다 알 수 있다. 치밀하게 연구한 사례에서 보면, 어떤 거주 구역도 하나의 종교 집단이 독점하지 않았다. 그리고 구역 이름들에 그릇된 판단을 할 수도 있다. 알레포의 유대인 거주 구역은 인구의 일부만이 유대인이었고, 많은 무슬림이 이 거주 구역을 자기 동네로 삼았다. 당시 쿠르드족 거주 구역은, 중세 맘루크 시대에 쿠르드인들이 정착한 이후로 그 당시까지 남아 있는 쿠르드인은 사실상 한 명도 없었다. 실제로 19세기 초에 이른바 쿠르드족 거주 구역이라고 불린 곳의 거주민의 93퍼센트가 기독교인이었다. 이처럼 알레포의 무슬림·기독교인·유대인들은 그들의 동족과 함께 살기도 했지만 혼합된 거주 구역에 사는 경우도 자주 있었다. 알레포에서는 유대인 가구들이 모스크 주변에 있었고, 반면 무슬림 가구들은 시나고그에 인접해 있었다. 종교에 따라서 분리되는 대신, 알레포의 거주 구역들은 사회적·경제적 지위의 측면에서 놀라울 정도로 동질적인 가구들이 모여 살았다. 이처럼 중요한 아랍 도시의 이 거주민들은 같은 종교를 가진 사람들보다는 같은 정도의 재산을 소유한 사람들과 함께 살기를 선호하기도 했다. 이스탄불과 앙카라 등의 여러 도시들에서는 부유층·빈곤층·중산층의 가구들이 한동네에 모여 살았다. 요약하면, 오스만 제국의 가족들이 주거지를 선택할 때는 단순히 종교만이 아닌, 여러 가지 기준을 가지고 결정을 내렸다. 종교뿐만 아니라 시대, 장소, 개인적 취향, 이웃들의 경제적 지위, 동네의 편리함 등이 그들의 선택에 영향을 주었다. 전체적으로, 종교 집단 간의 혼합 거주의 정도는 높은 편이었다.

종교 집단 간 교류의 여러 흔적들

다양한 종교와 종족 집단의 성원들 사이에 밀접하고 일상적인 접촉이 있었다는 주장은 오스만 제국에서 사용된 언어들과 전례(典禮) 음악에 의해서 뒷받침되고 있다. 오스만 제국의 공용어를 아주 잠깐만 들여다봐도 집단 간의 분리라기보다는 믿기 어려울 정도로 풍부한 상호 혼합을 찾을 수 있다. 오스만어는 문장 구성과 문법에서 전체적으로 튀르크적이지만 아랍 문자로 표기했다. 이 언어에는 엄청난 양의 아랍어 어휘(전체 어휘의 약 40퍼센트 정도)와 거의 비슷한 정도의 튀르크어 어휘, 그리고 그보다 좀 덜한 정도의 페르시아어 어휘가 포함되어 있다. 뿐만 아니라 다른 많은 언어들도 반영되어 있다. 예를 들어, 항해 용어 가운데 1000개 가량의 그리스어·이탈리아어 차용어들이 오스만어에 편입되었고, 독일어·영어·기타 언어 등에서 들어온 차용어들은 말할 필요도 없다. 오스만 동전 구루쉬는 독일의 그로셴의 명칭을 본 뜬 것이다. 그러한 풍부함을 반영하는 제국 내의 언어가 단지 오스만어뿐이었던 것은 아니다. 동남 아나톨리아의 킬리키아에서 아르메니아인들은 튀르크어로 말했지만 아르메니아 문자로 표기했다. 비슷한 예로, 서아나톨리아와 북서아나톨리아, 특히 주로 카이세리에 살았던 그리스인 기독교인들은 튀르크어로 말했으나 그리스 알파벳으로 표기했다(이 언어를 카라만르자[Karamanlıca]라고 부른다). 카이세리에서 사용되었던 그리스어에는 너무나도 많은 튀르크어 요소들이 포함되어 있어 제대로 알아들으려면 그리스어와 튀르크어를 모두 알아야 했다. 이스탄불의 많은 그리스인들은 18세기 말에서 19세기 초 사이에 튀르크어만을 사용했다. 이와 비슷하게, 18세기 중반 알레포에서는 기독교인·유대인·무슬림의 예배 의식이 모두 똑같은 아랍 식의 멜로디 체계(마캄[makam])에 기반했다는 것도 생각해보라. 18세기 후반(일부 오스만 그리스인들이 분리주의적 정치 담론을 형성하기 시작하던 바로 그때) 이스탄불의 그리스 정교회 성직자들은 그들의 음악 체계를 버리고 오스만 음악 체계를 채택했다. 이렇듯 언어와 음악의 상호 침투는 오스만 사회의 종교 집단 사이에 교류가 봉쇄되어 있었던 것이 아니라 항구적인 밀접한 접촉이 있었음을 시사해준다.

직장에서의 집단 간 관계

거주의 양태와 언어, 음악에 대한 차용과 마찬가지로, 직장에서도 여러 종교 집단과 종족 집단 사이에 밀접하고 일상적인 접촉이 있었음이 확실하다. 여기에서도 너무나 엉뚱하고 근거가 박약한 일반화가 지배적이었으며, 이는 종종 '종족 간의 분업'이라는 미명 아래 이루어졌다. 오스만 역사학의 일각에서 널리 쓰인 이 용어는 근본적으로 어떤 특정 종족이나 종교 집단이 본질적으로 어떤 일을 수행하는 데 더 적절했다는 것을 의미했다. 그런 까닭에 튀르크인들(실제로 무슬림이라는 뜻에서)은 특정 일들 외에 다른 일들은 하지 않았으며, 여러 교파의 기독교인들은 나름대로 다른 일들을 했다고 주장했다. 농업에서 튀르크인들은 곡물 생산자였고 아르메니아인들과 그리스인들은 과일과 야채를 재배했다는 식이다. 산업 부문에서는 아르메니아인들은 금 세공사로, 그리스인들은 재봉사에, 튀르크인들은 카펫 직조와 목공 같은 공예가로 뛰어났다고 말하기도 했다. 더욱이 이러한 분업 이론에 따르면, 그리스인과 아르메니아인들은 상업에 뛰어났지만 교활하고 때로는 정직하지 못했으며, 특히 전자가 더욱 그러했다. 한편, 튀르크인들은 상상력이 부족하고 둔하지만 정직하고 게다가 좋은 행정가가 되었다고 했다. 이와 같은 조잡스러운 일반화는 당연히 역사 서술의 영역에서는 부적절한 것으로 인식되었다. 예를 들어, 유대인들이 사업에 특히 뛰어나다거나 아일랜드 출신 미국인들이 벽돌쌓기에 능숙하다는 것은 모두 부정확하고 받아들일 수 없는 주장들이다. 그러나 이런 식의 고정관념들이 여전히 중동사 안에 존재하고 있다.

많은 고정관념의 경우처럼, 거기에 약간의 진실이 반영된 것은 사실이다. 제국 전역에 걸친 집단 간의 분업은 없었지만 특정 지역의 어떤 집단은 특정 산업을 독점했다. 따라서 어떤 관찰자는 이스탄불의 어떤 마을에서 아르메니아인들이 구두 제조업을 도맡고 있는 것을 보고 이러한 양상이 이스탄불 시 전체와 더 나아가 제국 전역에 적용된다고 가정했을 수 있지만 이는 사실과 다르다. 실제로, 다른 도시에서는 다른 집단이 똑같은 사업을 주도했다. 사실 수도 이스탄불과 같은 큰 도시의 한 구역에서 아르메니아인들이 구두 제조업에 종사했지만, 동시에 같은 도시의 다른 구역에서는 그리스인 제화공(製靴工)들이 번성하기도 했다. 무슬림, 기독교인, 유대인들 모두 다마스쿠스의 산업 부문에서 활동하고 있었고, 그 도시의 유명한 직물 산업을 대표하고 있었다. 그곳에서 많은 기독교인들과 순니·시아 무슬림들이 견직물과 견-

면직물을 직조했다. 때로 한 집단이 전체 직물 산업에서 특별한 기술을 독점하기도 했다. 예를 들어, 다마스쿠스의 염색업자들은 거의 대부분 기독교인들이었으며, 반면에 날실을 직조기에 거는 매우 숙련된 노동은 주로 무슬림들이 맡았다. 이 이야기에서 시사하는 점은 무슬림들이 독특하거나 기독교인보다 더 재능이 있었다는 것이 아니라, 단지 무슬림들이 종족 간 노동 분업의 고정관념에서 묘사하는 것처럼 별 볼일 없는 농부들이 아니었다는 것이다. 발칸 지역에서는 이처럼 다양하고, 일반화하기 어려운 노동의 양상이 펼쳐졌다. 19세기 보스니아에서는 비율적으로 가톨릭보다 더 많은 무슬림들이 산업체들을 소유하고 있었고, 정교회 기독교인들은 산업 소유주 가운데 가장 적게 나타났다. 보스니아에서 그리 멀지 않은 몬테네그로에서는 무슬림과 알바니아인 가톨릭 신자들이 정교회 기독교인과 그리스어를 사용하는 몬테네그로인보다 더 많이 무역과 상업을 지배했다. 아르메니아인과 그리스인 기독교인들은 아나톨리아와 아랍 지역에서 견직물 산업의 대다수를 차지했으며, 무슬림들과 일부 유대인들을 고용하기도 했다. 그리고 트라브존 같은 곳에서는 무슬림과 기독교인들 모두가 견직물을 직조했다. 이와 더불어 이들 각각의 특유한 양상에는 특별한 역사적 해석이 있다. 아나톨리아의 거대한 카펫 산업을 예로 들어보자. 대부분의 노동자는 무슬림들이었다. 그러나 19세기 중반에 유럽인들이 주도하는 이즈미르의 상인회관들이 카펫 제조업의 주도권을 놓고 서아나톨리아 우샥(Uşak)의 무슬림 회사들과 경쟁하기 시작했다. 이즈미르의 상인회관들은 농촌에 카펫 제조업 조직망을 구축했다. 그리고 노동력이 필요하자 그들은, 노동자들을 공급하기 위해 같은 신자들 사이의 기존 관계들을 활용해왔던 오스만 기독교인 사업 조직들에 의존했다. 따라서 기독교인 노동자들은 1870년 이후 카펫 산업 종사자들 가운데 다수를 차지했다. 그러한 예들은 어느 한 집단도 특정 경제 활동을 주도하지 못했으며, 종족적인 노동 분업은 신화였다는 것을 명쾌하게 보여준다.

종족적·종교적으로 혼합되어 있던 직업 세계의 양상은 또한 길드나 오스만 제국의 최후에 등장한 노동조합 같은 노동 조직에서도 나타난다. 이러한 조직들의 회원들은 어떤 경우에는 한 집단에서 독점적으로 충원되기도 했지만 혼합된 길드들이 매우 흔했다. 어떤 길드의 회원들은 기독교인과 무슬림으로 되어 있었던 반면, 다른 길드는 그저 한 집단 출신일 수도 있었다. 그렇지만 일반적인 양상은 존재하지 않았다. 19세기 초 한 연구에서 이스탄불의 길드를 특별히 조사한 결과, 일일이 헤아린 전체 근로자의 2분의 1이 무슬림과 비무슬림이 혼합되어 있는 길드에 속해 있었다. 이와는 대조적으로, 살로니카의 길드들의 명부에서는 그곳에 있는 길드들 가운데 4분의 1만이 혼합된 길드였음을 보여주었다. 이 두 도시의 차이는 아마도 살로니카의 인구가 보다 동질성이 강하고 동원할 수 있는 다양성이 적기 때문이었을 가능성이 높다. 제국 전체로 보면, 아마도 모든 일꾼들의 4분의 1에서 2분의 1이 하나 이상의 종교 집단 성원들을 포함하는 노동 조직에 속했을 것이다.

노동 현장에서의 공동체적 정체성의 역할은 요구, 저항, 또는 파업을 행사하기 위해 노동력이 동원되었을 때 분명하게 나타난다. 그러한 경우에, 종교 집단의 소속은 어떤 때에는 중요하지 않았고 또 어떤 때에는 중요했다. 예를 들어, 노동 조직이 종교적으로 이질적인 때에도 노동 조직 안에 있는 같은 종교의 신자들의 경우에는 종교에 따라 동원되었다. 그 예로, 이스탄불에서 기독교인과 무슬림 회원들이 포함되어 있던 야채상 길드를 살펴보자. 1860년 이 길드의 약 100명의 회원들이 (석탄 가격에 대해) 정부에 청원서를 제출했다. 이때 모든 서명자들은 기독교인이었으며, 이유가 무엇이었든 그들은 공통의 신앙을 기반으로 일시적으로 뭉친 것이었다. 이와 비슷하게, 1840년대 알레포에서는 혼합된 직물상들의 길드에서 기독교인 회원들만이 청원서에 서명한 반면, 1860년대에는 무슬림 회원들만이 청원서를 제출하는 반대의 상황이 벌어졌다. 종교적인 갈등이 전혀 보이지 않았던 두 경우에서 청원자들은, 길드 전체를 대표해서 행동했으며 단순히 종교가 같은 노동자들만을 대표하는 것이 아니라고 주장했다.

노동 조직으로서의 노동조합은 오스만 시대의 만년에야 나타났다. 일부는 1880년 이전으로 거슬러 올라가지만, 대부분 1908년 7월 청년 튀르크 혁명 이후에 등장했다. 노동조합은 종교적으로 동질적인 경우가 매우 드물었다. 예를 들어, 무슬림과 기독교인 상업 종사자들은 원래 1908년 별도의 두 조직으로 결성했으나 몇 주 만에 이 두 집단은 하나의 조직으로 합쳐졌다. 대부분의 경우, 이러한 노동조합원들의 구성은 기독교인, 무슬림 그리고 간혹 유대인까지 포함하여 비균질적이었다. 가장 중요한 노동조합들, 그리고 아마 거의 대부분의 노동조합들은 외국 자본이라는 맥락에서 등장했던 것으로 보인다. 예를 들어, 기독교인과 무슬림 회원이 포함된 철도 노조, 또는 유대인·그리스인·무슬림·불가리아인이 회원인 살로니카 지역의 담배 노동자의 노조나 무슬림과 기독교인이 회원인 이즈미르, 베이루트, 그리고 그 외 지역의 다양한 공공설비 회사 노조들을 생각해보자. 여러 집단이 포함된 노조들의 다양성은 1909년 6월의 (국가 노동 정책에 반발하는) 살로니카에서 벌어졌던 시위 집회에서 생생하게 표출되었다. 그 집회에서 연사들은 오스만어, 불가리아어, 그리스어, 라디노(Ladino, 히브리 문자로 표기한 고전 에스파냐어)로 군중에게 열띤 연설을 했다.[5] 살로니카는 노동계급 활동의 다종족적이고 다종교적인 성격으로 주목할 만하며, 이 가운데 일부는 사회주의 운동으로 진화하기도 했다.

외국 회사들의 고용 관행은 19세기 오스만 세계에서 너무도 익숙해진 종교 집단 간의 갈등을 이해하는 데 아주 중요한 단서를 제공한다. 이러한 회사들은 수십 개에 달했고, 직물과 식품 가공 공장 이외에도 은행, 철도, 항만 회사 그리고 공익설비 회사들이 포함되어 있었다. 전체적으로 그들은 상당한 수의 오스만 신민들을 고용했으며, 철도 분야에서는 1만 3000명 이상이 근무했고, 오스만 공채관리국에서는 5000명 이상의 직원을 고용했다. 여기서 중요한 것은, 새로이 설립되고 규모가 크기도 했던 이 외국 회사들의 노동력의 계층화이다. 우리가 보았던 것처럼, 거기에는 오스만 노동력 전체에 대한 일반적 양상은 존재하지 않았다. 그러나 외국 회사들에서는 매우 일관성 있는 고용과 계층화의 양상이 반복되고 있었음을 볼 수 있다. 이 회사들에서는 회사 내에서 상당히 높은 지위인 간부회의에 참석하는 중역들과 거의 대부분의 부서장들은 언제나 외국인들을 고용했다. 그리고 바로 밑의 중간 관리직과 숙련 노동직에 근무하는 오스만 기독교인들이 있었다. 무슬림들은 이 기업들의 위계 질서에서 밑바닥을 차지했으며, 가장 지위가 낮고 보수도 가장 적은 일에 충원되었다. 게다가 이러한 기업들은 위기 상황 때, 마치 그들이 무슬림 직원들과 무슬림 노동자들을 못 믿겠다는 듯이 비무슬림과 외국인들을 훨씬 더 많은 비율로 뽑는 경향이

---

5) 야부즈 셀림 카라크실라(Yavuz Selim Karakışla), 「오스만 산업 노동계급의 등장, 1839~1923(The emergence of the Ottoman industrial working class, 1839-1923)」, 도널드 쿼터트와 에릭 쥐르허(Erik Zürcher) 편, 『오스만 제국과 터키 공화국의 노동자와 노동계급, 1839~1950(*Workers and the working class in the Ottoman empire and the Turkish Republic, 1839-1950*)』(런던, 1995), 19~34쪽.

있었다. 이와 대체로 비슷한 방식으로, 노동조합에서는 주로 기독교인 지도부와 기독교인과 무슬림이 혼합된 평회원들로 이루어지는 경향이 있었다. 이렇게 된 상황에는 본질적으로 필연적인 이유가 없었다는 점을 강조해야 할 것이다. 비록 가끔 그런 현상이 있어왔지만, 자본주의에서는 종족적으로나 종교적으로 계층화된 노동조합을 만들 필요가 없다. 그러나 이 특수한 오스만의 경우에는, 외국 자본이 지역 내 (오스만) 사회와 상호작용을 하여 외국 투자가들과 같은 종교를 믿는 사람들이 특혜를 누리는 노동력 구성이 이루어졌다. 이러한 위계 질서로 외국인들과 비무슬림들은 무슬림보다 우월한 지위에 올라섰으며, 무슬림이 정치적·법적 주도권을 가졌던 오스만 사회의 수백 년 된 방식을 역전시켰다.

이러한 외국 기업의 고용 정책이 이 기업들의 노동력에 미친 영향은 오스만 사회 전체에 대한 서유럽의 침투라는 충격을 상징하는 것으로 볼 수 있다. 점차 늘어가는 서구의 경제·정치·사회·문화적 힘이 오스만 제국의 기존의 질서를 뒤집어엎는 변화를 촉발시켰던 것이다. 실제로, 오스만 제국의 마지막 세기 동안 세 가지의 사회적 위계 질서 사이에서 주도권 다툼이 일어났다. 첫 번째는 이전 수세기에 걸쳐 존재했고 19세기 초까지 유지되었던 위계 질서로, 이는 비무슬림 위에 무슬림들을 정치적·법적으로 주도적인 위치에 올려놓는 것이었다. 두 번째는 18세기에 나타나기 시작했던 외국 기업의 모델로, 외국인들을 정상에, 두 번째 등급에 비무슬림들을, 그리고 무슬림들을 바닥에 놓는 것이었다. 세 번째는 오스만주의적 모델로, 이는 모든 종교적·종족적 집단들에서 충원된 국가 행정 관료계가 통치하며, 법과 국가 앞에서 모든 성원들을 평등한 사회로 통치할 것을 요구하는 것이었다.

우리는 이 같은 법 앞에서 평등한 새로운 사회나 외국 기업들이 보여준 것과 같은 외국인과 비무슬림인이 특권을 누리는 새로운 질서가 여태까지 무슬림이 우위를 누려왔던 질서를 대체할 수 있었는지 절대로 알 수 없다. 오스만의 옛 질서는 사라져가고 있었지만 새로운 질서는 아직 형성되지 않았다. 말하자면, 19세기 오스만 사회는 진화하고 있었다. 그러나 그와 같은 변화는 1922년 제국의 붕괴로 미완성으로 남았다.

1915~1916년의 아르메니아인 대학살[6]

나는 앞에서, 오스만 제국 내의 집단 간의 관계가 제국의 역사 대부분에 걸쳐 상대적으로 좋은 편이었다고 주장했다. 어떤 사회에서나 마찬가지로 집단 간의 편견, 불관용, 폭력은 여러 가지 경제적·사회적·정치적 이유들 때문에 간헐적으로 불거지곤 했다. 그래서 그리스인 합동 동방 가톨릭 교도(Uniates)가 그리스 정교회를 떠나 1701년 교회를 세웠을 때 "이들 배신자들에 대한 정교회 기독교인들의 적대감은 위협, 박해, 폭동으로 비화하여 기독교의 한 종파의 교회가 다른 종파의 기독교인들에 의해 불타버렸다."[7] 1840년 다마스쿠스의 정교회 기독교

---

6) 이 주제에 대해서는 엄청난 양의 저서들이 있다. 호반니시안의 두 저서들을 살펴보고, 또한 여러 관점에서 쓰인 마이클 아렌(Michael Arlen), 마이클 M. 군터(Michael M. Gunter), 히스 라우리(Heath Lowry), 로버트 멜슨(Robert Melson), 저스틴 매카시(Justin McCarthy)의 저술들을 살펴보라. 또한 이 이슈에 대해 4가지 관점을 제공하고 있는 『아메리칸 포럼(*Armenian Forum : A Journal of Contemporary Affairs*)』, 1998년 여름 특별호도 보라.

7) 유세프 쿠르바드(Youssef Courbade)와 필립 파르그(Philippe Fargues), 『이슬람 치하의 기독교인과 유대인(*Christians and Jews under Islam*)』(런던과 뉴욕, 1997), 69쪽.

인들은 몇몇 유대인 주택가에서 에스파냐 수도원의 고위 성직자와 그의 하인의 절단된 시체를 발견했다. 그러자 지역 내의 기독교인들은 유대인들이 그들의 종교 의식을 위해 기독교인의 피가 필요했다는 '피의 중상모략'(blood libel, 중세 이래 유럽에서 유대인에게 근거 없이 적용되곤 했던 혐의이다―옮긴이)이라는 혐의로 몰아붙여 일부 부유한 유대인 상인들을 체포해서 고문하도록 압력을 넣었다. 이와 비슷하게, 부활절 무렵 그리스인 어린이가 이즈미르 근처의 강에 빠져 죽자 그 지역의 그리스인들이 유대인들을 비난하고 공격하기 시작했다.[8]

19세기 동안 폭력의 규모와 빈도가 모두 늘어났다(4장 참조). 오스만 아르메니아인에 대한 공격은 그 난폭함과 규모에서 비할 데 없이 대단했다. 이러한 공격들은 1895~1896년의 아르메니아인 학살에서 시작되어 1908년, 1909년 그리고 1912년에 되풀이되었다. 이 마지막 일련의 공격에서, 발칸 전쟁 중에 유럽 지역에서 쫓겨난 무슬림 난민들이 마르마라 해의 북안에 있는 테키르다아 또는 로도스토(테키르다아의 그리스 식 옛 이름―옮긴이)와 말가라, 그리고 서아나톨리아의 아다파자르 같은 도시에서 아르메니아인 집단을 공격했다. 이들 지역에는 고향에서 쫓겨난 엄청난 수의 무슬림 난민들이 들어와 있었고, 그들은 자신들의 좌절과 분노를 불운하고 죄 없는 오스만 아르메니아인들에게 터뜨렸던 것이다. 최악의 사태는 1915~1916년 대학살이었다. 약 60만의 아르메니아인 오스만 신민들이 동아나톨리아의 고향에서 아랍 지역으로 강제 이주되는 과정에서, 또 그 이후에 죽었던 것으로 추정된다. 이 문제에 대해서는 지금까지 격정적인 논란이 벌어지고 있

---

8) 예를 들어, 루시 M. J. 가넷(Lucy M. J. Garnett), 『터키의 여성들과 그들의 민속(*The women of Turkey and thier folk lore*)』(런던, 1890) , 6~7쪽.

다. 매년 미국 의회의 복도는 제1차 세계대전 당시 이들 사건들을 공식적으로 기념하는 미국 정부에 대해 찬성하고 반대하는 각각의 입장에 따라 지지를 확보하려는 그리스, 아르메니아, 터키의 로비로 진동한다.

이야기는 1914년 러시아와 오스만인들 사이에 동아나톨리아 전선을 따라 전쟁이 발발하면서 시작된다. 러시아 침략자들과 함께 러시아의 아르메니아인 군인들뿐만 아니라 러시아로 탈출했던 몇몇 오스만 아르메니아인들이 들어왔다. 전쟁이 치열해지면서 오스만 청년 튀르크 집권자들은 아르메니아인 집단의 충성에 대해 고민했으며, 아르메니아 민족주의의 영향을 두려워했다. 1915년, 그들은 동아나톨리아의 모든 아르메니아인 주민들에게 전쟁 지역으로부터 남쪽의 시리아 사막으로 옮기라고 명령을 발표했다. 이러한 명령들은 여전히 많고도 많은 국가들의 공문서——위조나 날조가 아니라 확실한 근거가 있는——와 함께 검토할 수 있는데, 추방된 자들과 그들의 재산을 돌보고 보호하라는 명령이었다. 여러 차례의 명령에서, 추방된 사람들과 그들의 재산을 보호하고 그들의 안전을 보장하는 의무에 대해 언급했다. 추방된 사람들은 이 지역에 기차가 드물었던 탓에 주로 걸어서 이동했다. 그들은 걷는 동안 고생이 심해 일부는 영양실조나 합병증으로 죽었고 또 어떤 사람들은 도적들의 희생양이 되었다. 그러나 염려로 가득 찬 국가 공문서들이 있었다 해도 오스만 장교들, 군인들, 정부 공무원들, 즉 종교와 종족에 관계 없이 모든 오스만 신민의 생명을 보호하고 방어해야 할 책임을 맹세했던 바로 그 사람들이 남녀노소 가릴 것 없이 상당히 많은 아르메니아인 민간인들을 살해했다.

주의와 안전을 촉구하는 명령과, 정부군과 관료들이 벌인 잔혹한 학살을 우리는 어떻게 조정할 수 있을까? 그 사건들에 대한 다음과 같은 평가를 고려해보자.[9] 집권한 연합진보위원회 그룹에는 마치 국가 안의 국가처럼 행동하는 하나의 집단이 있었다. 이 집단은 비밀리에 아르메니아인들을 절멸시키기 위한 구실로 강제 이송을 활용하려고 시도했는데, 이는 아르메니아인 혁명 조직들이 오스만 국가를 전복시킬 잠재력과 또는 동아나톨리아의 아르메니아인들이 대규모로 러시아 측에 넘어가는 결과를 두려워했기 때문이다. 연합진보위원회의 주요 인물이었던 탈라트 파샤의 지도 아래, 이 집단에서는 공식 정부기관과 병참선(兵站線) 밖에서 학살을 수행했던 '특수 조직'(테슈킬라트 으 마흐수사[Teşkilat-ı Mahsusa])을 활용했다. 이처럼 정부 조직에 필적하는 특수 조직은 학살을 준비하고 수행하는 데 정부 관료들과 그들의 일원인 병력을 이용하기도 했다. 특수 조직은 학살이 벌어진 여러 지역에 명령을 보냈고, 국가의 공식 교신 체계가 아닌 자체 연락망을 이용했다. 연합진보위원회와 특수 조직의 기록들이 분실되었거나 폐기되었기 때문에 이러한 주장은 확실하게 입증할 수는 없다. 그러나 공개된 증거들을 감안하면 이 가설은 그럴 듯하다.

이것은 20세기 최초의 계획적 대량 학살인가? 그렇기도 하고 아니기도 하다. 그렇다는 것은 아르메니아인들이 그들의 행위나 신념 때문이 아니라 정체성 때문에 죽었다는 점에서 그렇다. 그러나 이는 그래도 한 집단의 모든 성원을 다 체포하여 없애려는 나치 스타일의 사건은 아니었다. 특히, 전쟁 지역 밖의 아르메니아인들은 추방이나 학살 대상이 되지 않았다. 오스만 정부도, 특수 조직도 서아나톨리아와 발칸 반도 남부의 아르메니아인 집단을 추방하거나 학살하려고 하지 않

---

9) 에릭 J. 쥐르허(Erik J. Zürcher), 『터키: 근대사(*Turkey: A Modern History*)』(런던, 1993)에서 나온 설이다.

았다. 이스탄불과 이즈미르에서는 1915~1916년 사이에 매우 큰 아르메니아인 집단이 자신들의 일에 종사하면서 무사히 제자리를 지켰다. 바로 그때, 너무나 대조적으로, 전쟁으로 갈가리 찢긴 동부 지방에서 그들의 동포 수십만 명이 학살되고 있었다.

민족주의와 오스만 제국의 종말

오스만 아르메니아인들의 운명은 오스만 제국의 파괴에 기여한 민족주의의 역할과 밀접하게 관련되어 있었다. 제국은 내부로부터 분리주의나 민족주의 세력에 의해서 파괴된 것인가, 또는 밖으로부터 열강에 의해 파괴된 것인가? 이는 매우 논쟁의 여지가 있는 문제이다. 나의 생각으로는, 오스만 신민들의 압도적인 다수는 분리나 탈퇴를 추구하지 않았다. 그들은 오스만 국가 조직이 1920년대에서 1930년대까지 존속했다면 차라리 오스만 국가의 틀 안에 남으려고 했을 것이다.

물론, 개인과 집단의 정체성에서 중요한 변화들이 일어나고 있었다. 19세기에는 '무슬림'이나 '기독교인'이라는 구분이 점점 더 복잡해지고 덜 중요해진 반면, 종족적 정체성들은 더욱 중요해졌다. 그 이전인 18세기에 그리스 정교회의 성직자들은 발칸 반도에 예전부터 있어 왔던 별도의 여러 교회 기관들을 뿌리 뽑아 그 지배권 아래에 놓았다. 1766년에 그리스 정교회는 페치의 세르비아 총대주교좌를, 1767년에는 오흐리드의 불가리아 대주교좌를 합병했다. 이와 비슷하게 안티오크의 총대주교좌도 점차적으로 그리스인 고위 성직자들의 지배 영역이 되었다. 따라서 18세기 말 그리스 정교회는 막강한 권력을 가지게 되었다. 그것으로 마침내, 18세기 말 그리스 정교회 기독교는 서로 너무 다른 종족에 속하는 여러 기독교인 집단들을 아울렀다.

19세기에는 종족적 구분이 더욱 중요해졌는데, 이러한 과정은 기독교인들 사이에서 분리된 교회 조직들의 등장을 반영하는 것이며, 그에 따라 더욱 가속화되었다. 실제로, 19세기의 분리주의 움직임들은 오스만 정권에 대해서만큼이나 그리스인 교회 제국주의와 문화 제국주의에 대항하는 것이었다. 1833년, 즉 그리스 독립국가가 형성된 이후 그곳에는 자체의 수장을 둔 그리스 교회가 등장했고, 같은 1830년대에 별도의 세르비아 교회 역시 세르비아 국가 형성에 뒤이어 등장했다. 나중에 불가리아의 총주교좌가 1870년에, 자체의 수장을 둔 루마니아 교회가 1885년에 등장했다. 이렇게 각각 분리된 교회들은 별개의 종족이라는 의미에서 세르비아나 루마니아의 정체성을 형성하거나 강화하려고 했다. 즉, '정교회'는 거의 모든 정교회 신도들을 포함했던 것에서부터 대체로 그리스인들만을 포함하는 종족적인 것으로 변해갔다. 이와 동시에 여러 종족 집단의 민족주의자들은 그들의 여러 언어에서 '이질적인' 요소들을 없애려고 했다. 예를 들어, 그리스인 민족주의자들은 수많은 오스만 그리스인들이 사용했던 튀르크어를 뿌리 뽑으려 했다. 말하자면, 분리에 대한 새로운 인식이 오스만 발칸 세계에서 작용하고 있었음은 의심할 나위가 없다.

그러나 세계의 여러 지역에서의 정황과 마찬가지로, 오스만 제국에서의 민족주의 운동은 소수에 의해 조직되고 선동된 소수의 운동이었다. (아마도) 오스만 제국에서 계승국가의 형성은 모든 경우에서 국가가 민족보다 먼저 형성되었으며, 민족이 국가보다 먼저 형성된 것은 아니었다. 독립국가들의 형성은 압도적인 여론에 따라 추진된 운동이 아니라, 오스만 지배 아래 여러 종족과 종교 집단이 얻을 수 없었던 경제적이거나 정치적인 특권을 얻으려고 했던 사회 내의 특정 집단의 행위에서 비롯되었다. 그렇게 하여, 상대적으로 소수의 개인들이 정부 기구를 만들었고 지도상에 경계를 그렸으며, 국기와 국가(國歌)를 준비했다. 이러한 것들로 일단 자리를 잡자 불가리아인, 세르비아인, 그리스인 등등, 공통의 유대감을 기반으로 하여 국민 공동체의 창설이 시작되었다. 발칸 지역에서 러시아, 오스트리아-헝가리, 영국 그리고 프랑스가 이러한 열망들을 지원했던 것은 그들 모두가 이 새로운 국가들이 자기들의 영향권 아래 들어오리라고 믿었기 때문이다(이러한 예측은 대체로 들어맞았다). 발칸 반도의 모든 기독교인의 마음속에 오스만인들로부터 이탈하려는 생각이 요동치고 있었던 것은 아니다. 19세기 발칸 반도의 독립국가들의 창설은 오스만 치하의 발칸 기독교인 신민들 다수가 불만을 가졌음을 증명해주지는 못한다. 그러나 발칸 반도에서의 독립국가들의 창설은 분리주의자들의 강한 결심과 조직력, 그리고 열강의 도움을 입증해준다. 이러한 토대에서 그들은 새로운 국가를 창설했고, 그 안에서 새로운 국민들을 구성하기 시작했으며 '미개한 이교도'들과 대비시키기도 했다.

우리는 제1차 세계대전 이후까지 오스만 치하에 남았던 영토들에서 아랍·튀르크·쿠르드 민족주의가 그다지 중요하지 않았다는 점을 이해할 필요가 있다. 여기에서도 근본적인 요점을 거듭 강조해야 할 것이다. 어떤 종족에 속하든 오스만 무슬림들은 오스만 통치 아래 근본적으로 만족했으며, 적극적으로 분리를 추구하지 않았다.

여기에는 몇몇 논의들이 중요하다. 우선, 19세기 국가의 근간이었던 오스만주의와 범이슬람주의 이념은 제국을 보호하는 데 실패했다. 즉, 영토가 계속 떨어져 나가고 있었던 것이다. 그런 가운데, 1908년 이후에 집권한 청년 튀르크를 포함하여 오스만 국가 엘리트들은 오스만주의에 충실했고, 비록 그들이 튀르크 민족주의를 채택했다는 주장도 있지만 사실은 그렇지 않았다. 1908년 이후 몇몇 지도자들은 개인적으로 튀르크인으로서의 새로운 문화적 정체성을 추구했고, 다른 종족에 비해 튀르크인이 우월하다고 믿었던 것은 사실이다. 그러나 그들과 그들의 정당에서는 오스만주의와 범이슬람주의라는 제국의 정책을 옹호하고 촉진하는 것을 계속했다. 그리고 청년 튀르크에 세속주의적 경향이 있긴 해도 오스만 정체성의 이슬람주의적 요소가 1908년 이후에 보다 중요해졌다는 것 또한 사실인데, 이는 제국 안에서 (주로 기독교인들이 살았던) 유럽 지역의 분리가 가속화되었기 때문이다. 영토 상실의 종결을 약속했던 1908년의 청년 튀르크 혁명 이후 몇 개월이 지나지 않아 명목상으로는 아직 오스만 제국에 속했던 땅들, 즉 불가리아, 크레타, 보스니아-헤르체고비나가 공식적으로 분리되거나 독립했다. 그러한 분열은, 비록 상당수의 기독교인 아르메니아인과 그리스인 주민들이 남았지만 1914년에 남아 있던 신민들의 대다수는 무슬림들, 즉 종족적으로는 아랍, 튀르크, 쿠르드인들이었다는 것을 의미했다. 이러한 상황임에도 세속주의, 오스만주의적 세계관은 청년 튀르크 사이에서 지배적이었으며, 이들은 신민들 사이에서 새로운 정체성을 창안하려는 의지가 결연했다. 이 공통의 오스만 정체성을 창안하려는 그들의 노력에 대한 증거로, 종교 집단의 대의제를 제거하고 종교 공동체 정치를 정당정치로 대체하려 했던 1908년 혁명 후에 통과된 새로운 선거법을 생각해보자. 전체적으로, 오스만 정권의 1908년 이후의 정책들은 튀르크 민족주의보다는 철저한 통제와 일률적인 제국의 기준으로 밀어붙이는 강력한 중앙집권 정책을 반영했다.

그렇다면 오늘날 아르메니아와 아랍 민족주의자들이 오스만의 청년 튀르크 정권이 너무나 튀르크 민족주의적이었다고 비난하는 것을 어떻게 설명할 것인가? 그들은 유명한 청년 튀르크 지도자 제말 파샤가 제1차 세계대전 중 다마스쿠스에서 지방 명사들을 처형한 사실을 예로 든다. 또한 가장 중요하게는 1915~1916년의 아르메니아인 대학살을 상기하기도 한다. 이러한 사건들은 다른 인종들 위에 튀르크인이 군림하려는 흉포한 튀르크 민족주의자들의 행위라기보다는 국가 안정에 위협이 되는 것들을 무자비하게 짓밟으려 했던 중앙집권적 국가 관료들이 실행한 정책이었다고 보는 것이 더욱 정확하다. 첫 번째 경우, 교수형은 중앙의 권력을 대체하여 분권화된 정권으로 이끌려고 노력했던 다마스쿠스 명사들에 대한 통제를 강제하고 유지하려던 이스탄불 측의 무자비한 결의를 반영한 것이었다. 정부가 친튀르크적이었다는 비판에 대해서, 특히 그 방면에서 남달랐던 압뒬하미드 2세의 치세를 예외로 하고, 청년 튀르크 정권이 그 어느 시대보다도 국가 기구 안에 더 많은 아랍인들을 동원했다는 것을 생각해보자. 두 번째 아르메니아인 대학살의 경우, 국가는 인종주의적이나 민족주의적인 이유 때문에 학살한 것이 아니라, 아르메니아인들이 실제로 또는 잠재적인 반란자들이 되어 오스만 지배를 벗어나 정부의 적들과 연합할 것을 두려워했기 때문이었다. 국가는 그 자체의 신민들을 상대로 전쟁을 벌였다. 그러나 이는 서로 경쟁하는 집단 사이의 민족주의적 내전은 아니었다.

튀르크·아랍·아르메니아·쿠르드 민족주의 가운데 그 어느 것도 1914년 이후 멸망에 직면한 오스만 제국을 민족주의의 벼랑으로 밀어 떨어뜨리지 않았다. 사실 오스만 제국의 마지막 10년 동안에는 드물지만 몇몇 이러한 정서들이 있었다. 어떤 아르메니아인들은 분리된 국가를 요구했지만 압도적인 다수는 오스만 체제를 계속 선택했다. 극소수의 쿠르드인들이 자치를 논의했다. 이와 비슷하게, 비록 일부 지도자들이 별개의 문화적 정체성을 추구했고 오스만 제국 체제 안에서 보다 높은 수준의 자치권을 가진 지역주의를 촉구했지만, 대부분의 아랍인들은 마치 그들이 오스만 정치 조직 안에 남아 있기를 바라는 것처럼 행동했다. 말하자면, 1914년에 대다수의 오스만 신민들은 종교와 종족을 막론하고, 분리를 추구한 것이 아니라 오스만 신민으로서의 그들의 정체성을 유지했다.

튀르크인들이 타민족의 혐오와 민족주의로 비난받는 것을 이해하는 열쇠는 부분적으로는 제1차 세계대전 직후 중동에서 일어난 사건들에서 찾을 수 있다. 열강은 강제로 제국을 분할했다. 영국과 프랑스는 아랍 지역들을 그들끼리 나눠가졌고, 국제연맹 체제에서 위임통치 정권들을 수립하여 그들의 감독 아래 두었으며, 1950년대 중반까지 여러 가지 구실을 들어가며 통치를 계속했다. 그들은 아나톨리아의 큰 덩어리를 아테네에 있는 그들의 하수인들에게 넘겨주고 알맹이 빠진 오스만 제국을 남겨두려고 했다. 그러나 오스만 저항 세력이 집결했고, 제국을 재건할 수 없었던 그들은 아나톨리아의 나머지 땅에 제국보다 작은 국가를 건설하기로 결정했으며 이는 나중에 튀르크 민족국가(즉, 터키 공화국)가 되었다. 아랍과 아나톨리아 지역에서의 민족주의 운동은 오스만 제국의 잔해 속에서 국가를 창설하여 민족을 일으키는 데 전력했다. 특히 터키, 시리아, 레바논, 이라크, 이집트 그리고 특별한 경우인 팔레스타인이 그러한 예이다. 튀르크 민족주의자와 아랍 민족주의자들은 각각의 민족주의적 정체성들을 창안하고 확산시키려고 노력을 기울였다. 그들 각각은 오스만 시대 후기 당시에 튀르크 민족주의의 요소를 고안해내고, 찾아내고 또는 확대하는 것이——서로 너무나 다른 이유로——도움이 된다는 것을 깨달았다. 이러한 요소들을 긍정적으로 바라보았던 튀르크 국가와 민족의 건설자들에게는 이것이 새로운 튀르크 국가를 정당화하고 역사적 뿌리를 부여하는 데 도움이 되었다. 아랍 국가와 민족의 건설자들에게는, 튀르크인들의 악행이 그들의 분리된 국가 정체성을 강화하고 정당화해주었으며, 아마도 자신들의 동의 없이 벌어졌던 열강의 점령을 좀 더 쉽게 받아들일 수 있었을 것이다. 역설적이게도, 이러한 반튀르크적 해석은 영국과 프랑스가 오스만 제국의 파괴를 정당화하는 데 일조했다. 따라서 1918년 이전에 튀르크 민족주의가 상당히 존재했다는 주장은 1차 세계대전 이후 영국, 프랑스, 터키 공화국, 게다가 독립을 얻기 위해 분투하고 있던 아랍 정치가와 지식인까지 여러 집단의 정치적 속셈에 도움이 되었다.

10

오스만 제국의
유산

◈

　　19~20세기 역사 서술은 민족주의 논리의 경향을 띠었던 탓에 오스만 제국의 유산을 제대로 평가하거나 진가를 알아보기가 어렵다. 편향성은 여러 방면에서 비롯되었다. 서유럽인과 중유럽인들은 17세기 말까지 오스만 제국의 팽창을 두려워했다. 특히 이 오래된 두려움은 오늘날까지 지속되어 문화적 편견으로 탈바꿈했고, 이제는 오스만 제국의 계승국가인 터키의 유럽 연합 정회원 가입에 방해가 되고 있다. 더욱이 민족주의 역사 서술은 역사적 진화 속에서 다종족·다종교적 구조물의 자리를 없애버렸다. 더 나아가 형성 중에 있던 유럽인 주도의 세계 경제 속에서 경제적 변화의 모델로서, 오스만인들은 제조업, 수출 등에서 고도로 생산적인 일본인들의 성공담에 무릎을 꿇어야 했다. 한때 오스만 제국이 점령했던 땅에 세워진 지금의 30여 개가 넘는 나라에서 오스만 제국의 과거는, 최근까지도 대체로 무시되었거나 극히 부정적인 관점으로 인식되었다. 몇 가지 예외가 있지만, 옛 오스만 제국령 발칸 지역에서는 오늘날까지 이런 상황이 계속되고 있다. 이와는 대조적으로, 많은 아랍 국가들에서 오스만 시대에 대한 학술 저작들이 최근 들어 크게 늘어났다. 이스라엘에서는 오스만 제국에 대해 상대적으로 우수한 학문 전통이 지난 수십 년 동안 이어져오고 있으며, 시온주의와 그것의 정당화에 연결시키기도 했다. 터키에서는 오스만 제국의 유산에 대한 학문적 인식과 공중(公衆)의 인식이 성장하고 있으며 그러한 유산의 의미에 대한 공개 토론이 활발하게 벌어지고 있다. 오스만 제국이 이러한 여러 지역에서 상당히 긴 시간인 500~600년을 존재했다는 것을 감안하면, 계승국가들에서 공중의 전반적인 인식과 토론의 부족은 언뜻 보면 놀랍기만 하다.

먼저, 오스만 제국의 언어적 유산이 많이 남아 있지 않다는 점에서 시작해보자. 한때 오스만 튀르크어는 다양한 언어 속에 꽤 많이 침투해 있었다. 예를 들어, 튀르크어 단어는 독립 이전의 19세기에 루마니아어 어휘의 6분의 1에 해당했다. 그러나 오늘날에는 단지 몇 가지 단어만 남아 있을 뿐이다. 일반적으로 그리스어, 세르비아-크로아티아어, 불가리아어 등의 여러 발칸 언어들에는 튀르크어의 요소가 좀 더 많이 남아 있지만 말이다. 이전의 아나톨리아와 아랍 지역에서는 오스만어가 상대적으로 적게 남았으며, 급속하게 사라지고 있다. 그러한 이유는 규모가 매우 작고 주로 무슬림이었던 오스만 지식 엘리트의 규모와 성격에서 부분적으로 찾을 수 있다. 이 때문에 계승국가들이 독립을 얻은 뒤 의욕적으로 교육 사업을 착수했을 때 그들은 문맹의 민중을 주로 상대했고, 따라서 극복해야 할 기존의 문예적 전통도 거의 없었다. 더욱이 발칸 지역에서 분리독립 운동이 성공을 거둠에 따라 오스만 행정 엘리트들이 도주하자 오스만 문예 유산과의 살아 있는 연결고리는 거의 남아 있지 않았다. 그러나 이러한 특징은 오스만 언어 유산의 부재를 단지 부분적으로만 설명해줄 뿐이다. 우리는 오스만 제국 이후의 정권들이 언어 정화, 즉 계승국가들이 형성 중이었던 민족 언어들에서 오스만적인 용법을 없애려는 지속적인 노력이 있었음을 감안해야 한다. 그리하여 터키 정부의 언어 정화 사업은 오스만어로 스며들어 왔던 아랍어와 페르시아어 단어(전체 어휘의 50퍼센트 이상)들을 배제했고, 시리아와 불가리아는 언어 정화와는 아주 다른 측면에서 각각의 자국어인 아랍어와 불가리아어에서 튀르크어 어휘를 삭제했다.

이러한 언어 정화는 계승국가들의 정책 입안자 거의 대부분이 오스만 제국의 과거에 대해 가지고 있던 아주 부정적인 시각에서 기인했으며, 또한 그들이 창안하고 있던 민족적 정체성들에서 오스만적 요소들을 완전히 제거하려는 그들의 결의에서 유래한 것이었다. 즉, 적대감은 과거 오스만 제국의 실제 정책이라기보다는 오스만 제국 이후의 이 국가들의 역사에서, 특히 그들의 국가 건설 과정에서 기인했다. 세르비아에서 루마니아, 터키, 시리아, 이라크에 이르는 모든 계승국가들의 국가 건설 과정에서 오스만 제국 시대의 과거에 대한 비난이 뒤따랐다. 각각의 국민들에게 오스만인들은 '타자'—그들과 이질적인 사람들—의 역할, 그리고 오래도록 소중히 보전해왔으나 긴 오스만 세기 동안 침체되었던 '민족적' 가치들의 억압자 역할을 한 것으로 여겨졌다. 그러한 이유로 발칸·아랍·아나톨리아의 계승국가들은 오스만 제국 이후 시대에 각각의 정체성을 추구하면서 수십 년 동안 오스만 제국의 유산을 완전히 거부했다. 여기에서, 거부당하고 있는 제국의 체제는 지금부터 단지 75년이 약간 넘은 정도로 가까운 시기(이 책이 처음 나온 2000년도의 시점—옮긴이)에 사라졌다는 것을 염두에 둘 필요가 있다. 그러한 까닭에 우리가 관찰하고 있는 과정은 상당히 유동적인 상태에 있다.

오스만 제국에 속했던 모든 영토에서, 민족주의자들은 오스만인들이 저지른 문화적 파괴에 대해 분노의 열변을 토한다. 이것이 역설적인 이유는, 계승국가들 속에 현존하는 문화와 관습 그리고 언어의 비균질적인 다양성들은 실제로 오스만 국가가 사회에 대해 통제를 별로 하지 않았다는 것을 강력하게 시사하기 때문이다. 그럼에도 발칸 전역——불가리아, 루마니아, 그리스, 세르비아 등——의 작가들, 정치가들와 지식인들은 오스만인들, 이른바 '튀르크인들'에 대해 소름끼치는 적대감으로 공명한다. 거의 모든 불가리아인에게 '튀르크'의 멍에는 오늘날까지 불가리아 역사에서 가장 암울하고 가장 비참한 시기로 남아 있다. 불가리아의 역사 교과서 대부분은 (그리스의 역사 교과서들과 마찬가지로) 6세기에 걸친 오스만 제국 시대를 다루는 부분이 한 장(章)이 될까 말까 하고, 또한 가장 음울한 어투로 쓰여 있다. 이는 미국의 역사에서 영국의 북아메리카 동부 점령을 언급하지 않은 것만큼이나 말도 안 되는 일이라고 생각된다.

수십 년 동안 아랍 국가의 역사 서술은 이와 비슷하게 오스만인들에 대해 침묵을 지키거나 적대적이었다. 아랍 공동체 의식을 형성하려고 노력하는 가운데 민족주의자들은 오스만인들의 압박을 비난했다. 그들은 오스만 시대 동안, 즉 1516년에서 1917년까지 아랍의 민족적 권리는 말소되었다고 언급했다. 그리하여 새로운 국가들을 형성할 기반을 모색하는 과정에서 그들은 오스만인들을 무시하고 아랍의 역사를 찾기 위해 압바스 칼리프 제국(750~1258)이나, 간혹 파라오들과 바빌론의 왕들까지 거슬러 올라갔다. 시리아, 레바논, 이집트, 이라크 같은 곳에서는 긍정적인 변화의 조짐이 있기도 하다. 이러한 국가 출신의 학자들은 이제 아랍 지역에서의 오스만 시대를 비난하기보다는 분석하고 있으며, 오스만 제국 아래에서의 세월을 그들 자신의 과거에 통합시키기 시작했다. 많은 사람들이 오스만 시대에 대한 지나치게 단순하고 음울한 성격 부여에서 탈피했으며, 오스만 시대의 위치를 아랍의 현재 안에서 인정하고 있다. 이러한 논의의 하나로, 대부분의 아랍 신민들은 오스만 제국의 종말에 찬성하지도, 참여하지도 않았다는 학자들의 의견 일치가 확산되고 있다.

아나톨리아에서는 새로운 국가를 건설하고 있던 튀르크 민족주의자들이 오스만 이전의 아나톨리아 땅에 대한 연관성을 부각시킴으로써 튀르크 정체성에 대한 공통된 의식을 함양하려고 했다. 그들은 히타이트를 국민적 선조로 창조했고, 오스만 시대를 근대 튀르크 역사와 무관한 것이라 하여 건너뛰려 했다.(이란에서도 이와 비슷하게 팔레비 왕조의 마지막 샤는 정통성의 추구를 위해 페르세폴리스의 고대 아케메네스 왕조에까지 거슬러 올라갔다.) 더욱이 그들은 오스만 국가가 부패하고 타락하고 무기력했기 때문에 튀르크 국민국가로 대체된 것이라고 주장했다. 그러나 수십 년에 걸쳐 이와 반대되는 경향도 있었다. 이미 1940년 터키의 일부 주류 학술 저작들은 터키의 현재에서 오스만 제국의 과거에 대한 진정한 중요성을 논했다. 1953년, 터키 공화국은 오스만 제국의 콘스탄티노플 정복 500주년을 기념하는 성대한 축하 행사를 벌였고, 술탄 메흐메드 2세를 국민적 영웅이라고 치켜세웠다. 1980년대부터, 비록 그 과거의 성격과 의미에 대해 상당한 논쟁이 있었지만 오스만 제국 치하의 과거에 대한 거부가 일반적으로 수용하는 방향으로 바뀌었다.

1990년대에 이르러, 터키의 인기 작가 오르한 파묵([2006년 노벨 문학상 수상—옮긴이]과 기타 작가들)은 일상적으로 작품의 배경을 오스만 시대로 설정했으며, 이는 오스만 시대의 주제들이 얼마나 대중적이 되었는지를 반영한다. 오늘날에는 오스만 시대에 대해 상당히 많은 대중적이고 학술적인 관심이 존재하고 있다. 오스만 시대의 기념비적인 건축물들이 보수를 해서 반짝이고 있으며, 오스만 시대의 수공예품들은 터키의 중산층 가정에서 장식용으로 널리 수요가 있는 물품이다. 사람들은 읽을 줄도 모르는 오스만 시대의 서적들을 사 모으고, 오스만 구리 그릇·동전·우표·의복·가구 등과 함께 장식한다. 이렇게 오스만 골동품들의 거대한 시장이 존재하고, 주제와 배경이 오스만적인 텔레비전 드라마들도 많다. 이제는 만화의 세계에서도 오스만 술탄과 영웅들이, 지난날에 있었던 오스만 이전의 튀르크인 전사들을 대체하기도 한다.

그러나 터키에서는 이러한 오스만 시대의 사건들·골동품들·인물들의 의미에 대해 의견 차이의 골이 깊다. 일부 강경한 세속주의자들은 제국의 거대함을 터키의 군사적 팽창의 모범으로 추앙하는데, 이는 공화국의 형성 이래 터키의 대외 정책 방향과는 상당히 대조를 이룬다. 또 어떤 사람들은 오스만 시대를 원칙의 실행과 존중에서 모범으로 삼고 있으며, 이는 정치적으로 강력해진 이슬람 운동의 일부이기도 하다. 이들은 범이슬람적 정책을 펼친 술탄 압뒬하미드 2세를 매우 높이 평가하고 이슬람의 칼리프로서 그의 지위를 강조한다. 그러나 이러한 긍정적 평가는 술탄 압뒬하미드가 1895년 아르메니아인들의 학살을 주재했기 때문에 자칫 복잡한 문제를 야기할 수 있으며, 심각한 위험 부담이 따른다.

오늘날 터키에 대한 서유럽의 적대감을 잠시 살펴보면, 우리는 오스만 시대의 또 하나의 유산을 볼 수 있다. 오늘날의 튀르크인들에 대한 불신, 혐오 그리고 공포는 독일 같은 나라에서 아주 흔한 감정이며, 특히 유럽 연합이 1998년 터키의 유럽연합 가입 신청을 일차적으로 거부한 것에서 상징적으로 나타난다. 물론 이때의 거부는 경제적 이유들이 중요했다. 즉, 튀르크인들이 유럽에 대량으로 밀려들어오는 것과 터키의 산업이 경쟁자로 등장하리라는 결과가 문제였다. 거부를 부추기는 또 다른 사안으로는, 현대 터키의 열악한 인권 문제, 그리고 특히 그리스의 경우 에게 해의 원유와 키프로스를 둘러싼 터키와의 분쟁이었다. 그러나 인정하기 힘들지는 몰라도, 역사 또한 터키에 대한 서유럽의 공포를 자극하는 데 강력한 역할을 했다. 유럽 국가들에 대한 오스만 제국의 군사적 성공에 관한 오랜 기억들이 확실히 작용하고 있었다. 여기에서 서유럽인들은 터키를 오스만 국가의 여러 계승국가 가운데 하나가 아니라 단 하나의 계승국가인 것처럼 다루는 오류를 범한다. 이러한 입장은, 오스만 제국이 부분적으로는 아나톨리아에서 기원하여 튀르크인들이 아나톨리아로 이주했고, 결국 아나톨리아가 제국 내에서 가장 인구가 많은 지역이 되어 그 안에서 튀르크 종족이 가장 큰 단일 집단이었다는 사실들에서 비롯된 것이다.

오스만 제국의 행정상의 국경들은 아나톨리아와 아랍 지역에서 제1차 세계대전 이후 국가가 건설될 때 대체로 무시되었지만, 발칸 반도에서는 오늘날의 정치적 구획들이 오랜 오스만 지방 행정의 경계들과 맞물려 있다. 그러나 발칸 반도의 오스만 계승국가들에는 오스만 제국의 행정 관행과 구조들이 거의 전수되지 않았는데, 이는 독립 이후 대부분의 무슬림 관료층이 도망가거나 추방당했기 때문이다. 이와는 대조적으로, 옛 오스만 엘리트들은 많은 아랍 국가들, 예를 들어 이라크, 요르단, 이집트, 시리아 등에서 실무를 주도했거나 상당한 영향력을 행사했다. 이라크는 흥미로운 예인데, 그곳에서는 옛 오스만군 장교들과 행정가들의 작은 집단이 1958년 혁명이 일어날 때까지 국가와 사회를 완전히 지배했다. 그 밖에 시리아와 이집트 등에서는 명사 가문들이 18세기, 또는 그 이전부터 대단한 세력을 형성하고 있었다. 옛 오스만 제국의 장군들이 터키 공화국의 대통령으로 1950년까지 복무했으며, 비교적 다수의 오스만 행정 인력과 군사 인력들이 터키 관료계를 장악했다. 전체적으로 터키는 그 어느 오스만 계승국가들보다 더 많은 오스만 인력들을 물려받았다.

간혹, 오늘날의 현상들이 오스만 제국의 유산에 잘못 연관되기도 한다. 예를 들어, 일부 학자들은 일반적으로 터키와 아랍에서의 비대한 관료제 현상과, 민간의 경제 흐름을 정부와 공공 부문에서 지배하는 것이 무언가 오스만적인 전통 때문이라고 본다. 그러나 이러한 현상들은 세계의 여러 지역에서도 끈질기게 나타나고 있으므로 다른 요인들 때문일 가능성이 높다. 또 어떤 학자들은 적들에게 자멸할 시간과 여지를 남겨두면서, 적들을 모두 무력화하기 위해 한 세력을 다른 세력과 서로 견제하도록 하는, 끈기 있고 조심스러운 아랍 정치를 설명하기 위해 오스만 제국의 영향을 지적한다. 물론 오스만 제국의 외교에 그러한 측면이 있었지만, 마키아벨리의 피렌체나 명대의 중국도 마찬가지였다. 다른 한편, 오스만 제국과 매우 강력한 중앙집권 국가를 추구하는 현대의 터키 행정 전통 사이에는 아마 약간의 연관성이 있을 것이다.

토지 소유에서 오스만 제국의 유산은 많은 지역의 현재 상황을 이해하는 열쇠로 인식되고 있다. 20세기 이라크의 토지 소유는 자본주의, 식민주의 그리고 오스만 토지법의 상호작용에 따라 특수하게 진화했다. 이라크에서 부족장들은 1858년의 토지법을 교묘하게 이용하여 거대지주들이 되었고, 1958년 혁명으로 그들의 세력이 마침내 파괴될 때까지 대단한 권력을 휘둘렀다. 그 밖의 아랍과 아나톨리아 지역 대부분에서 상대적으로 자유로운 농민들의 존재와 지주 귀족의 부재는 오스만 시대로부터 이어지는 중요한 연속성으로 보고 있다. 어떤 경우에는 이러한 주장이 타당하게 보인다. 예를 들어, 현대 터키에서는 소규모의 농지 소유가 지배적이다. 그렇기는 해도 이 점은 지나치게 강조된 듯싶다. 아나톨리아와 아랍 지방에서 현재 정치적·경제적 권력을 가진 많은 가문들은 이미 수세기에 걸쳐 그렇게 해온 것이다. 이와는 대조적으로 발칸 지역에서는 오스만 시기의 경제적 형태가 자취를 감췄다. 독립한 정권들은 종종 토지 재분배 정책을 벌여 오스만 시대의 토지 소유 형태를 바꾸었다. 이후 공산주의 정권들은 옛 오스만 시대의 경제적·정치적 엘리트의 파괴를 완결했다.

그러나 오스만의 유산은 다양한 인구 분포의 양상들을 살펴볼 때 확연하게 드러난다. 오스만 제국 체제에서의 강제 이주는 제국 내에서 사람들의 이동을 강요했고, 그 결과는 오늘날에까지 영향을 미쳤다. 키프로스 섬의 튀르크인들은 16세기에 이주해온 아나톨리아 정착민들의 자손들이며, 한편 요르단의 체르케스인들은 19세기에 들어왔다. 세르비아인들과 크로아티아인들은 초기에 고향을 떠나 침입자들을 피해 북방으로 달아났거나 또는 나중에 그들이 합스부르크와 연대했을 때 이주하기도 했다. 비록 냉전 이후의 이주로 그 중요성이 희석되긴 했지만, 도처에 이러한 유산들이 남아 있다.

오스만 제국의 정책 실패는 우리가 살고 있는 시대에까지 영향을 미치고 있다. 우선, 페르시아 만으로 영국이 들어오는 것을 막지 못했던 탓에 이라크 지역에 있던 오스만 지방행정 단위인 바스라 주의 일부가 영국의 피보호국 쿠웨이트의 형성으로 이어졌다. 사담 후세인의 침입과 1990년대 초 쿠웨이트 수복을 위한 걸프전은 이러한 오스만 제국의 정치적 실패로까지 거슬러 올라갈 수 있다. 이와 비슷하게, 오스만인들은 팔레스타인에 유대인들의 이주를 막으려 했으나 실패하여 시온주의에 인구학적 거점을 넘겨주게 되었으며, 이 사건은 지금까지 파장을 일으키고 있다. 또한 잘 알려졌듯이, 터키와 그리스의 고질적인 적대감은 그리스인 신민들이 분리독립한 사건과 직접 연유되어 있으며, 반면 아르메니아인들과 튀르크인들은 1915년의 사건들을 놓고 여전히 지독하게 싸우고 있다.

오늘날 튀르크인과 아랍인의 대중적인 태도와 공식적인 정책들은 간혹 튀르크인들이 지닌 제국의 우월 의식과 아랍인들이 지닌 피식민지 의식으로 변질된다. 발칸 반도에서도 비슷하게, 보스니아 문제에 대한 터키의 개입은 때때로 오스만 제국주의의 현대판이라고 비판받기도 한다. 여기에서 우리는 또다시 터키를 오스만 제국의 단 하나뿐인 계승국가로 보는, 흔하지만 여전히 부정확한 인식의 성향을 접하게 된다.

오스만 제국의 유산은 좋든 나쁘든, 헝가리에서 이집트에 이르는 옛 제국의 모든 사람과 모든 지역에 귀속되는 것이다.

오스만 왕조의 계보*

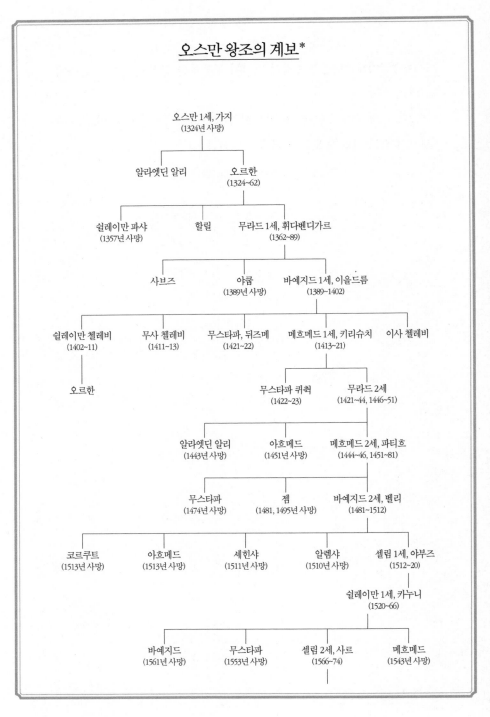

오스만 1세, 가지
(1324년 사망)

알라엣딘 알리　　　오르한
(1324~62)

쉴레이만 파샤　　할릴　　무라드 1세, 휘다벤디가르
(1357년 사망)　　　　　　(1362~89)

사브즈　　야쿱　　바예지드 1세, 이을드름
(1389년 사망)　(1389~1402)

쉴레이만 첼레비　무사 첼레비　무스타파, 뒤즈메　메흐메드 1세, 키리슈치　이사 첼레비
(1402~11)　　(1411~13)　　(1421~22)　　　(1413~21)

오르한　　　　　　　　　　　　무스타파 퀴척　　무라드 2세
　　　　　　　　　　　　　　　(1422~23)　　(1421~44, 1446~51)

알라엣딘 알리　　아흐메드　　메흐메드 2세, 파티흐
(1443년 사망)　(1451년 사망)　(1444~46, 1451~81)

무스타파　　젬　　바예지드 2세, 벨리
(1474년 사망)　(1481, 1495년 사망)　(1481~1512)

코르쿠트　　아흐메드　　셰힌샤　　알렘샤　　셀림 1세, 야부즈
(1513년 사망)　(1513년 사망)　(1511년 사망)　(1510년 사망)　(1512~20)

쉴레이만 1세, 카누니
(1520~66)

바예지드　　무스타파　　셀림 2세, 사르　　메흐메드
(1561년 사망)　(1553년 사망)　(1566~74)　　(1543년 사망)

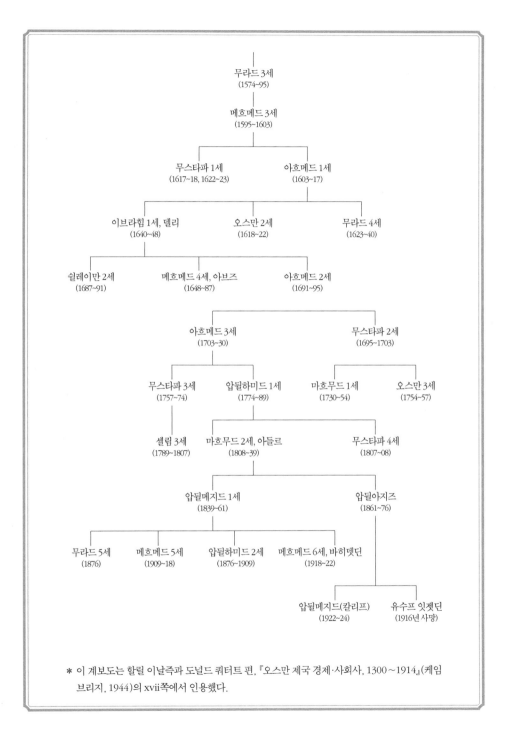

무라드 3세
(1574~95)

메흐메드 3세
(1595~1603)

무스타파 1세
(1617~18, 1622~23)

아흐메드 1세
(1603~17)

이브라힘 1세, 델리
(1640~48)

오스만 2세
(1618~22)

무라드 4세
(1623~40)

쉴레이만 2세
(1687~91)

메흐메드 4세, 아브즈
(1648~87)

아흐메드 2세
(1691~95)

아흐메드 3세
(1703~30)

무스타파 2세
(1695~1703)

무스타파 3세
(1757~74)

압뒬하미드 1세
(1774~89)

마흐무드 1세
(1730~54)

오스만 3세
(1754~57)

셀림 3세
(1789~1807)

마흐무드 2세, 아들르
(1808~39)

무스타파 4세
(1807~08)

압뒬메지드 1세
(1839~61)

압뒬아지즈
(1861~76)

무라드 5세
(1876)

메흐메드 5세
(1909~18)

압뒬하미드 2세
(1876~1909)

메흐메드 6세, 바히뎃딘
(1918~22)

압뒬메지드(칼리프)
(1922~24)

유수프 잇젯딘
(1916년 사망)

* 이 계보도는 할릴 이날즉과 도널드 쿼터트 편, 『오스만 제국 경제·사회사, 1300~1914』(케임브리지, 1944)의 xvii쪽에서 인용했다.

1261~1300	멘테셰, 아이든, 사루한, 카레시, 오스만르(오스만) 등의 공국들이 서아나톨리아에 건국
1290년경~1324	**오스만 1세**
1324~62	**오르한**
1326	오스만의 부르사 정복
1331	오스만의 니케아(이즈닉) 정복
1335	일 칸국 멸망
1354	오스만의 앙카라와 갈리폴리 점령
1361	오스만의 아드리아노플 정복
1362~89	**무라드 1세**
1363~65	남부 불가리아와 트라키아로의 확장
1371~73	케르마논에서 오스만의 승전. 비잔티움과 발칸 군주들이 오스만의 종주권 인정.
1385	오스만의 소피아 정복
1389	코소보 폴레에서 오스만이 발칸 국가들의 연합군에 승리
1389~1402	**바예지드 1세, 이을드름(벽력왕)**
1396	니코폴리스 전투
1402	앙카라 전투, 바예지드 1세의 제국 몰락
1403~13	술탄 위를 둘러싼 바예지드 아들들의 패권 다툼
1413~21	**메흐메드 1세**
1421~44(1차)	**무라드 2세**
1446~51(2차)	**무라드 2세**
1423~30	살로니카를 놓고 오스만과 베네치아가 싸움

---

* 이 연표는 할릴 이날즉과 도널드 쿼터트 편, 『오스만 제국 경제·사회사, 1300~1914』(케임브리지, 1994)의 xviii~xxiv쪽에서 인용했다.

1425	오스만의 이즈미르 합병과 서아나톨리아 재정복
1439	오스만의 세르비아 합병
1443	야노스 훈야디의 발칸 침공
1444	세르비아 데스포트 령의 재건, 바르나 전투
1444~46(1차)	**메흐메드 2세, 파티흐(정복자)**
1451~81(2차)	**메흐메드 2세**
1448	제2차 코소보 폴례 전투
1453	콘스탄티노플 정복, 페라의 함락
1459	세르비아와 모레아 정복
1461	트라브존 제국 정복
1463~79	베네치아와의 전쟁
1468	카라만 정복
1473	바슈켄트 전투
1475	크림 반도의 제노바인 거류지(colonies) 정복
1481~1512	**바예지드 2세**
1485~91	이집트 맘루크와의 전쟁
1499~1503	베네치아와의 전쟁, 레판토 · 코론 · 모돈 정복
1512~20	**셸림 1세**
1514	셸림 1세가 찰드란에서 샤이스마일을 패퇴시킴
1516	디야르바크르 정복, 동아나톨리아 합병, 시리아의 마르즈 다빅(Marj Dabik)에서 맘루크에 승리
1517	리다니야 전투, 이집트 정복, 메카의 샤리프 투항
1520~66	**쉴레이만 1세, 카누니(입법자)**
1521	베오그라드 정복
1522	로도스 섬 정복
1526	모하치 전투, 헝가리가 가신국이 됨
1529	빈 포위
1534	타브리즈와 바그다드 정복
1537~40	베네치아와 전쟁
1538	인도의 디우(Diu) 포위

1541	헝가리 합병
1553~55	이란과 전쟁
1565	말타 포위
1566~74	**셀림 2세**
1569	프랑스와 시혜적 통상조약(capitulations), 오스만의 첫 러시아 원정, 아스트라한 포위
1570	울루치 알리의 튀니스 정복, 키프로스 원정, 니코시아 함락
1571	레판토 해전
1573	베네치아와 황제 사이의 강화
1574~95	**무라드 3세**
1578~90	이란과의 전쟁, 아제르바이잔 합병
1580	영국과 시혜적 통상조약(capitulations)
1589	이스탄불에서 예니체리 반란
1591~92	예니체리 반란이 다시 일어남
1593~1606	합스부르크와 전쟁
1595~1603	**메흐메드 3세**
1596	아나톨리아에서 젤랄리 반란
1603~39	이란과의 전쟁
1603~17	**아흐메드 1세**
1606	합스부르크와 시트바-토록 평화조약
1609	아나톨리아에서 젤랄리 진압
1612	시혜적 통상조약을 네덜란드인에게까지 확대
1613~35	마안올루 파흐렛딘의 반란
1618	이란과의 강화, 오스만의 아제르바이잔 철수
1618~22	**오스만 2세**
1621	오스만의 폴란드 침공
1622	오스만 2세 시해
1617~18(1차)	**무스타파 1세**
1622~23(2차)	**무스타파 1세**
1623~40	**무라드 4세**

312

1624~28	아나톨리아에서의 반란과 이스탄불의 혼란
1632	무라드 4세, 정권을 완전히 장악
1635	예레반 포위
1624~37	코사크의 흑해 연안 공격
1624~39	이란과의 전쟁, 그 와중에 바그다드가 이란에 함락
1637	아조프(아작)가 코사크에 함락
1638	오스만의 바그다드 회복
1640~48	**이브라힘 1세**
1640	아조프 회복
1645~69	베네치아와의 전쟁, 크레타 섬 침공, 칸디아 포위
1648~56	베네치아의 다다넬즈 해협 봉쇄
1648	술탄의 폐위와 시해
1648~87	**메흐메드 4세**
1648~51	어린 술탄을 대신하여 술탄의 할머니 쾨셈이 사실상 집권
1649~51	이스탄불에서 예니체리들이 주도권을 잡고 아시아 지역에서는 젤랄리 파샤들이 득세
1651~55	이스탄불의 혼란, 베네치아의 다다넬즈 해협 봉쇄 계속
1656	쾨프륄뤼 메흐메드가 독재 권력을 보장받고 대재상에 임명됨
1656~59	예니체리와 지방에 대해 중앙 정부의 통제력 회복
1657	베네치아의 다다넬즈 해협 봉쇄 해제
1658~59	트란실바니아와 왈라키아에 오스만의 통제 재개
1661~76	쾨프륄뤼 파즐 아흐메드의 대재상 재임 기간
1663	합스부르크와의 전쟁
1664	장크트 고트하르트(St. Gotthard) 전투, 바스바르(Vasvar) 전투
1669	칸디아의 함락, 베네치아와의 강화
1669	칸디아의 함락, 베네치아와의 강화
1672~76	폴란드와의 전쟁, 포돌리아를 포함한 카미니엑 병합, 주라프노 조약 체결
1677~81	우크라이나를 놓고 러시아와 경쟁
1681	프랑스의 키오스 섬 공격
1683	빈 포위

1684	오스만에 대항하여 합스부르크 황제, 폴란드 왕, 베네치아 사이에 신성동 맹 체결됨
1686	부다의 함락, 러시아의 신성동맹 가입, 베네치아의 모레아 진출
1687	제2차 모하치 전투, 군 반란, 메흐메드 4세의 폐위
1687~91	**쉴레이만 2세**
1688	베오그라드 함락
1689	오스트리아인들의 코소보 진출, 러시아인들의 크림 반도 공격
1689~91	쾨프륄뤼 파즐 무스타파의 대재상 재임 기간, 조세 개혁
1690	오스트리아로부터 베오그라드 회복
1691~95	**아흐메드 2세**
1691	슬란카멘 전투, 쾨프륄뤼 파즐 무스타파 사망
1695~1703	**무스타파 2세**
1695	아조프 함락
1696	오스만의 헝가리 반격
1697	젠타에서 오스만 측이 패배
1698~1702	쾨프륄뤼 휘세인의 대재상 재임 기간
1699	카를로비츠 조약
1700	러시아와의 강화
1703	군의 반란, 무스타파 2세의 폐위
1703~30	**아흐메드 3세**
1709	스웨덴의 왕 카를 12세가 오스만 영토로 망명
1711	프루트 강 전투에서 오스만이 러시아의 표트르 대제에게 승리, 카이로에 서의 반란, 맘루크 체제의 재편, 레바논 산지에서 시하비들의 득세
1713	러시아와의 평화조약, 아조프의 회복, 카를 12세가 스웨덴으로 돌아감, 왈라키아와 몰다비아 공국에 페네르 그리스인들(Phanariots)의 통치 시작
1714~18	베네치아와의 전쟁, 모레아 회복
1716	오스트리아와의 전쟁
1717	베오그라드 함락
1718~30	이브라힘 파샤의 대재상직 재임 기간
1718	오스트리아, 베네치아와의 파사로비츠 평화조약, 모레아 회복, 세르비아

	와 왈라키아가 오스트리아에 할양됨
1723~27	이란과의 전쟁, 오스만의 아제르바이잔과 하마단 점령
1730	파트로나 할릴 반란, 아흐메드 3세 폐위, 튤립의 시대 끝남
1730~36	이란의 반격, 아제르바이잔과 서부 이란을 빼앗김
1730~54	**마흐무드 1세**
1736~39	러시아 · 오스트리아와의 전쟁
1739	러시아 · 오스트리아와의 평화조약, 베오그라드 회복
1740	프랑스와 시혜적 통상조약(capitulations) 연장, 러시아에 대항해 오스만-스웨덴 동맹
1743~46	나디르 샤 치하의 이란과 전쟁
1754~57	**오스만 3세**
1757~74	**무스타파 3세**
1768~74	러시아 제국과의 전쟁
1770	에게 해에 러시아 선단 출현, 다뉴브 강에서 오스만 패배
1771	크림 반도에 러시아가 침공
1773	이집트에서 알리 베이의 반란
1774~89	**압뒬하미드 1세**
1774	퀴췩 카이나르자 조약, 크림 칸국과 흑해 북안이 오스만 제국으로부터 독립
1783	러시아의 크림 칸국 합병
1787	러시아와의 전쟁
1788	스웨덴이 러시아에 선전포고
1789~1807	**셀림 3세**
1792	야시(Jassy) 조약
1798	나폴레옹의 이집트 침공
1804	세르비아 반란
1805~48	무함마드 알리의 이집트 통치
1807	셀림 3세의 개혁사업이 반란으로 무산
1807~08	**무스타파 4세**
1808~39	**마흐무드 2세**

1808	협약 문서(document of alliance; sened-i ittifak)
1811	무함마드 알리가 이집트의 맘루크 학살
1812	부쿠레슈티 조약
1826	예니체리 군단의 폐지
1832	코냐 전투
1833	러시아와 휜캬르-이스켈레시 조약
1838	영국과의 불평등 통상조약(Anglo-Turkish Convention, Balta Limanı 조약)
1839	네집(Nezib) 전투
1839~61	**압뒬메지드 1세**
1839	장미원 칙령으로 탄지마트 시작
1853~56	크림 전쟁
1856	개혁 칙령
1856	파리 조약
1861~76	**압뒬아지즈**
1875	사실상 오스만 정부 파산
1876	최초의 오스만 헌법
1876~1909	**압뒬하미드 2세**
1878	베를린 조약
1881	공채관리국의 형성
1885	불가리아가 동부 루멜리아 점령
1896~97	크레타 반란, 그리스와의 전쟁
1908	청년 튀르크 혁명과 1876년 헌법의 회복
1909~18	**메흐메드 5세**
1911	이탈리아와 전쟁
1912	발칸 전쟁
1914	제1차 세계대전 발발
1918~22	**메흐메드 6세**
1920	시리아와 레바논에 프랑스 위임통치령, 이라크·팔레스타인에 영국 위임통치령 설치
1923	터키 공화국 선포

1장 왜 오스만 제국사를 공부하는가?

Asad, Talal. *Anthropology and the colonial encounter* * (New York, 1973).

Bohnstedt, John Wolfgang. *The Infidel scourge of God: The Turkish menace as seen by German pamphleteers of the Reformation* (Philadelphia, 1968).

Brown, L. Carl, ed. *Imperial legacy: The Ottoman imprint on the Balkans and the Middle East* * (New York, 1996).

Çelik, Zeynep. *Displaying the Orient: The architecture of Islam and nineteenth-century world fairs* * (Berkeley, 1992).

Daniel, Norman. *Islam, Europe, and empire* (Edinburgh, 1966).
  Islam and the West: The making of an image (Edinburgh, 1962).

Deringil, Selim. "The Ottoman twilight zone of the Middle East," in Henri J. Barkey, ed., *Reluctant Neighbor: Turkey's role in the Middle East* * (Washington, DC, 1996), 13~22.

Fischer-Galati, Stephen A. *Ottoman imperialism and German Protestantism, 1521–1555* (Cambridge, MA, 1959).

Karpat, Kemal. *The Ottoman empire and its place in world history* * (Leiden, 1974).

Mansel, Philip. *Constantinople: City of the world's desire, 1453-1924* * (London, 1995).

Rodinson, Maxime. *Europe and the mystique of Islam* * (Seattle, 1987). 1980년에 출간된 프랑스어판 번역.

Rouillard, Clarence. *The Turk in French history, thought and literature(1520-1660)* (Paris, 1938).

Said, Edward. *Orientalism* * (New Work, 1978).

St. Clair, Alexandrine N. *The image of the Turk in Europe* (New York, 1973).

Schacht, Joseph and C. E. Bosworth, eds. *The legacy of Islam* * (Oxford, second edition, 1979).

Schwoebel, Robert. *The shadow of the crescent: The Renaissance image of the Turk, 1453-1517* (Nieuwkoop, 1967).

Southern, R. W. *Western views of Islam in the Middle Ages* (Cambridge, 1968).

Stevens, MaryAnne, ed. *The Orientalists: Delacroix to Matisse* * (London, 1984).

Thompson, James. *The East: Imagined, experienced, remembered* (Dublin, 1988).

Valensi, Lucette. *The birth of the despot: Venice and the Sublime Porte** (Ithaca, 1993).

2장 오스만 제국의 기원에서 1683년까지

Abou-El-Haj, Rifaat. *The 1703 rebellion and the structure of Ottoman Politics** (Istanbul, 1984).

*The origins of the modern state** (Albany, 1989).

Barnes, John Robert. *An introduction to religious foundations in the Ottoman Empire* (Leiden, 1986).

Blair, Sheila S. and Jonathan M. Bloom. *The art and architecture of Islam, 1250–1800* (New Haven, corrected edition, 1995).

Brummet, Palmira. *Ottoman seapower and Levantine diplomacy in the age of discovery* (Albany, 1994).

Busbecq, O. G. de. *The Turkish letters of Ogier Ghiselin de Busbecq: Imperial Ambassador at Constantinople** (Oxford, 1968).

Faroqhi, Suraiya. *Towns and townsmen in Ottoman Anatolia: Trade, crafts, and food production in an urban setting* (Cambridge, 1984).

Men of modest substances: House owners and house property in seventeenth-century Ankara and Kayseri (Cambridge, 1987).

"Crisis and change, 1590–1699," in Halil İnalcık with Donald Quataert, eds., *An economic and social history of the Ottoman Empire, 1300–1914** (Cambridge, 1994), 411~636.

Fleischer, Cornell. *Bureaucrat and intellectual in the Ottoman Empire: The historian Mustafa Ali* (Princeton, 1986).

Goodwin, Godfrey. *A history of Ottoman architecture* (London, 1971).

Hess, Andrew. *The forgotten frontier: A history of the sixteenth century Ibero-African frontier* (Chicago, 1978).

Hourani, Albert. *A history of the Arab peoples* (Cambridge, MA, 1991).

Howard, Douglas. "Ottoman historiography and the literature of 'decline' of the sixteenth and seventeenth centuries," *Journal of Asian History*, 22, 1 (1988), 52~77.

İnalcık, Halil. "The Ottoman state: economy and society, 1300–1600," in Halil İnalcık and Donald Quataert, eds., *An Economic and social history of the Ottoman Empire, 1300–1914* (Cambridge, 1994), 9~409.

İnalcık, Halil and Rhoads Murphey, eds. *The history of Mehmet the Conqueror*

(Chicago and Minneapolis, 1978).

Kafadar, Cemal. *Between two worlds: The construction of the Ottoman state* * (Berkeley, 1995).

Karamustafa, Ahmet. *God's unruly friends: dervish groups in the Islamic later middle period, 1200-1550* (Salt Lake City, 1994).

Keddie, Nikki, ed. *Women and gender in Middle Eastern history* * (New Haven, 1991).

Köprülü, M. Fuad. *The origins of the Ottoman Empire*, trans. and ed. by Gary Leiser (Albany, 1992).

Laiou-Thomadakis, A. E. *Peasant society in the late Byzantine Empire* (Princeton, 1977).

Lindner, Rudi Paul. *Nomads and Ottomans in medieval Anatolia* (Bloomington, 1983).

Lowry, Heath. *The nature of the early Ottoman State* (State University of New York, 2003).(원작에서는 출판되기 이전의 원고를 참조했으나, 이제 출판되었으므로 서지 사항을 제공했다—옮긴이)

Mansel, Philip. *Constantinople: City of the world's desire, 1453-1924* * (New York, 1995).

McNeill, William. *Europe's steppe frontier, 1500-1800* * (Chicago and London, 1964).

Mihailovic, Konstantin. *Memoirs of a Janissary* * (Ann Arbor, 1975).

Necipoğlu, Gülru. *Architecture, ceremonial and power: The Topkapı palace in the fifteenth and sixteenth centuries* * (Cambridge, MA, 1991).

Peirce, Leslie. *The imperial harem. Women and sovereignty in the Ottoman Empire* * (Oxford, 1993).

Tietze, Andreas. *Mustafa Ali's counsel for sultans of 1581*, 2 vols. (Vienna, 1979-1982).

Treadgold, Warren T. *The history of the Byzantine state and society* (Stanford, 1997).

Tucker, Judith. *Gender and Islamic history* * (Washington, DC, reprint of 1993 edition).

Vryonis, Speros, Jr. *The decline of medieval Hellenism in Asia Minor and the process of Islamization from the eleventh through the fifteenth century* (Berkeley, 1971).

Wittek, Paul. *The rise of the Ottoman Empire* (London, 1938).

Zilfi, Madeline. *Women in the Ottoman Empire: Middle Eastern women in the early modern era* * (Leiden, 1997).

3장 1683년에서 1798년까지의 오스만 제국

Abou-El-Haj, Rifaat. *The 1703 rebellion and the structure of Ottoman politics**
(Istanbul, 1984).

Aksan, Virginia. *An Ottoman statesman in war and peace* (Leiden, 1995).

Artan, Tülay. "Architecture as a theatre of life: profile of the eighteenth-century
Bosphorus." Ph. D. dissertation, Massachusetts Institute of Technology, 1989.

Cuno, Kenneth. *The Pasha's peasants: Land, society, and economy in lower Egypt
1740-1858* (Cambridge, 1992).

Duman, Yüksel. "Notables, textiles and copper in Ottoman Tokat, 1750-1840." Ph.
D. dissertation, Binghamton University, 1998.

Hathaway, Jane. *The politics of households in Ottoman Egypt: The rise of the
Qazdaglis* (Cambridge, 1997).

Hourani, Albert. "Ottoman reform and the politics of the notables," in W. Polk and
R. Chambers, eds., *The beginnings of modernization in the Middle East: The
nineteenth century** (Chicago, 1968), 41~68.

Ivanova, Svetlana. "The divorce between Zubaida Hatun and Esseid Osman Aga:
Women in the eighteenth-century Shari'a court of Rumelia," in Amira El Azhary
Sonbol, *Women, the family, and divorce laws in Islamic history* (Syracuse,
1996), 112~125.

Keddie, Nikki, ed. *Women and gender in Middle Eastern history** (New
Haven, 1991).

Khoury, Dina. *State and provincial Society in the Ottoman Empire: Mosul 1540-
1834** (Cambridge, 1997).

Kırlı, Cengiz. "The struggle over space: coffee houses of ottoman Istanbul 1780-
1845." * Ph. D. dissertation, Binghamton University, 2000.

Masters, Bruce. *The Origins of western economic dominance in the Middle East:
Mercantilism and the Islamic economy in Aleppo, 1600-1750* (New York,
1998).

McGowan, Bruce. "The age of ayans, 1699-1812," in Halil İnalcık with Donald
Quataert, eds., *An economic and social history of the Ottoman Empire, 1300-
1914** (Cambridge, 1994), 637~758.

Olson, Robert. "The esnaf and the Patrona Halil rebellion of 1730: A realignment in
Ottoman politics," *Journal of the Economic and Social History of the Orient*, 17
(1974), 329~344.

Raymond, André. *The great Arab cities in the 16th-18th centuries* (New York,
1984).

Quataert, Donald. "Janissaries, artisans and the question of Ottoman decline, 1730–1826," in Donald Quataert, ed., *Workers, peasants and economic change in the Ottoman Empire, 1730-1914* * (Istanbul, 1993), 197~203.

Salzmann, Ariel. "Measures of empire: Tax farmers and the Ottoman ancien regime, 1695-1807." Unpublished Ph.D. dissertation, Columbia University, 1995.
"An ancien regime revisited: Privatization and political economy in the 18th century Ottoman Empire," *Politics and society,* * 21, 4(1993), 393~423.

Shaw, Stanford. *Between old and new: The Ottoman Empire under Sultan Selim III, 1789-1807* (Harvard, 1971).

Shay, Mary Lucille. *The Ottoman Empire from 1720 to 1744 as revealed in despatches of the Venetian Baili* (Urbana, 1944).

Silay, Kemal. *Nedim and the poetics of the Ottoman court: Medieval inheritance and the need for change* (Bloomington, 1994).

Sousa, Nadim. *The capitulatory regime in Turkey* (Baltimore, 1933).

Wortley Montagu, Lady Mary. *The Turkish Embassy letters* (London, reprint, 1994).

Zilfi, Madeline. "Elite circulation in the Ottoman Empire: Great mollas of the eighteenth century," *Journal of the Economic and Social History of the Orient,* 26, 3(1983), 318~364.
Politics of piety: The Ottoman ulama in the post-classical age (Minneapolis, 1986).
"Women and society in the Tulip era, 1718-1730," in Amira El Azhary Sonbol, *Women, the family, and divorce laws in Islamic history* * (Syracuse, 1996), 290~303.

Zilfi, Madeline ed., *Women in the Ottoman Empire: Middle Eastern women in the early modern era* * (Leiden, 1997).

4장 19세기

Abou-El-Haj, Rifaat. *Formation of the modern state* * (Albany, 1991).

Adanir, Fikret. "The Macedonian question: the socio-economic reality and problems of its historiographic interpretations," *International Journal of Turkish Studies,* Winter (1985-6), 43~64.

Ahmad, Feroz. *The making of modern Turkey* (London, 1993).

Akarlı, Engin. *The long peace: Ottoman Lebanon, 1861-1920* (Berkeley, 1993).

Arat, Zehra F. *Deconstructing images of "The Turkish woman"* * (New York, 1998).

Berkes, Niyazi. *The development of secularism in Turkey* (Montreal, 1964).

Brown, Sarah Graham. *Images of women: The portrayal of women in photography of the Middle East, 1860-1950** (London, 1988).

Çelik, Zeyneb. *The remaking of Istanbul** (Seattle and London, 1989).

Cole, Juan. *Colonialism and revolution in the Middle East: Social and cultural origins of Egypt's Urabi movement** (Princeton, 1993).

"Feminism, class, and Islam in turn of the century Egypt," *International Journal of Middle East Studies, 13* (1981), 394~407.

Doumani, Beshara. *Rediscovering Palestine: Merchants and peasants in Jabal Nablus, 1700-1900** (Berkeley, 1995).

Findley, Carter. *Bureaucratic reform in the Ottoman Empire: The Sublime Porte 1789-1922* (Princeton, 1980).

Ottoman civil officialdom (Princeton, 1992).

Gelvin, James. *Divided loyalties: Nationalism and mass politics in Syria at the close of empire* (Berkeley, 1999).

Gerber, Haim. *Social origins of the modern Middle East* (Boulder, Co., 1987).

Hovannisian, Richard G., ed. *The Armenian people from ancient to modern times. II: Foreign dominion to statehood: The fifteenth century to twentieth century* (New York, 1997).

İnalcık, Halil. "Application of the Tanzimat and its social effects," *Archivum Ottomanicum*, 5(1973), 97~128.

Keddie, Nikki, ed. *Women and gender in Middle Eastern history** (New Haven, 1991).

Mardin, Şerif. "Super-westernization in urban life in the last quarter of the nineteenth century," in Peter Benedict et al., eds., *Turkey: Geographical and social perspectives** (Leiden, 1974), 403~445.

Marx, Karl. *The Eastern Question** (London, 1897 printing of letters dated 1853-1856).

Mitchell, Timothy. *Colonising Egypt* (Cambridge, 1988).

Orga, Irfan. *Portrait of a Turkish family* (New York, 1950).

Palairet, Michael. *The Balkan economics c. 1800-1914: Evolution without develpment** (Cambridge, 1997).

Quataert, Donald. "The Age of reforms, 1812-1914," in Halil İnalcık with Donald Quataert, eds., *An economic and social history of the Ottoman Empire, 1300-1914** (Cambridge, 1994), 759~943.

Seton-Watson, R. W. Disraeli, *Gladstone and the Eastern Question* (London, 1935).
(위의 마르크스와 비교해보라.)

Sousa, Nadim. *The capitulatory regime in Turkey* (Baltimore, 1933).

Zilfi, Madeline. *Women in the Ottoman empire: Middle Eastern women in the early modern era** (Leiden, 1997).

Zürcher, Erik. *The Unionist factor: The role of the Committee of Union and Progress in the Turkish nationalist movement of 1905-1926* (Leiden, 1984).
*Turkey: A modern history** (London, 1993).

5장 오스만인들과 그 주변 세계

Aksan, Virginia. "Ottoman political writing, 1768-1808," *International Journal of Middle East Studies,** 25(1993), 53~69.

Anderson, M. S. *The Eastern Question* (New York, 1966).

Cassels, Lavender. *The struggle for the Ottoman Empire, 1717-1740* (New York, 1967).

Deringil, Selim. *The well protected dominions** (London, 1998).

Farooqhi, Naimur Rahman. *Mughal-Ottoman relations* (Dehli, 1989).

Findley, Carter. *Bureaucratic reform in the Ottoman Empire: The Sublime Porte 1789-1922* (Princeton, 1980).
Ottoman civil officialdom (Princeton, 1992).

Göçek, Fatma Müge. *East encounters West: France and the Ottoman Empire in the eighteenth century* (Oxford and New York, 1987).

Heller, Joseph. *British policy towards the Ottoman Empire, 1908-1914* (London, 1983).

Hurewitz, J. C. *The Middle East and North Africa, a documentary record. I: European expansion, 1535-1914,* 2nd edn (New Haven and London, 1975).

Itzkowitz, Norman and Max Mote. *Mubadele: An Ottoman-Russian exchange of ambassadors* (Chicago, 1970).

Langer, William. *The diplomacy of imperialism*(New York, 2nd edn, 1951).

Marriott, J. A. R. *The Eastern Question* (Oxford, 1940).

McNeill, William. *Europe's steppe frontier** (Chicago, 1964).

Parvev, Ivan. *Habsburgs and Ottomans between Vienna and Belgrade* (New York, 1995).

Puryear, Vernon John. *International economics and diplomacy in the Near East: A study of British commercial policy in the Levant, 1834-1853* (London, 1935).

Vaughan, Dorothy M. *Europe and the Turk: A pattern of alliance, 1350-1700* (Liverpool, 1951).

Wasit, S. Tanvir. "1877 Ottoman mission to Afghanistan," *Middle Eastern Studies* 30,

1(1994), 956~962.

6장 오스만 제국의 통치 방법

Abou-El-Haj, Rifaat. *The 1703 rebellion and the structure of Ottoman politics**
(Istanbul, 1984).

Alderson, A. D. *The structure of the Ottoman dynasty** (London, 1956).

Artan, Tülay. "Architecture as a theatre of life: profile of the eighteenth-century
Bosphorus." Ph. D. dissertation, Massachusetts Institute of Technology, 1989.

Barbir, Karl K. *Ottoman rule in Damascus, 1708-1758* (Princeton, 1980).

Barkey, Karen. *Bandits and bureaucrats: The Ottoman route to centralization* (Itha-
ca, 1994).

Doumani, Beshara. *Rediscovering Palestine: Merchants and peasants in Jabal
Nablus, 1700-1900** (Berkeley, 1995).

Faroqhi, Suraiya. *Pilgrims and sultans: The hajj under the Ottomans** (London,
1994).

Fattah, Hala. *The politics of regional trade in Iraq, Arabia and the Gulf, 1745-1900
** (Albany, 1997).

Gavin, Carney E. S. et al. "Imperial self-portrait: the Ottoman empire as revealed in
the Sultan Abdul Hamid II's photographic albums." *Journal of Turkish Studies,* *
12(1988), special issue.

Hourani, Albert. "Ottoman reform and the politics of the notables," in W. Polk and
R. Chambers, eds., *The beginnings of moder-nization in the Middle East: The
nineteenth century** (Chicago, 1968), 41~68.

Khoury, Dina. *State and provincial society in the Ottoman Empire: Mosul 1540-
1834** (Cambridge, 1997).

Peirce, Leslie. *The Imperial harem: Women and sovereignty in the Ottoman Empire**
(Oxford, 1993).

Penzer, N. M. *The harem* (London, 1965, 초판은 1936년).

Zarinebaf-Shahr, Fariba. "Women, law, and imperial justice in Ottoman Istanbul in
the late seventeenth century," in Amira El Azhary Sonbol, *Women, the family and
divorce laws in Islamic history* (Syracuse, 1996), 81~95.

Akarlı, Engin Deniz. "Gedik implements, mastership, shop usufruct, and monopoly among Istanbul artisans, 1750-1850," *Wissenschaftskolleg Jahrbuch* (1986), 225~231.

Balisdell, Donald. *European financial control in the Ottoman Empire* (New York, 1929).

Braudel, Fernand. *The Mediterranean and the Mediterranean world in the time of Philip II*, 2 vols. * (New York, 1973).

Duman, Yüksel. "Notables, textiles and copper in Ottoman Tokat, 1750-1840." Ph. D. dissertation, Binghamton University, 1998.

Erdem, Hakkan. *Slavery in the Ottoman Empire and its demise, 1800-1909* (New York, 1996).

Faroqhi, Suraiya. "Agriculture and rural life in the Ottoman Empire(c. 1500-1878)," *New Perspectives on Turkey*, Fall * (1987), 3~34.

Faroqhi, Suraiya, ed., "Special issue on Ottoman Trade," *New Perspectives on Turkey*, Fall (1991).

Gerber, Haim. *The social origins of the modern Middle East* * (Boulder, Co., 1987).

Goldberg, Ellis, ed. *The social history of labor in the Middle East* * (Boulder, Co., 1996).

Gould, Andrew, Gordon, "Pashas and brigands: Ottoman provincial reform and its impact on the nomadic tribes of southern Anatolia 1840-1885." Ph. D. dissertation, University of California, 1973.

Gounaris, Basil. *Steam over Macedonia, 1870-1912* (New York, 1993).

Hutteroth, Wolf-Dieter. "The influence of social structure on land division and settlement in Inner Anatolia," in Peter Benedict, Erol Tümertekin and Fatma Mansur, eds., *Turkey: geographic and social perspectives* (Leiden, 1974), 19~47.

İnalcık, Halil. "The emergence of big farms, *çiftliks*: State, landlord and tenants," in Keyder and Tabak, eds. *Landholding and commercial agriculture in the Middle East* (Albany, 1991).

Kafadar, Cemal. "Yeniçeri-esnaf relations: solidarity and conflict." M.A. thesis, McGill University, 1981.

Karpat, Kemal. *Ottoman population, 1830-1914: Demographic and social characteristics* (Madison, 1985).

"The Ottoman emigration to America, 1860-1914," *International Journal of Middle East Studies*, 17(2) (1985), 175~209.

Kasaba, Reşat. *The Ottoman empire and the world economy: the nineteenth century*

(Albany, 1988).

Keyder, Çağlar and Faruk Tabak, eds. *Landholding and commercial agriculture in the Middle East* (Albany, 1991).

Khalidi, Tarif, ed. *Land tenure and transformation in the Middle East* (Beirut, 1984).

Issawi, Charles. *An economic history of the Middle East and North Africa* (New York, 1982).

Lewis, Norman. *Nomads and settlers in Syria and Jordan, 1800-1980* (Cambridge, 1987).

Marcus, Abraham. *The Middle East on the eve of modernity** (New York, 1989).

Masters, Bruce. *The origins of western economic dominance in the Middle East: Mercantilism and the Islamic economy in Aleppo, 1600-1750* (New York, 1988).

Mears, Eliot Granville. *Modern Turkey* (London, 1924).

Meriwether, Margaret L. "Women and economic change in nineteenth-century Aleppo," in Judith E. Tucker, ed., *Arab women* (Washington, 1993), 65~83.

Owen, Roger. *The Middle East in the world economy, 1800-1914* (London, 1981).

Palairet, Michael. *The Balkan economies c. 1800-1914: Evolution without develpment** (Cambridge, 1997).

Pamuk, Şevket. *The Ottoman empire and European capitalism, 1820-1913** (Cambridge, 1997).

Quataert, Donald. *Social disintegration and popular resistance in the Ottoman Empire, 1881-1908** (New York, 1983).
Ottoman manufacturing in the age of the Industrial Revolution (Cambridge, 1993).

Salzmann, Ariel. "Measures of empire: tax farmers and the Ottoman *ancien regime*, 1695-1807." Ph.D. dissertation, Columbia University, 1995.

Shields, Sarah. *Mosul before Iraq: Like bees making five-sided cells* (Albany, 2000).

Toledano, Ehud. *The Ottoman slave trade and its suppression, 1840-1890* (Princeton, 1982).

Vatter, Sherry. "Militant journeymen in nineteenth-century Damascus: implications for the Middle Eastern labor history agenda," in Zachary Lockman, ed., *Workers and working classes in the Middle East: Struggles, histories, historiographies** (Albany, 1994), 1~19.

Zilfi, Madeline. "Elite circulation in the Ottoman Empire: great mollas of the eighteenth century," *Journal of the Economic and Social History of the Orient*, 26, 3(1983), 318~364.

Politics of piety: The Ottoman ulama in the post-classical age (Minneapolis, 1986).

*Women in the Ottoman Empire: Middle Eastern Women in the early modern era** (Leiden, 1997).

8장 오스만 사회와 민간 문화

And, Metin. *Karagöz*, 3rd edn. * (Istanbul, n.d.).

    A pictorial history of Turkish dancing (Istanbul, 1976).

Andrews, Walter. *Poetry's voice, society's song: Ottoman lyric poetry* (Seattle, 1985).

Artan, Tülay. "Architecture as a theatre of life: profile of the eighteenth-century Bosphorus." Ph. D. dissertation, Massachusetts Institute of Technology, 1989.

Barnes, John Robert. *An introduction to religious foundations in the Ottoman Empire* (Leiden, 1986).

Bierman, Irene, et al. *The Ottoman city and its parts* (New Rochelle, 1991).

Birge, John Kingsley. *The Bektashi order of dervishes* (London, 1965).

Brown, Sarah Graham. *Images of women: The portrayal of women in photography of the Middle East, 1860-1950** (London, 1988).

Çelik, Zeyneb. *The remaking of Istanbul** (Seattle and London, 1989).

Duben, Alan and Cem Behar. *Istanbul households: Marriage, family and fertility 1880-1940* (Cambridge, 1991).

Esenbel, Selcuk. "The anguish of civilized behavior: the use of western cultural forms in the everyday lives of the Meijii Japanese and the Ottoman Turks during the nineteenth century," *Japan Review*, 5 * (1995), 145~185.

Feldman, Walter. *Music of the Ottoman court* (Berlin, 1996).

Garnett, Lucy M. J. *Mysticism and magic in Turkey* (London, 1912).

    The Women of Turkey and their folk-lore, 2 vols. (London, 1890).

Gibb, E. J. W. *Ottoman poetry*, 6 vols. (London, 1900-1909).

Holbrook, Victoria Rowe. *The unreadable shores of love: Turkish modernity and mystic romance* (Austin, 1994).

Jirousek, Charlotte A. "The transition to mass fashion dress in the later Ottoman empire," in Donald Quataert, ed., *Consumption studies and the history of the Ottoman Empire, 1550-1922: An introduction* (Albany, 2000), 201~241.

Karabaş, Seyfi and Judith Yarnall. *Poems by Karacaoğlan: A Turkish bard* (Bloomington, 1996).

Keddie, Nikki, ed. *Women and gender in Middle Eastern history** (New Haven, 1991).

Lewis, Norman. *Nomads and settlers in Syria and Jordan, 1800–1980* (Cambridge, 1987).

Kandiyoti, Deniz, ed. *Gendering the Middle East: Emerging perspectives** (Syracuse, 1996).

Khouri, Dina Rizk. "Drawing boundaries and defining spaces: women and space in Ottoman Iraq," in Amira El Azhary Sonbol, *Women, the family, and divorce laws in Islamic history** (Syracuse, 1996), 173~187.

Lifchez, Raymond. *The dervish lodge: Architecture, art and Sufism in Ottoman Turkey* (Berkeley, 1992).

Marcus, Abraham. *The Middle East on the eve of modernity: Aleppo in the eighteenth century** (New York, 1989).

Mardin, Şerif. "Super westernization in urban life in the Ottoman Empire in the last quarter of the nineteenth century," in Peter Benedict, Erol Tümertekin and Fatma Mansur, eds., *Turkey: Geographic and Social Perspectives** (Leiden, 1974), 403~446.

Masters, Bruce. *The origins of western economic dominance in the Middle East: Mercantilism and the Islamic economy in Aleppo, 1600–1750* (New York, 1988).

Quataert, Donald, ed., *Consumption studies and the history of the Ottoman Empire, 1550–1922: An Introduction* (Albany, 2000).

Quataert, Donald. "Clothing laws, state and society in the Ottoman Empire, 1720–1829," *International Journal of Middle East Studies, 29, 3** (August 1997), 403~425.

*Social disintegration and popular resistance in the Ottoman Empire, 1881–1908** (New York, 1983).

Scarce, Jennifer. *Women's costume of the Near and Middle East* (London, 1987).

Sonbol, Amira El Azhary, *Women, the family, and divorce laws in Islamic history* (Syracuse, 1996).

Tunçay, Mete and Erik Zürcher, eds. *Socialism and nationalism in the Ottoman Empire, 1876–1923** (London, 1994).

Wittman, William. *Travels in Turkey, Asia Minor, Syria… Egypt during the years 1799, 1800 and 1801* (London, 1803).

Wortley Montagu, Lady Mary. *The Turkish Embassy letters** (London, reprint, 1994).

Zilfi, Madeline. "Elite circulation in the Ottoman Empire: great mollas of the eighteenth century," *Journal of the Economic and Social History of the Orient, 26, 3*(1983), 318~364.

Politics of piety: The Ottoman ulama in the post-classical age (Minneapolis,

1986).

*Women in the Ottoman Empire: Middle Eastern women in the early modern era**
(Leiden, 1997).

9장 종교 집단 간의 협동과 갈등

Adanir, Fikret. "The Macedonian question: The socio-economic reality and prob-
lems of its historiographic interpretations," *International Journal of Turkish
Studies*, Winter (1985-6), 43~64.

Ahmida, Ali Abdullatif. *The making of modern Libya: State formation, colonization
and resistance, 1830-1993* (Albany, 1994).

Akarlı, Engin. *The long peace: Ottoman Lebanon, 1861-1920* (Berkeley, 1993).

Anastassiadou, Meropi. *Salonique, 1830-1912. Une ville ottomane à l'âge des
reformes* (Leiden, 1997).

Andric, Ivo. *The bridge on the Drina** (Chicago, 1945년의 세르보-크로아티아어 판에서 번
역, 1977).

Berkes, Niyazi. *The development of secularism in Turkey* (Montreal, 1964).

Braude, Benjamin and Bernard Lewis, eds. *Christians and Jews in the Ottoman
Empire*, 2 vols. (London, 1982).

Cleveland, William. *The making of an Arab nationalist: Ottomanism and Arabism
in the life and thought of Sati al-Husri* (Cleveland, 1971).

Cole, Juan. *Colonialism and revolution in the Middle East: Social and cultural ori-
gins of Egypt's Urabi movement** (Princeton, 1993).

Davison, Roderic. "Nationalism as an Ottoman problem and the Ottoman
response," in William W. Haddad and William Ochsenwald, eds., *Nationalism
in a non-national state: The dissolution of the Ottoman Empire* (Columbus,
1977), 25~56.

Dawn, C. Ernest. *From Ottomanism to Arabism: Essays on the origins of Arab
nationalism* (Urbana, 1973).

Edib, Halide. *Memoirs* (London, 1926).

Hasluck, F. W. *Christianity and Islam under the Sultans*, 2 vols. (London, 1925).

Hovannisian, Richard G., ed. *The Armenian people from ancient to modern times,
II: Foreign dominion to statehood: The fifteenth century to the twentieth century*
(New York, 1997).

    ed. *The Armenian genocide: History, politics, ethics* (New York, 1992).

Kahane, Henry, Renée Kahane, and Andreas Tietze. *The lingua franca in the Lev-*

ant: Turkish nautical terms of Italian and Greek origin (Urbana, 1958).

Kayalı, Hasan. *Arabs and Young Turks: Ottomanism, Arabism and nationalism in the Ottoman empire, 1908-1918* * (Berkeley, 1997).

Keddie, Nikki R. *An Islamic response to imperialism: Political and religious writings of Sayyid Jamal ad-Din ʿal-Afghani* (Berkeley, 1968 초판).

Kevorkian, Raymond H. and Paul B. Paboudjian, eds. *Les Arméniens dans l'empire Ottoman à la veille du genocide* (Paris, 1992).

Levy, Avigdor. *The Sephardim in the Ottoman empire* (Princeton, 1992).

Lockman, Zachary. *Workers and working classes in the Middle East* * (Albany, 1994).

Marcus, Abraham. *The Middle East on the eve of modernity: Aleppo in the eighteenth century* * (New York, 1989).

Quataert, Donald, ed. *Workers, peasants and economic change in the Ottoman Empire, 1730-1914* * (Istanbul, 1993).

Rodrigue, Aron. *French Jews, Turkish Jews: The Alliance Israélite Universelle and the politics of Jewish schooling in Turkey, 1860-1925* (Bloomington, 1990).

Tibi, Bassam. *Arab nationalism: A critical inquiry* (New York, 1971 독일어판에서 번역, 1981).

Tunçay, Mete and Erik Zürcher, eds. *Socialism and nationalism in the Ottoman empire, 1876-1923* * (London, 1994).

Vatter, Sherry. "Militant journeymen in nineteenth-century Damascus: Implications for the Middle Eastern labor history agenda," in Zachary Lockman, ed., *Workers and working classes in the Middle East: Struggles, histories, historiographies* (Albany, 1994), 1~19.

Zürcher, Erik. *The Unionist factor: The role of the Committee of Union and Progress in the Turkish nationalist movement of 1905-1926* (Leiden, 1984).
Turkey: A mordern history * (London, 1993).

10장 오스만 제국의 유산

Abou-El-Haj, Rifaat. "The social uses of the past: recent Arab historiography of Ottoman rule," *International Journal of Middle East Studies*, May * (1982), 185~201.

Anscombe, Frederick F. *The creation of Kuwait, Saudi Arabia and Qatar* (New York, 1997).

Brown, Leon Carl, ed. *Imperial legacy: The Ottoman imprint on the Balkans and* *the Middle East* * (New York, 1996).

Kayalı, Hasan. *Arabs and Young Turks: Ottomanism, Arabism and nationalism in the Ottoman empire, 1908-1918* * (Berkeley, 1997).

Kiel, Machiel. *Art and society of Bulgaria in the Turkish period* (Aassen/Maastricht, 1985).

Schacht, Joseph and C. E. Bosworth, eds. *The legacy of Islam*, 2nd edition * (Oxford, 1979).

Sells, Michael A. *The bridge betrayed: Religion and genocide in Bosnia* (Berkeley, 1996).

Todorova, Maria. *Imagining the Balkans* (Oxford, 1997).

| 찾아보기 |